Psicologia social para principiantes

Dados Internacionais de Catalogação na Publicação (CIP)
(Câmara Brasileira do Livro, SP, Brasil)

Rodrigues, Aroldo.
  Psicologia social para principiantes : Teoria e prática sobre a psicologia das relações interpessoais / Aroldo Rodrigues – 15. ed. revista e ampliada. – Petrópolis, RJ : Vozes, 2024.

  Bibliografia
  ISBN 978-85-326-0839-0

  1. Psicologia social I. Título.

05-1303   CDD-302

Índices para catálogo sistemático:
1. Psicologia social   302

AROLDO RODRIGUES

Psicologia social para principiantes

Teoria e prática sobre a psicologia das relações interpessoais

15ª edição revista e ampliada

EDITORA VOZES

Petrópolis

© 1992, 2024, Editora Vozes Ltda.
Rua Frei Luís, 100
25689-900 Petrópolis, RJ
www.vozes.com.br
Brasil

Todos os direitos reservados. Nenhuma parte desta obra poderá ser reproduzida ou transmitida por qualquer forma e/ou quaisquer meios (eletrônico ou mecânico, incluindo fotocópia e gravação) ou arquivada em qualquer sistema ou banco de dados sem permissão escrita da editora.

CONSELHO EDITORIAL

Diretor
Volney J. Berkenbrock

Editores
Aline dos Santos Carneiro
Edrian Josué Pasini
Marilac Loraine Oleniki
Welder Lancieri Marchini

Conselheiros
Elói Dionísio Piva
Francisco Morás
Gilberto Gonçalves Garcia
Ludovico Garmus
Teobaldo Heidemann

Secretário executivo
Leonardo A.R.T. dos Santos

Editoração: Maria da Conceição B. de Sousa
Diagramação: Monique Rodrigues
Revisão gráfica: Alessandra Karl
Capa: Pedro Oliveira

ISBN 978-85-326-0839-0

Este livro foi composto e impresso pela Editora Vozes Ltda.

A Anna Luíza, minha filha caçula,
com todo o meu amor e eterna gratidão
pelo constante incentivo ao aperfeiçoamento deste livro.

Agradecimentos

Agradeço inicialmente aos leitores das edições anteriores e aos professores que recomendaram o livro a seus alunos. Agradeço de modo especial aos leitores que se deram ao trabalho de enviar avaliações dele no site Amazon.com.br. A média das avaliações foi, até o momento em que as consultei, 4,8 estrelas num máximo possível de 5,0. Sem tal incentivo, dificilmente teria eu encontrado forças para fazer esta nova edição.

Estou no ocaso de uma longa carreira. Seria impossível nomear aqui os professores, os colegas e os alunos, tanto no Brasil como no exterior, que me ensinaram e me deram seu exemplo durante minha trajetória acadêmica. Este livro é fruto do aprendizado que eles me proporcionaram.

Finalmente, esta edição não teria vindo à lume, não fosse o constante e indispensável apoio que recebi de minha família e da Editora Vozes durante toda minha vida profissional. A ambas, minha sincera gratidão.

Aroldo Rodrigues

Sumário

Introdução, 11

PARTE I – Psicologia social: conceituação e principais tópicos por ela estudados, 15

1 Que é psicologia social?, 17

2 Como conhecemos a nós mesmos?, 35

3 Como conhecemos as pessoas com os quais interagimos?, 55

4 Como influenciamos as pessoas e somos por elas influenciados?, 87

5 Como nossas atitudes se formam, se mantêm e se modificam?, 113

6 Como se iniciam, se mantêm e se desfazem as nossas amizades?, 139

7 Quais as teorias e processos psicossociais relativos à intimidade interpessoal?, 157

8 Por que, e quando, somos agressivos?, 201

9 Por que, e quando, ajudamos as pessoas?, 225

10 Quais as características e os fenômenos típicos dos grupos sociais?, 237

PARTE II – Aplicando os conhecimentos de psicologia social, 263

11 Os conhecimentos acumulados pela psicologia social podem ser aplicados?, 265

12 Quais as áreas de aplicação da psicologia social?, 281

13 Como utilizar os ensinamentos de psicologia social aprendidos?, 309

Apêndice – Respostas às perguntas de cada capítulo, 333

Introdução

A maior parte de nossas vidas é passada em contato com outras pessoas, seja por escolha, seja por imposição das circunstâncias. Relacionamo-nos com nossos familiares, com nossos amigos, com nossos colegas na escola e no trabalho, com as pessoas que nos prestam ou a quem prestamos serviços e, quando não podemos de todo evitar, com pessoas de quem não gostamos e até com inimigos. O relacionamento interpessoal dá ensejo à manifestação de vários fenômenos psicossociais, tais como: atração interpessoal, relacionamentos íntimos, agressão, altruísmo, cooperação, competição, formação de grupos, influência social, conformismo, formação e mudança de atitudes, estereótipos, preconceitos etc. Nossos pensamentos e sentimentos também são influenciados pela presença dos outros, ou pela mera antecipação do contato com outras pessoas. A área da psicologia que se dedica ao estudo dos fenômenos psicológicos suscitados pela interação entre as pessoas é a psicologia social.

Como vivemos em constante interação com outras pessoas, os fenômenos estudados pela psicologia social estão presentes em nossa vida quotidiana. Embora ela seja um setor do conhecimento relativamente novo (tem apenas pouco mais de um século de existência), não há dúvida de que possui um cabedal confiável de conhecimentos acumulados sobre as relações interpessoais do qual podemos nos beneficiar, independentemente de nossa formação profissional.

A finalidade deste livro introdutório é, exatamente, transmitir a qualquer pessoa interessada no assunto, conhecimentos importantes que a psicologia social científica nos oferece. Por serem conhecimentos referentes a situações comuns de nossas vidas diárias, fornecerá aos leitores subsídios úteis ao entendimento da dinâmica e das características do seu relacionamento interpessoal. Como ciência e aplicações da ciência estão sempre de mãos dadas, os conhecimentos teóricos apresentados na primeira parte do livro podem ser aplicados em nossa vida quotidiana, como sua segunda parte mostrará.

Para atingir tal finalidade, optei por adotar um estilo simples e leve na preparação do livro, sem a aridez das descrições minuciosas de teorias, das análises estatísticas de pesquisas e da apresentação detalhada de experimentos e outros tipos de investigação que geraram os conhecimentos contidos em sua primeira parte. Procurei também tornar mais motivadora e inteligível a leitura dos capítulos apresentando, quando oportuno, cenários fictícios que reproduzem situações comuns da vida diária para, em seguida, mostrar o conhecimento existente em relação aos fenômenos sociais presentes nesses cenários. Um pequeno teste para avaliar o conhecimento do conteúdo do que foi ensinado é apresentado no final de cada capítulo.

Apesar de ser este um livro introdutório, o leitor atento nele encontrará uma boa quantidade de ensinamentos que a psicologia social científica contemporânea nos oferece. Acredito que eles estão ao alcance de todos, independentemente da formação acadêmica e da orientação profissional de seus leitores.

Coerente com a exortação feita por George A. Miller, em seu discurso presidencial apresentado à Associação Americana de Psicologia em 1969, quando ele recomendou aos psicólogos que se empenhassem na divulgação de conhecimentos de psicologia para o público leigo, essa nova edição reflete a busca desse objetivo. Diferenciando-se da maioria dos livros que escrevi anteriormente (quase todos dedicados a profissionais e estudantes de psicologia), o presente volume foi escrito com a intenção de torná-lo acessível a todas as pessoas interessadas em psicologia social.

Como nas edições que o precederam, foram feitos melhoramentos, correções e atualizações. Para corresponder às modificações feitas, o livro está agora dividido em duas partes. A primeira parte apresenta os conhecimentos de psicologia social acerca de vários fenômenos interpessoais e, a segunda, as aplicações desses conhecimentos a áreas específicas que envolvem o relacionamento interpessoal.

O interesse demonstrado pelo público pelas edições anteriores do livro foi a razão de eu não poupar esforços no sentido de aperfeiçoá-lo mais uma vez. Esta nova edição reflete tais esforços, procurando torná-lo ainda mais acessível e mais útil a todas as pessoas interessadas em familiarizarem-se com esse fascinante setor do conhecimento humano.

PARTE I

Psicologia social: conceituação
e principais tópicos
por ela estudados

1

Que é psicologia social?

*A psicologia social é o estudo científico
da maneira pela qual os pensamentos,
sentimentos e comportamentos das
pessoas são influenciados pela presença
real ou imaginária de outras pessoas.*

Aronson, Wilson e Akert

Fernando é um estudante universitário muito preocupado com problemas sociais. Pertence ao Diretório Acadêmico, é filiado a um partido político de esquerda, participa ativamente de movimentos políticos, tanto no ambiente restrito da universidade como no da comunidade em que vive, e não se furta em dar sua colaboração quando seu partido necessita dele. Embora não seja estudante de psicologia, Fernando decidiu matricular-se no Curso Psicologia Social I, oferecido pelo departamento de psicologia de sua universidade. Seu objetivo, ao fazê-lo, não era outro senão o de se preparar melhor para o desempenho de sua atividade política em geral e, mais especificamente, aprender a lidar com as massas e habilitar-se melhor para resolver os graves problemas sociais dos países do Terceiro Mundo. Fernando é um aluno assíduo e interessado. Entretanto, após dois meses e meio de curso, ele decidiu trancar a matrícula e disse para si mesmo: – O que vim eu fazer aqui? Nunca pensei que num curso de psicologia social se pudesse passar quase três meses sem uma referência sequer aos problemas da miséria, da injustiça social, da violência urbana, da iníqua distribuição de renda, do menor abandonado; enfim, dos graves problemas sociais que estão exigindo solução urgente. Não estou aqui para saber como se formam as atrações interpessoais, nem como uma unanimidade errada influencia o julgamento de outrem, nem por que minhas atribuições suscitam determinadas emoções e comportamentos e, muito menos, para entender por que procuro justificar um comportamento contrário a minhas convicções íntimas. Vou deixar este curso já, pois de social isto não tem nada!

O cenário fictício que inicia este capítulo ilustra uma reação muito comum entre estudantes que ingressam pela primeira vez num curso de psicologia social, assim como entre pessoas que procuram conhecer esta disciplina por meio de livros, participação em conferências etc. Acredito mesmo que a maioria dos leitores interessados no *Psicologia social para principiantes* tenha uma expectativa mais ou menos parecida com a do Fernando. Esperam encontrar na psicologia social elementos que lhes possam facilitar o entendimento e a solução dos graves problemas sociais que enfrentamos na sociedade atual. Se o leitor for mais paciente que o aluno desse exemplo fictício, acredito que ele não sairá totalmente decepcionado ao concluir a leitura deste livro. Verá que a psicologia social pode, de fato, contribuir para o melhor entendimento de vários problemas sociais e até fornecer subsídios para a solução de muitos deles. É preciso que saiba, logo de início, que fontes autorizadas que informam sobre psicologia social terão como foco principal de seus ensinamentos a interação entre duas ou mais pessoas; isto é, o estudo dos comportamentos, sentimentos e pensamentos ensejados pelo fato de vivermos em constante relacionamento com outras pessoas. O objeto principal da psicologia social é o indivíduo em sociedade e não a sociedade propriamente dita. O fato de não vivermos isoladamente mas, ao contrário, de estarmos em constante interação com nossos familiares, com nossos amigos, com nossos inimigos, com nossos chefes, com nossos subordinados, com nossos pares, com pessoas que conhecemos bem, com pessoas que conhecemos mal, com pessoas que admiramos, com aquelas que desprezamos, com as que participam de nossos valores, com as que a eles se opõem, enfim, a circunstância de sermos animais sociais que não podem prescindir do relacionamento com o outro, faz com que nossos pensamentos, sentimentos e comportamentos sejam afetados por essa realidade. Cabe à psicologia social estudar o relacionamento interpessoal, quais as leis gerais que o regem, quais as suas consequências. Como a interação entre as pessoas não se processa num vácuo cultural, mas sim numa sociedade, com suas tradições, influências históricas e condicionamentos econômicos, é lícito esperar-se que a psicologia social possa contribuir com subsídios importantes para aqueles setores do saber cujo objeto primordial de estudo é a sociedade, e não o indivíduo em sociedade, e para as pessoas que se preocupam em resolver os problemas sociais por meio de ativismo político. É errôneo pensar, todavia, que tais objetivos constituam a preocupação principal do psicólogo social. A psicologia social é a psicologia das relações interpessoais.

> Estudando cientificamente o processo de interação social, a psicologia social permite que se tenha uma melhor compreensão da dinâmica do comportamento social humano.

Fernando se precipitou ao trancar a matrícula no Curso Psicologia Social I. Embora seu conteúdo não fosse exatamente o que ele esperava, ao fim do curso ele teria acumulado conhecimentos úteis para serem utilizados na busca de seu objetivo de transformação social. Afinal, a sociedade, apesar de não ser a soma das características das pessoas que a integram, é constituída por pessoas que se relacionam com outras em seu dia a dia. Entender as causas do comportamento social ensejado pelo contato com os outros não deixa de ser algo muito relevante e com possibilidades de aplicações em qualquer situação em que mais de uma pessoa esteja envolvida.

O método experimental em psicologia social

Não foi só o conteúdo do curso, porém, que aborreceu o Fernando, levando-o a trancar a matrícula. A utilização frequente do método experimental, com manipulação de variáveis independentes e verificação de seus efeitos nas variáveis dependentes, seguido de análises estatísticas complicadas no tratamento dos dados obtidos, tal como descrito na maioria dos estudos reportados em aula pelo professor, foi demais para Fernando. Parecia que ele estava cursando uma disciplina num departamento de ciências naturais, na qual a matéria é manipulada pelo experimentador para a verificação de leis gerais. "Ora", pensou ele, "o ser humano não é matéria inanimada. O ser humano é criativo, livre, e dono de seu próprio destino. Como pode, pois, ser tratado como mero objeto de manipulações experimentais"? Fernando não se deu conta de que a busca de regularidades prováveis no comportamento social humano não implica a negação de seu livre-arbítrio, de sua autonomia e de seu poder criativo. Quando uma professora de Psicologia Social ensina que a maioria das pessoas submetidas a uma frustração reagem mais agressivamente que aquelas que não foram frustradas, ela está afirmando simplesmente que fatores situacionais (no caso, a frustração) instigam determinados comportamentos, sendo, pois, mais provável que as pessoas que foram frustradas exibam o comportamento instigado por esse fator situacional. Ao utilizar o método experimental, o psicólogo social nada mais faz do que criar situações de interação social e verificar os efeitos instigadores de comportamentos sociais provocados por tais situações. Embora predominantemente utilizado em psicologia social, não é esse o único método empregado nessa disciplina. Entrevistas, levantamento de atitudes e opiniões, observação do comportamento social no ambiente natural em que ocorre, correlação entre duas ou mais variáveis, análise de conteúdo etc. são também métodos de investigação utilizados pela psicologia social. Nenhum desses métodos, todavia, é capaz de estabelecer uma relação de causa e efeito tão bem como o método experimental. Por exemplo: o método correlacional é capaz de nos dizer a intensidade da associação entre duas variáveis (agressividade e tempo de exposição a filmes violentos, p. ex.), mas não a relação causal entre essas duas variáveis. O leitor interessado encontrará uma descrição dos vários métodos de investigação utilizados em psicologia social na maioria dos manuais de psicologia social. Rodrigues, Assmar e Jablonski, em seu livro *Psicologia social* (Ed. Vozes, 2022, cap. 2), descrevem pormenorizadamente as vantagens e desvantagens de cada um desses métodos.

> O método experimental é o método de investigação mais usado, mas não o único utilizado pela psicologia social. Ao empregar o método experimental com seres humanos, a intenção do pesquisador é estabelecer uma relação de causa e efeito entre fatores situacionais e o comportamento por eles suscitado.

Do exposto se infere que Fernando possuía uma visão bastante equivocada da psicologia social. Esta nada mais é que um setor da psicologia que estuda o indivíduo em interação com outros indivíduos procurando, por meio de métodos científicos (o experimental, por excelência), compreender os comportamentos, sentimentos e pensamentos influenciados pela situação social. Especificando um pouco mais, podemos dizer que a psicologia social estuda nossas percepções dos outros, nossas motivações resultantes da interação com os outros, e ainda nossas atitudes, comportamentos pró-sociais (altruísmo, atração interpessoal) e antissociais (violência, agressão), estereótipos e preconceitos, o comportamento grupal, a formação de amizades, as formas de influenciar as pessoas etc. e, uma vez adquirido o conhecimento decorrente desse estudo, aplica tal conhecimento ao entendimento de situações sociais e ao fornecimento de subsídios para a solução de problemas sociais.

Se não desistisse do curso, Fernando aprenderia que o comportamento humano resulta da influência de dois fatores fundamentais: as características da pessoa que o emite e a influência da situação em que ela se encontra. Kurt Lewin, considerado por muitos como um dos mais importantes responsáveis pelo desenvolvimento da psicologia social, sintetiza o que acaba de ser dito na fórmula: $C = f(P, A)$, onde C (comportamento), é função (f) de P (pessoa) e de A (ambiente ou situação) em que a pessoa se encontra. Enquanto várias áreas da psicologia estudam as características e a dinâmica dos integrantes do componente pessoal (p. ex., psicologia da personalidade, psicologia do desenvolvimento, psicologia clínica, psicofisiologia, neuropsicologia, psicologia evolucionista etc.), a psicologia social se dedica ao estudo do componente situacional; ou seja, do papel desempenhado por estímulos sociais decorrentes da situação específica em que as pessoas se encontram quando em interação com outras. Não é incomum observarmos uma mesma pessoa comportar-se de forma diferente quando a sós ou quando envolvida em situações sociais (ex.: uma pessoa tímida que, durante o Carnaval, se torna sociável e extrovertida; uma pessoa calma que, num estádio de futebol, se torna agressiva e descontrolada).

O poder da situação social

Um estudo conduzido por Philip Zimbardo, professor da Universidade de Stanford, acerca das reações de indivíduos normais expostos a uma situação de encarceramento, é um excelente exemplo da influência do poder da situação no comportamento individual. Num estudo bem conhecido em psicologia social, Zimbardo criou uma réplica de uma prisão no subsolo do departamento de psicologia da Universidade de Stanford. A 12 dos 24 participantes do estudo foi atribuído o papel de guardas e, aos outros 12, o de prisioneiros. Programado para 15 dias, o estudo não chegou a durar uma semana: o que era para ser uma simulação funcional se transformou num verdadeiro drama, em que os atores perderam de vista seus papéis passando a atuar como prisioneiros ou guardas reais. Entre os resultados inesperados, observaram-se casos de violência, depressão, ameaças, distorções perceptivas temporais, sintomas psicossomáticos, abuso do poder e crueldade. Como rapazes de classe média, sem antecedentes criminais ou alterações de personalidade, tal como evidenciado por uma bateria de testes psicológicos que lhes foi previamente aplicada, puderam, em tão pouco tempo, mudar pensamentos, sentimentos e comportamentos, alterando valores de toda uma existência e deixando vir à luz o lado pior de suas personalidades?

Para Zimbardo a resposta é simples: se colocarmos pessoas boas numa situação infernal, a situação infernal vencerá. Para ele, um ambiente como o de uma prisão tem forças poderosas que poderão suplantar anos de socialização, de traços pessoais ou de valores profundamente enraizados. Zimbardo se valeu dos ensinamentos adquiridos através do estudo na prisão simulada para explicar (não justificar) as atrocidades cometidas por soldados americanos com os prisioneiros de guerra na prisão de Abu Ghraib, no Iraque. O ambiente daquela prisão influenciou e estimulou os soldados a cometerem atos hediondos e surpreendentes que, muito dificilmente, perpetrariam em circunstâncias ambientais diversas.

Outro exemplo ilustrativo do ponto a que pode chegar o poder de influência de uma situação social no comportamento individual nos é dado pela tragédia do suicídio coletivo de mais de 900 pessoas ocorrido em Jonestown, Guiana, entre os seguidores do culto liderado por Jim Jones. Era tão forte o poder da influência exercida pela situação de fanatismo criada pelo líder em seu culto religioso que uma multidão de pessoas, por décadas, obedeceu cegamente às determinações de seu líder. Como disse Jeannie Mills, uma das raras pessoas que lograram rebelar-se contra ele, "nunca houve dúvidas sobre quem estava certo, porque Jim estava sempre certo... Se você discordasse de Jim, você estaria errado. Era simples assim". Em consequência dessa situação de aceitação total da orientação do líder, era praticamente impossível alguém rebelar-se contra suas determinações. A força da situação, que exigia obediência cega ao líder, fez com que 909 pessoas se suicidassem por ordem dele! E, por mais incrível que pareça, 909 pessoas obedeceram!

Situações com consequências não tão dramáticas podem provavelmente terem sido observadas pelo leitor entre pessoas de suas relações, onde uma determinada situação social (p. ex., um jogo de futebol, um baile de Carnaval, uma passeata de natureza política etc.) provocou comportamentos inesperados por parte dessas pessoas, os quais raramente seriam por elas emitidos fora das mesmas.

> A situação social em que uma pessoa está inserida é capaz de nela suscitar comportamentos que, fora dessa situação, não seriam por ela exibidos.

Conclusão

O "social" da psicologia social não é a sociedade, mas o indivíduo em sociedade. Não é o social num sentido macroscópico (movimentos políticos, instituições, problemas urbanos), mas o social num sentido microscópico (a interação entre pessoas, suas reações recíprocas, suas construções da situação social em que se encontram, os pensamentos, sentimentos e comportamentos que derivam da interação com os outros). A psicologia social nasceu no final do século XIX e floresceu a partir do século XX. Foi exatamente nesse século que o mundo "encolheu", transformando-se, como bem disse McLuhan (antecipando o fenômeno de globalização do mundo atual) numa aldeia global, propiciando assim muito mais contato entre as pessoas. O principal objetivo da psicologia social é estudar o poder da situação social e como ele influencia o comportamento individual e grupal. Especificamente, constitui interesse do psicólogo social verificar as características de determinadas situações sociais que são capazes de induzir as pessoas a se comportarem de forma distinta daquela que se comportariam caso a situação social fosse diferente, ou se estivessem a sós. Nós não nos comportamos em casa exatamente da mesma maneira que nos comportamos quando estamos em presença de estranhos; soldados na guerra são capazes de mostrar uma agressividade bem distinta daquela que normalmente exibem fora dessa situação; a tomada de decisão no sentido de ajudar a uma pessoa necessitada é mais rápida quando estamos a sós com tal pessoa do que quando somos apenas uma entre muitas pessoas que podem prestar a necessária ajuda; e assim por diante. O poder da situação social constitui importante fator motivador de nosso comportamento e a psicologia social estuda como diferentes situações sociais influem em nosso comportamento. O método privilegiado pelos psicólogos sociais em suas pesquisas é o método experimental, embora ele não seja o único por eles utilizados. Finalmente, convém salientar que a interação humana é contemporânea do *homo sapiens*; o que distingue os estudos de interação humana conduzidos pela psicologia social das especulações sobre o comportamento social feitas por filósofos, moralistas, romancistas e poetas é que a psicologia social fundamenta seu conhecimento no método científico e não em meras impressões ou intuições. Embora estas últimas possam, perfeitamente, ser verdadeiras, elas carecem de comprovação sistemática e não constituem necessariamente um conhecimento sólido e confiável. Talvez esse rigor metodológico dos psicólogos sociais no estudo do indivíduo em sociedade possa também ter concorrido para a desilusão de Fernando com o curso em que ingressou. É possível que ele estivesse esperando posições mais arrojadas sobre o papel do ser humano em sociedade e propostas mais ousadas de transformações sociais. Se o leitor espera o mesmo deste livro introdutório, recomendo que diminua suas expectativas, mas que de forma alguma deixe de ler os capítulos que se seguem, pois eles contêm ensinamentos de grande aplicabilidade no entendimento de nosso relacionamento interpessoal.

Notas suplementares ao assunto tratado neste capítulo

1 A trajetória seguida pela psicologia social no estudo de seu objeto específico

Quando houve a perseguição dos nazistas aos judeus, o mundo se extasiou com a crueldade dos atos praticados. Outros massacres registrados pela história (contra os armênios, p. ex.) igualmente deixaram perplexa a maioria das pessoas que não podia entender o que estava na raiz desses atos de crueldade. O desejo de entender o que leva as pessoas a perpetrarem atos tão abomináveis fez com que pessoas de diferentes setores – políticos, religiosos, sociólogos, psicólogos, humanistas – se dedicassem à análise do fenômeno. Em psicologia social, Stanley Milgram, então na Universidade de Harvard, realizou uma série de experimentos destinados a estudar o comportamento de obediência à autoridade. Nesses experimentos, o experimentador dizia ao participante do estudo que sua tarefa consistiria em aplicar choques elétricos num estudante que estava sendo treinado. Toda vez que o estudante cometesse um erro, o experimentador diria ao participante do estudo que apertasse um botão na máquina situada em frente a ele; tal comportamento puniria o estudante pelo erro cometido através de um choque elétrico. Na máquina em frente ao participante havia 15 botões que indicavam intensidades de choque que iam de 15 a 450 volts. A partir de 300 volts, a advertência "Perigo – Choque Intenso" estava escrita em letras vermelhas, imediatamente abaixo dos botões dispensadores de choques elétricos.

Contrariamente à expectativa de psicólogos e psiquiatras consultados antes do experimento (os quais esperavam que, no máximo, 1% dos participantes chegaria a apertar o botão que descarregava 450 volts), cerca de 63% dos participantes desse experimento obedeceram ao experimentador e ministraram choque de 450 volts, não obstante o estudante (na realidade um aliado do experimentador que seguia um script preestabelecido e que, de fato, não era atingido por choque algum) gritar de dor, dizer que não aguentava mais e, após isso, apenas gemer de dor sem emitir palavras, dando a impressão de que algo muito grave havia ocorrido.

Estudos posteriores verificaram que a razão mais frequentemente alegada pelos que obedecem a uma autoridade e perpetram atos que, normalmente, não seriam capazes de perpetrar, é que a autoridade tem poder legítimo de exigir tal comportamento. Atribuindo o comportamento reprovável a outrem – no caso, à autoridade que o solicitou –, o perpetrador do ato se exime de responsabilidade pelas consequências dele, transferindo-a para aquele que prescreveu o comportamento com base em sua autoridade. A alegação de que "estavam apenas cumprindo ordens" foi feita pelos carrascos nazistas acusados criminalmente nos julgamentos de Nuremberg. O mesmo se deu por parte do Tenente Caley, quando acusado em tribunal americano de ter massacrado uma população de civis na guerra do Vietnã. No início do século XXI, soldados americanos que torturaram prisioneiros iraquianos fizeram o mesmo. Exteriorizando-se a culpa – ou seja, atribuindo a outrem a causa da perpetração do ato hediondo –, livra seu autor de responsabilidade, pois, como também verificado em vários experimentos conduzidos por psicólogos sociais, para que se atribua responsabilidade a um ato é preciso que se perceba a causa desse ato como sendo interna (localizada na pessoa do perpetrador em sua vontade de agir assim), controlável por seu agente, e que não haja circunstâncias atenuantes.

Outro exemplo: em Nova York, uma jovem chamada Kitty Genovese foi brutalmente assassinada e, apesar de ter gritado por socorro por mais de meia hora num local populoso, ninguém lhe prestou auxílio, nem mesmo por meio de um simples telefonema chamando a polícia.

As pessoas abriam suas janelas para ver o que se passava, ouviam os gritos, viam que a moça estava em apuros e nada faziam. Durante quase 40 minutos, 38 testemunhas nada fizeram para socorrer a vítima.

Diante da observação de fato tão chocante, ocorreu aos psicólogos sociais John Darley e Bibb Latané, estudar o fenômeno mais a fundo através da condução de experimentos controlados de laboratório para investigar o comportamento de ajuda. Verificaram que a presença de outras pessoas testemunhando alguém que precisa de ajuda gera uma *difusão de responsabilidade*, cada uma achando que cabe às outras ajudá--la, isentando-se assim da responsabilidade de prestar a ajuda necessária. Seus estudos mostraram que pessoas em situações em que só elas podem prestar ajuda o fazem mais prontamente que pessoas em grupos.

Esses exemplos ilustram a trajetória seguida em psicologia social: 1) um problema envolvendo interação entre pessoas é observado (no caso dos exemplos anteriores, o comportamento cruel em obediência a ordens superiores para fazê-lo e o testemunho de uma situação aflitiva observada por várias pessoas que se omitiram e não socorreram a vítima); 2) pesquisas (na maioria das vezes do tipo experimental) são conduzidas e o problema é analisado de forma controlada pelo pesquisador; 3) o fenômeno social é entendido em consequência das pesquisas realizadas.

2 É necessário o estudo científico do comportamento social humano?

Não foi necessário o advento da psicologia social científica para que as pessoas fossem capazes de entender boa parte do comportamento social humano. Filósofos, moralistas, romancistas, teatrólogos, poetas etc. mostram, com frequência, uma enorme capacidade de captar o comportamento social humano, suas características, suas causas e suas consequências. Entretanto, nem sempre suas intuições são precisas. Para que se tenha uma razoável certeza de que uma afirmação relativa ao comportamento social humano é verdadeira, é necessário obter uma confirmação científica do que se pensa ser verdadeiro. Não equivale isto a dizer que as intuições dos não especialistas em psicologia sejam necessariamente falsas, ou que o senso comum seja incapaz de fazer afirmações verdadeiras. Intuições e senso comum, entretanto, não são suficientes para um bom entendimento do comportamento social humano. Vejamos, a seguir, um exemplo bastante eloquente.

Em 1949, o cientista social Paul Lazarsfeld escreveu em sua análise do livro *The American Soldier* [O soldado americano] que, via de regra, as pesquisas de levantamento revelam regularidades nos comportamentos das pessoas que são razoavelmente óbvias. Por exemplo, diz ele, é comum afirmar-se que:

• Soldados mais instruídos apresentaram mais problemas de ajustamento do que os menos instruídos. (É razoável esperar-se que pessoas mais *intelectualizadas estivessem menos preparadas para o estresse do combate do que as mais rudes.*)

• Soldados sulistas aguentam melhor o clima quente das ilhas do Pacífico Sul do que os soldados que vêm do Norte. (*Obviamente, os sulistas americanos estão mais acostumados ao calor que os nortistas.*)

• Um sargento branco luta mais por uma promoção que um negro. (*Devido* à opressão de que foram vítimas, os negros são menos ambiciosos que os *brancos.*)

• Durante o combate, os soldados eram mais desejosos de voltar aos Estados Unidos do que depois da capitulação da Alemanha. (*Afinal de contas,* é compreensível que as pessoas não queiram morrer em *combate.*)

Lazarsfeld propositadamente listou esses achados de forma contrária ao que foi de fato verificado nas pesquisas. Ele o fez para mostrar que afirmações que parecem óbvias, segundo o senso comum, às vezes não são verdadeiras. Apesar de os comentários entre parênteses, após cada uma das afirmações anteriores, serem perfeitos do ponto de vista do senso comum, o fato é que todas essas afirmações são erradas; isto é, nenhuma delas de fato ocorreu quando o comportamento dessas pessoas foi observado. Portanto, embora muitas vezes correto, o senso comum pode ser responsável por afirmações equivocadas. Daí a necessidade da psicologia social e do método rigoroso de estudo do comportamento social humano que ela utiliza.

> **Ensinamentos a serem retidos**
>
> 1) A psicologia social é o estudo científico da influência recíproca das pessoas em interação social em seus pensamentos, sentimentos e comportamentos. Ela estuda relacionamento interpessoal.
>
> 2) O método experimental é usado com frequência pelos psicólogos sociais em suas pesquisas por ser o mais indicado no estabelecimento de relação de causa e efeito entre as variáveis estudadas.
>
> 3) Além do experimental, outros métodos científicos são também utilizados em psicologia social.
>
> 4) Nem sempre uma previsão de comportamento social baseada no senso comum é verdadeira.
>
> 5) Não devemos menosprezar o papel desempenhado pela situação social no comportamento individual. O poder de certas situações sociais pode levar as pessoas a comportarem-se de maneira diferente da que seria esperada com base, apenas, no conhecimento de suas características individuais.

Teste seu conhecimento do assunto tratado neste capítulo

A) Indique a alternativa que contém a melhor resposta

1) A psicologia social estuda:

   a) a sociedade;

   b) o comportamento das multidões;

   c) os grupos sociais;

   d) indivíduo em interação com outros indivíduos;

   e) as produções culturais dos povos.

2) No estudo das relações interpessoais a psicologia social considera:

   a) apenas o comportamento das pessoas;

   b) tanto o comportamento quanto o pensamento e o sentimento das pessoas em interação;

c) apenas as atitudes das pessoas;

d) somente o que se passa na mente das pessoas em interação;

e) nenhuma das afirmações anteriores é correta.

3) No estudo das relações interpessoais o psicólogo social:

a) utiliza apenas o método experimental;

b) utiliza principalmente o método experimental;

c) raramente utiliza o método experimental;

d) nunca utiliza o método experimental;

e) utiliza o método experimental apenas quando outros métodos de pesquisa não podem ser utilizados.

4) Podemos estabelecer com maior clareza uma relação de causa e efeito quando utilizamos:

a) o método correlacional;

b) o método experimental;

c) o método de pesquisa de opinião;

d) o método de estudo de campo;

e) o método de análise de conteúdo.

5) A psicologia social:

a) apresenta receitas específicas para a resolução de problemas sociais;

b) não pode resolver problemas sociais;

c) apresenta subsídios para a resolução de problemas sociais;

d) acumula conhecimentos que permitem sua aplicação na solução e no entendimento de problemas sociais;

e) c) e d) acima.

B) Indique se a afirmação é falsa ou verdadeira

6) A psicologia social apenas comprova o que o senso comum nos ensina: (F) (V).

7) A sociedade em geral e a cultura de cada povo constituem o foco principal da psicologia social: (F) (V).

8) A psicologia social estuda a interação entre as pessoas: (F) (V).

9) O método correlacional é menos utilizado em psicologia social do que o método experimental: (F) (V).

10) A psicologia social é exclusivamente uma ciência básica não se preocupando com aplicações de seus achados à realidade social: (F) (V).

· ·

Respostas no Apêndice, ao fim do livro.

2

Como conhecemos a nós mesmos?

O conhecimento de si mesmo é o início de toda sabedoria.
Aristóteles

a) Ricardo diz para si mesmo: – Eu pensava que era uma pessoa tensa; mas depois que vi como se comportaram outras pessoas na mesma situação difícil em que eu me encontrava, acho que não sou tão tenso assim.

b) Sendo Andréa uma moça refinada, formada em medicina e excelente desportista, é fácil entender por que ela é tão autoconfiante.

c) Luiza está sempre se depreciando e se julgando inferior a suas amigas. Apesar de possuir inúmeras qualidades, ela sempre se considera aquém de suas expectativas.

d) Ao se preparar para uma entrevista de seleção para um emprego, Jorge faz uma lista cuidadosa de todas as suas virtudes e estuda a melhor maneira de responder ao entrevistador, procurando, assim, dar a melhor impressão possível de si mesmo.

e) Antes de iniciar uma partida de tênis, Roberto tem por hábito dizer aos presentes ao jogo, que ele não está no melhor de sua forma física e técnica e que acha muito difícil vencer a partida.

f) João diz a Paulo: – Essa guerra contra o terrorismo não vai terminar nunca. Paulo responde: – Como pode você saber disso? Ao que João retruca: – Já falei com várias pessoas que estudam o problema do terrorismo e todas elas concordam comigo.

g) Flávia pergunta a Joana: – Por que você usa esse produto se tem consciência de que há outros melhores? E Joana responde: – Porque ele é o que está na moda e sendo usado pela alta sociedade.

O leitor poderia estar surpreso com a inclusão de um capítulo sobre o conhecimento de nós mesmos em um livro sobre psicologia social. Não seria esse tópico mais apropriadamente tratado em livros sobe psicologia da personalidade ou psicologia clínica? A psicologia social, como vimos no capítulo 1, não é o estudo científico de como nossos pensamentos, sentimentos e comportamentos são influenciados pela presença real ou imaginária de outras pessoas? Em outras palavras, a psicologia social não supõe em seus estudos a existência de duas ou mais pessoas? Ao procurarmos conhecermo-nos a nós mesmos não estamos falando apenas de nós e não de nós com outros?

Acontece que a imagem que temos de nós mesmos influencia a maneira pela qual interagimos com outros e, além disso, a interação com outras pessoas nos ajuda a conhecer-mo-nos melhor. Sendo assim, a imagem que formamos de nosso eu decorre de um processo social de interação com outros e influi em nosso comportamento perante os outros. O eu que a psicologia social estuda é o "eu social"; ou seja, o eu ao mesmo tempo influenciado pela interação social e influente nessa mesma interação, e não o eu caracterizado por traços específicos de personalidade, ou o eu perturbado por distúrbios psíquicos.

Visto à luz dessas considerações, o estudo do eu social constitui, sem dúvida, um tópico de interesse da psicologia social. Processos de comparação social para melhor conhecimento de nós mesmos ou para proteção de nossa autoestima, manejo de impressão para apresentarmo-nos mais favoravelmente aos outros e atribuição de causalidade a sucessos e fracassos e sua influência na imagem que formamos de nosso eu exemplificam como o eu social está intrinsecamente ligado ao processo de interação social. Acrescente-se a isso o fato de o estudo do eu em psicologia social englobar três aspectos principais: como nos conhecemos a nós mesmos (aspecto cognitivo); quanto gostamos de nós mesmos (aspecto afetivo); e como nós nos apresentamos aos outros (aspecto comportamental). Sendo assim, a imagem que temos de nosso eu (ou a que queremos projetar quando em interação com outros) é relevante na formação de nossa autoestima que, por sua vez, influencia a maneira pela qual interagimos com outras pessoas, e, ainda, como gostaríamos que os outros nos vissem.

Maneiras de conhecermos a nós mesmos

A pergunta que orienta os estudos sobre o tópico do presente capítulo é muito simples: Quem sou eu? Ao responder a essa pergunta, em geral começamos pelos aspectos físicos, passando por características de personalidade, hábitos, ideário político e religioso, grupos aos quais pertencemos, estado civil etc. A cultura a que pertencemos também influi na maneira pela qual respondemos a essa pergunta (p. ex., algumas culturas nos levam a ressaltar mais aspectos individualistas, enquanto outras dão maior importância a aspectos coletivistas; ou seja, aos grupos que valorizamos e a que pertencemos).

Uma das formas utilizadas para conhecermos como nós somos é a introspecção; isto é, o ato de olharmos para dentro de nós mesmos procurando saber como somos. Examinar a maneira pela qual pensamos, sentimos e agimos nos fornece valiosas informações acerca de como nós somos. Essa forma de conhecimento de nós mesmos não é completamente eficaz por dois motivos: a) via de regra, nós não dedicamos muito tempo a refletir acerca de como nós somos; b) fatores inconscientes podem induzir-nos a percebermo-nos de uma maneira que não corresponde exatamente ao que somos na realidade.

Outra forma de nos conhecermos é por meio de inferências tiradas de nossos comportamentos. Assim, se nosso comportamento mostra preocupação pelo bem-estar de outrem, concluímos que somos empáticos e caridosos. Se passamos as tardes de domingo ouvindo música clássica, vemo-nos como amantes de música erudita. E assim por diante. Uma teoria proposta por Daryl Bem, a teoria da autopercepção, propõe que para termos certeza de como são nossos sentimentos e nossas atitudes é necessário atentar para o comportamento que exibimos quando experimentamos tais sentimentos ou expressamos tais atitudes. Assim, se eu pratico uma boa ação quando a recompensa para fazê-lo é elevada, mas não a pratico quando a recompensa é pequena ou inexistente, concluo que não sou uma pessoa genuinamente boa, mas, ao contrário, uma pessoa que só faz o bem por interesse próprio. É por isso que se uma criança faz algo bom espontaneamente (motivação intrínseca) devemos elogiá-la e recompensá-la, mas nunca em demasiado, pois a existência de fortes razões externas (motivação extrínseca) para a criança emitir o bom comportamento que emitia espontaneamente pode fazer com que sua motivação intrínseca a fazê-lo diminua, e ela passe a emiti-lo apenas quando na presença de incentivos externos.

Nossas emoções também podem ser reveladas por fatores fisiológicos (ruborização, batimentos cardíacos, suor frio etc.). Se as batidas de nosso coração se aceleram quando um cão feroz de nós se aproxima, esta alteração fisiológica nos sinaliza que estamos com medo; a mesma alteração fisiológica verificada quando na presença da pessoa amada nos revela amor e atração física.

Uma terceira forma de nos conhecermos é através de *comparação com outras pessoas*. O exemplo constante da letra a) dos vários pequenos cenários que iniciam este capítulo nos mostra como isso ocorre. Ricardo julgava ser uma pessoa tensa até que se deparou com o comportamento de outras pessoas em situações semelhantes. Comparando seu comportamento com o de seus colegas, ele se deu conta de que eles mostravam muito mais nervosismo e ansiedade do que ele, levando-o a concluir que não é uma pessoa tão tensa como pensava.

Leon Festinger, famoso psicólogo social e proponente de importantes teorias psicossociais, em sua teoria sobre os processos de comparação social nos diz que, na ausência de critérios objetivos para avaliar nossas habilidades e nossas opiniões, recorremos ao processo de comparação social para obtermos uma ideia mais precisa das mesmas. A teoria diz ainda que não nos comparamos com qualquer pessoa, mas sim com aquelas que nos são parecidas; ou seja, de idade semelhante, de experiências parecidas, da mesma cultura, do mesmo nível intelectual etc. Se queremos saber se somos bons ou maus jogadores de futebol, não vamos comparar o nosso desempenho com o desempenho de campeões mundiais desse esporte. Faremos a comparação com pessoas de idade semelhante, não dedicadas a treinamento especial, não profissionais do futebol etc. O mesmo ocorre quando queremos avaliar a validade de uma opinião que temos sobre algo. O cenário reproduzido na letra f) do início do capítulo mostra que João se baseou na opinião de pessoas igualmente estudiosas do terrorismo para fazer a afirmação que fez para Paulo. O mesmo foi visto no cenário a) já comentado anteriormente. A comparação com outros semelhantes é capaz de nos fornecer um conhecimento mais exato de nossas habilidades e de nossas opiniões quando carecemos de critérios objetivos para fazê-lo. Mais adiante veremos o caso especial em que nos comparamos com pessoas que não são semelhantes a nós.

Além de nos examinarmos interiormente (introspecção) para obter melhor conhecimento de nós mesmos, a observação e interpretação de nossos comportamentos, as circunstâncias que acompanham nossas emoções, bem como a comparação com outros semelhantes a nós, constituem meios pelos quais formamos nosso autoconceito.

Como nos sentimos em relação a nós mesmos (autoestima)

Na seção anterior vimos diferentes meios que nos ajudam a conhecer a nós mesmos. Baseado no conhecimento que temos de nosso eu, desenvolvemos nosso autoconceito e, em decorrência dele, nossa autoestima. Ela poderá ser positiva ou negativa. Pessoas com baixa autoestima são propensas a apresentar problemas de personalidade e a encontrarem dificuldades na escola, no trabalho, nos esportes, nas relações interpessoais e em outras situações da vida quotidiana. Todos nós temos um eu real (aquele que somos) e um eu ideal (aquele que gostaríamos de ser). Quanto maior a discrepância entre o eu real e o eu ideal, menor a autoestima; e, naturalmente, quanto mais semelhantes esses dois tipos de eu, maior a autoestima. No cenário b) vemos que Andréa possui razões suficientes para ter uma alta autoestima; já Luiza (cenário c) apresenta discrepância entre seu eu real e seu eu ideal; daí seu descontentamento consigo mesma, embora a maneira pela qual ela se vê possa não corresponder à realidade.

Pessoas com baixa autoestima são inseguras e, dependendo da intensidade do sentimento de baixa autoestima, necessitam de ajuda profissional para melhor viver suas vidas.

Tendemos a evitar sentimentos de baixa autoestima. Daí a tendência a atribuir nossos fracassos a causas externas (falta de sorte, dificuldade da tarefa, interferência de outrem etc.) e, de nossos sucessos, a causas internas (habilidade, esforço etc.). A isso se chama em psicologia social de *tendenciosidade autosservidora*. A teoria da atribuição de Bernard Weiner, professor da Universidade da Califórnia em Los Angeles (a ser invocada outras vezes em capítulos subsequentes) explica essa tendenciosidade a proteger o eu. Para Weiner, atribuição de sucesso a causas internas conduz a emoções de orgulho e fortalecimento da autoestima, enquanto que atribuição de fracasso a causas internas suscita emoções de vergonha, e, possivelmente, culpa (se a causa é percebida como interna e controlável). Se de um lado a tendenciosidade autosservidora nos ajuda a evitar o mal-estar decorrente de um fracasso, ela pode também nos ser prejudicial quando destorce a realidade. Iludirmo-nos constantemente sobre nossas habilidades terminará por nos levar a mais fracassos.

> 1) Nossos afetos (positivos ou negativos), em relação ao nosso eu, influem em nossa autoestima. Quanto maior a discrepância entre o que somos (eu real) e o que gostaríamos de ser (eu ideal), maior o sentimento de baixa autoestima.
>
> 2) Atribuição de causas internas a nossos fracassos geram sentimentos de vergonha e culpa e diminuem a nossa autoestima. Nossa autoestima é reforçada quando atribuímos nossos sucessos a causas internas.
>
> 3) Uma forma de evitar a diminuição da autoestima após um fracasso consiste em atribuí-lo a causas externas. Exagero nessa atitude defensiva na interpretação de nossos fracassos, todavia, produz efeitos negativos, pois evita que avaliemos corretamente nossas habilidades.

Como nos apresentamos aos outros

Existe uma tendência natural em apresentar-nos aos outros de maneira favorável. Em certas situações essa tendência é ainda mais acentuada, como no caso ilustrado no cenário d) do início deste capítulo. Para aumentar suas possibilidades de ser contratado, Jorge faz um cuidadoso exame de como se deve apresentar na entrevista, naturalmente preparando-se para mostrar suas qualidades e esconder seus defeitos. Essa tendência a manejar a informação que damos aos outros acerca de como somos tem sido estudada pelos psicólogos sociais. Vejamos a seguir algumas formas comumente utilizadas no manejo de informações sobre a nossa pessoa.

No cenário da letra e), Roberto teme perder uma partida de tênis. Para preparar as outras pessoas para isso, ele predispõe as pessoas que vão assistir ao jogo a atribuir sua eventual derrota a fatores situacionais, tais como não estar bem preparado física e tecnicamente. Quando nos autodepreciamos frente aos outros, em geral estamos preparando o terreno para um eventual fracasso que, caso venha a ocorrer, tem uma justificativa e, caso não ocorra, evidencia quão bons nós somos...

Vimos anteriormente que a teoria dos processos de comparação social de Festinger estabelece que, quando queremos avaliar nossas opiniões e nossas habilidades e não dispomos de critérios objetivos, recorremos ao processo de comparação de nossas opiniões e habilidades com aqueles de outras pessoas semelhantes a nós. É o que Ricardo fez para validar seu grau de ansiedade (cenário a) e foi como João procedeu para validar sua opinião acerca do que pensava (cenário f). Entretanto, quando queremos fortalecer nossa autoestima e apresentar-nos aos outros de maneira mais favorável, nós comparamos nossas habilidades com pessoas que possuem menos habilidade do que nós. A isto se chama *comparação para baixo,* utilizada quando tais objetivos são buscados. Se, entretanto, nosso objetivo não é proteger nossa autoestima ou causar melhor impressão a outrem, mas aperfeiçoar nossas habilidades, tendemos a compararmo-nos com pessoas de habilidade superior (*comparação para cima*). É o caso de atletas que estão constantemente querendo igualar-se (ou mesmo superar) aos que apresentam resultados melhores nas competições desportivas. Finalmente, o cenário da letra g) nos revela outro aspecto interessante relativo ao que fazemos para nos apresentarmos de maneira favorável aos outros. Joana, no cenário mencionado, procura usar produtos que são valorizados por pessoas significantes para ela, independentemente de tais produtos serem ou não os melhores. Pessoas muito sensíveis ao que os outros pensam norteiam seus comportamentos em função da opinião desses outros.

Ilusões positivas

É geralmente aceito por psiquiatras, psicólogos clínicos e outros profissionais do setor de saúde mental que, uma visão realista de nós mesmos e do mundo que nos rodeia, constitui um ingrediente fundamental de nosso equilíbrio emocional e de nosso ajustamento. Entretanto, este ponto de vista é contestado por outros, dentre eles se destacando Shelley Taylor. Em seu livro *Positive Illusions* [Ilusões positivas] ela defende o ponto de vista segundo o qual uma visão ilusória da realidade nos ajuda a enfrentar adversidades. Ela assim se refere aos possíveis efeitos benéficos de ilusões positivas:

> De uma maneira geral, as pesquisas mostram que autoproteção do eu, crenças exageradas na capacidade de controlar eventos e otimismo irrealista geram maior motivação, maior persistência na realização

de tarefas, desempenho melhor e, no final, maior sucesso. Uma das principais vantagens dessas ilusões é que elas ajudam a criar profecias autorrealizadoras. Elas podem levar as pessoas a se esforçarem mais em situações objetivamente difíceis. Embora alguns fracassos sejam totalmente inevitáveis, em última análise as ilusões positivas levarão mais frequentemente ao sucesso do que a falta de persistência.

A mesma autora chama atenção, entretanto, para o fato de que ilusões positivas não se assemelham a fantasias totalmente inatingíveis. O ponto central da posição defendida por Taylor é que nossos pensamentos e nossas percepções são mais frequentemente caracterizados por ilusões positivas acerca de nós mesmos, de nossa capacidade de controle e de nosso futuro, do que por avaliações precisas da realidade. Existe uma tendência natural no sentido de possuirmos uma boa autoimagem, de achar que somos capazes de exercer controle sobre o ambiente em que vivemos e de sermos otimistas em relação ao futuro. Quando as pessoas se engajam em ilusões desta natureza, as consequências daí decorrentes são mais benéficas do que maléficas.

Quando nos avaliamos de uma forma exageradamente positiva, ou percebemos que temos controle sobre eventos objetivamente incontroláveis e esperamos alcançar objetivos totalmente irrealistas, nós não estamos exibindo *ilusões positivas*, mas estamos simplesmente incorrendo em *delírios* e *fantasias*. Isso, contrariamente aos efeitos de ilusões positivas moderadas, nos prejudica ao invés de ajudar-nos.

Segundo Taylor, as pessoas, embora entretenham ilusões positivas, não distorcem a realidade de forma exagerada. Uma minoria apresenta uma visão negativa de seu eu, enquanto a maioria revela uma percepção ligeiramente favorável. Parece existir, portanto, uma tendência a entreter ilusões ligeiramente positivas, as quais possuem efeitos mais positivos que negativos. Embora possa haver casos de pessoas serem levadas a buscar objetivos inatingíveis em decorrência de suas ilusões positivas, a tentar controlar eventos incontroláveis ou a negligenciar a tomada de medidas preventivas devido a seu otimismo irrealista, ilusões positivas constituem a energia propulsora de criatividade e busca de objetivos elevados e não são necessariamente responsáveis pelos conteúdos destes objetivos. Ademais, dados de realidade podem corrigir esses exageros.

Ao utilizar meios anteriormente mencionados neste capítulo para formarmos uma imagem de como somos é possível, e até provável, que o autoconceito formado não corresponda exatamente à realidade. Em nosso processo de introspecção, por exemplo, motivações inconscientes podem nos conduzir a uma visão menos objetiva de nós mesmos. Pesquisas realizadas por Taylor, todavia, mostraram que leves distorções na maneira de definirmos nosso eu, quando ligeiramente positivas, são mais benéficas do que maléficas.

---

1) Utilizamos várias estratégias de manejo de impressão a fim de transmitirmos às pessoas com quem interagimos uma impressão favorável de nós mesmos.

2) Autodepreciação, comparação com pessoas de menor habilidade e obediência às normas sociais são algumas dessas estratégias.

3) Se moderadas, as ilusões positivas em relação a nosso autoconceito podem ser benéficas.

Notas suplementares ao assunto tratado neste capítulo

1 A tendência a proteger o nosso eu (tendenciosidade autosservidora)

Vimos neste capítulo que quando temos uma visão favorável de nós mesmos, isto faz com que tenhamos alta autoestima. Ora, ter alta autoestima é melhor do que ter baixa autoestima. Isso é revelado em pesquisas indicadoras de que as pessoas tendem a considerar-se melhor do que a média. Eis alguns exemplos ilustrativos decorrentes de pesquisas:

- em sua maioria, os executivos consideram-se mais éticos e mais eficientes do que a média dos executivos;

- em sua maioria, os motoristas acreditam que dirigem melhor que a média dos motoristas;

- estudantes holandeses consideram-se mais honestos, mais persistentes, mais originais, mais amigáveis e mais merecedores de confiança do que a média dos estudantes;

- as pessoas tendem a perceber-se como mais inteligentes, mais bem apessoadas e menos preconceituosas do que a maioria das pessoas;

- estudantes que terminam um curso universitário acreditam que obterão empregos melhores e de maneira mais fácil que a maioria das pessoas.

Essa tendência a termos uma visão favorável de nós mesmos, de nos considerarmos melhores do que a média das pessoas e de acharmos que as coisas serão sempre melhores para nós do que para os outros, pode nos levar a *um otimismo irrealista*. O otimismo nos ajuda a ter sucesso acadêmico, atlético e profissional, nos faz mais saudáveis e nos traz maior sensação de bem-estar. Devemos nos acautelar, todavia, contra o *otimista irrealista*, que se manifesta quando consideramos que somos imunes a acidentes, doenças e outras tragédias que, infelizmente, fazem parte da vida. Encontrar a medida exata de otimismo saudável e produtivo constitui uma meta que todos devemos nos esforçar para atingir. Em relação à tendenciosidade autosservidora, quando utilizada exageradamente, é mais prejudicial do que benéfica.

2 Utilização da tendência a nos apresentarmos como pessoas coerentes e sinceras como forma de lograr mudança de comportamento

Eliot Aronson, professor da Universidade da Califórnia em Santa Cruz, e seus associados conduziram dois estudos interessantes nos quais lograram obter mudança de comportamento por meio da criação de uma situação em que os participantes da pesquisa, para evitar serem considerados incoerentes e hipócritas (dissonância cognitiva), exibiam o comportamento desejado pelo pesquisador.

Num primeiro estudo, estes investigadores tinham como objetivo aumentar o uso de contraceptivos em rapazes sexualmente ativos. Quatro grupos experimentais foram criados: (Grupo 1) os participantes deste grupo eram solicitados a listar os perigos do engajamento em sexo desprotegido e a recomendar o uso de preservativo masculino; (Grupo 2) os participantes deste segundo grupo eram solicitados a fazer a mesma coisa que os participantes do grupo anterior; porém, deveriam gravar em vídeo o texto preparado, o qual seria mostrado a estudantes secundários a fim de alertá-los sobre os perigos de atividade sexual sem utilização de medidas protetoras. Em cada um desses grupos, metade dos participantes eram solicitados a dizer se, em sua atividade sexual, eles usam protetores ou não (grupos 3 e 4, respectivamente). Como a maioria dos rapazes não se protege ao ter relações sexuais, fazê-los conscientes de que estavam pregando algo que não praticam sinalizava incoerência e hipocrisia. O grupo em que tais sentimentos de incoerência e hipocrisia seriam mais acentuados era o grupo em que as declarações dos participantes seriam gravadas em vídeo para que fossem mostradas a estudantes secundários e ao qual havia sido solicitada a lembrança de que, em suas relações sexuais, os participantes em geral não faziam o que estavam recomendando. A previsão dos investigadores se confirmou. Quando oferecida a oportunidade de comprar preservativos masculinos a preço convidativo, os integrantes desse grupo compraram mais do que os dos outros, principalmente quando comparado ao grupo ao qual não eram solicitados a gravar em vídeo e que não eram lembrados de seus hábitos anteriores.

Estudo semelhante foi conduzido por Aronson e seus colaboradores para induzir moças a tomarem banhos mais curtos a fim de economizar energia. Moças que saíam de uma piscina altamente clorada eram solicitadas a ver um cartaz em que se salientava a necessidade de economizar energia elétrica. Metade delas foi solicitada a assinar um abaixo-assinado que se seguia ao cartaz e que seria afixado em vários locais do campus universitário onde estudavam. Esses dois grupos foram então divididos em outros dois, um em que se perguntava às moças se elas economizavam energia tomando banhos curtos e outro em que tal pergunta não era feita. Como ocorreu no estudo anterior, o grupo que experimentou maior dissonância foi aquele que se comprometia com o cartaz assinando o abaixo-assinado e que se dava conta de que, na prática, não fazia aquilo a que estavam dando sua adesão. Da mesma forma, para manter a integridade do seu eu, sem parecer incoerente e hipócrita, esse grupo deveria tomar banhos mais curtos. Uma pessoa com um cronômetro esperava as moças no vestiário. As moças do grupo de maior dissonância tomaram banhos que duraram, em média, três minutos e meio. Entre as do grupo que não foram solicitadas a aderir ao abaixo-assinado e não foram lembradas de seus hábitos de tomar banhos longos, a média de duração de seus banhos foi de pouco mais de sete minutos; ou seja, o dobro de duração do grupo anterior.

3 A influência da cultura na formação do autoconceito

A cultura a que pertencemos exerce certa influência na maneira pela qual respondemos à pergunta *Quem sou eu?* Pessoas pertencentes a uma cultura mais individualista respondem a esta pergunta concentrando-se mais em características pessoais (inteligência, traços caracterológicos, hábitos e preferências), enquanto que pessoas que fazem parte de uma cultura coletivista salientam mais aspectos grupais (posição na família, local de trabalho, semelhanças com outras pessoas etc.).

Um resultado interessante foi encontrado por Kim e Markus, ambos da Universidade de Stanford. O estudo consistiu em apresentar cinco lápis aos participantes de uma cultura individualista (Estados

Unidos) e de uma coletivista (Japão). Quatro dos cinco lápis eram da mesma cor e o quinto, de cor diferente. Os participantes eram solicitados a escolher um dos cinco lápis. Os participantes americanos escolheram, na maioria das vezes, o lápis de cor diferente, enquanto que os japoneses escolheram mais vezes um lápis dentre os quatro da mesma cor.

Este simples experimento revela a tendência dos membros de culturas individualistas a serem diferentes, enquanto os de culturas coletivistas preferem identificar-se como semelhantes aos membros de seu grupo. Há um ditado nos Estados Unidos que diz: "A roda que faz barulho recebe óleo", enquanto que no Japão há um ditado que diz: "O prego que está saliente recebe uma martelada na cabeça". Estes ditados populares mostram bem a diferença entre os dois tipos de cultura no que concerne ao valor atribuído a ser diferente (cultura individualista) e a ser semelhante aos demais (cultura coletivista). Daí o fato de pessoas pertencentes a estas culturas responderem diferentemente à pergunta "Quem sou eu?"; as de culturas individualistas focalizam mais aspectos idiossincráticos que as distinguem das demais, e as de culturas coletivistas salientam preferentemente as características que compartilham com o grupo a que pertencem.

Ensinamentos a serem retidos

1) A psicologia social se interessa pelo estudo do autoconceito porque ele: a) influi em nossa maneira de interagirmos com outras pessoas; e b) é influenciado pela maneira pela qual outras pessoas se comportam em relação a nós.

2) Conhecemo-nos a nós mesmos através de:

a) introspecção (exame consciente de como somos);

b) inferência de comportamentos exibidos e emoções vividas (por. ex.: se fazemos caridade sem esperar nada em troca, inferimos que somos caridosos; se nosso coração palpita diante de um animal feroz, inferimos que estamos com medo);

c) comparação com outros semelhantes a nós.

3) Se nosso autoconceito (eu real) corresponde ao que gostaríamos de ser (eu ideal), nossa autoestima é aumentada; quando ele é diferente do que gostaríamos de ser, nossa autoestima é negativamente afetada.

4) Tendemos a nos apresentar aos outros da maneira mais positiva possível, principalmente quando a impressão que queremos causar é instrumental para o que queremos obter dessas pessoas.

5) A fim de proteger nossa autoestima, tendemos a considerarmo-nos melhor do que a média das pessoas e a atribuir nossos fracassos a causas externas (*tendenciosidade autosservidora*).

6) A cultura em que estamos inseridos contribui para a formação de nosso autoconceito.

Teste seu conhecimento do assunto tratado neste capítulo

A) Indique a alternativa que contém a melhor resposta

1) São meios de conhecermos nosso eu:

a) introspecção;

b) comparação com outros semelhantes;

c) observação de nosso comportamento;

d) inferências em relação a nossas emoções;

e) todas as alternativas anteriores.

2) Quando existe uma grande discrepância entre o eu real e o eu ideal de uma pessoa, sua autoestima tende a ser:

a) alta;

b) baixa;

c) intermediária entre alta e baixa;

d) mais alta do que baixa;

e) nenhuma das alternativas anteriores.

3) São táticas de manejo de impressão:

a) introspeção;

b) comparação para baixo;

c) comparação para cima;

d) todas as alternativas anteriores;

e) apresentação de nossas qualidades e omissão de nossos defeitos.

4) Quando tendemos a explicar nossos fracassos atribuindo-os a causas externas, estamos sendo influenciados:

a) pelo desejo de compararmo-nos com os outros;

b) pelo desejo de seguir a moda;

c) pelo erro fundamental de atribuição;

d) pela tendenciosidade autosservidora;

e) nenhuma das alternativas anteriores.

5) Em geral, comparamos nossas habilidades com as de pessoas semelhantes a nós. Entretanto, quando queremos melhorar nossa habilidade, comparamo-nos com pessoas:

a) inferiores a nós;

b) superiores a nós;

c) com qualquer pessoa;

d) com nenhuma pessoa;

e) nenhuma das alternativas anteriores.

B) Indique se a afirmativa é falsa ou verdadeira

6) Embora um perfeito conhecimento de nós mesmos seja difícil, podemos atingir um razoável conhecimento de como somos através de introspecção, comparação com outros semelhantes e observação de nossos comportamentos e emoções: (F) (V).

7) Na ausência de critérios objetivos, avaliamos nossas opiniões e nossas habilidades com as opiniões e as habilidades de outros semelhantes a nós: (F) (V).

8) Quando necessitamos proteger nossa autoestima, tendemos a comparar nossas habilidades com a de pessoas inferiores a nós: (F) (V).

9) Raramente recorremos a táticas de manejo de impressão quando interagimos com outras pessoas: (F) (V).

10) A tendenciosidade autosservidora nos ajuda a proteger nossa autoestima: (F) (V).

* *

Respostas no Apêndice, ao fim do livro.

3

Como conhecemos as pessoas com os quais interagimos?

Não vemos as coisas como elas são; nós as vemos como nós somos.
Anaïs Nin

– Você viu como o Paulo me olhou?! Viu como ele quis parecer simpático? Será que ele não sabe que eu sou comprometida e que não quero nada com ele? Se isso acontecer outra vez, ele vai ouvir o que não quer.

– Ora, Luiza, isso é o jeito dele; ele não faz por mal; o Paulo sempre está com um sorriso nos lábios quando encontra uma pessoa. Talvez ele goste mesmo de se mostrar simpático, mas não há segundas intenções no comportamento dele. Eu o conheço bem e sei que ele seria incapaz de fazer o que você lhe está atribuindo.

– Que nada, Márcia. Você está dizendo isso porque é amiga dele. Ele já fez isso com a Gilda. Ele não respeita as mulheres. Por que o João, aquele que estava com ele, não teve esse comportamento? Depois, eu conheço o tipo. Homem com aquele modo de vestir, com aquele penteado, com aquele jeito macio de falar, só pensa em conquista. Conheço vários desse tipo.

– Bem, Luiza, parece que não vou mesmo lhe convencer. Saiba, entretanto, que você está fazendo uma grande injustiça com o Paulo. Você já procurou descobrir por que desconfia de todo mundo que é judeu?

Não é raro ouvirmos diálogos semelhantes a este. Constantemente estamos procurando as intenções subjacentes aos comportamentos das pessoas com quem interagimos. Se vemos uma pessoa dando uma esmola a um pobre, muitas vezes especulamos sobre as possíveis razões de tal comportamento. Será que se trata de uma pessoa genuinamente caridosa? Ou será que está fazendo isso para parecer caridosa? Ou será ainda que está dando esmola apenas para se livrar do pobre? Assim como Luiza demonstrou no diálogo que inicia o capítulo, tendemos a construir uma teoria implícita relativa à personalidade dos outros. Essa teoria implícita, subjetiva, orienta nossa percepção dos outros. Ela nos leva a crer que as pessoas possuem determinadas características de personalidade que as induzem a comportamentos compatíveis com essas características, tudo de acordo com um esquema preestabelecido e determinado pela teoria que formulamos. A crença numa teoria que aglutina características pessoais nos possibilita, uma vez encontradas tais características nas pessoas, fazer inferências sobre suas intenções e comportamentos, facilitando nosso entendimento dos outros. Às vezes possuímos teorias sobre determinados grupos. É o que os psicólogos sociais chamam de estereótipos, e que consistem na atribuição de determinadas características aos membros de um certo grupo. No

Brasil temos estereótipos acerca dos nordestinos, dos cariocas, dos paulistas, dos mineiros, dos gaúchos etc. O mesmo acontece com grupos nacionais e com grupos raciais. Esses estereótipos possuem algo de verdadeiro; porém, podem, num caso particular, ser totalmente falsos. Eles decorrem da generalização de observações individuais para todo o grupo ao qual pertence a pessoa sobre a qual recaiu a observação. O fato de termos uma experiência desagradável com um francês, por exemplo, não significa que todos os franceses procederão da mesma forma que esse francês em particular. Quando o estereótipo é integrado por componentes negativos (p. ex.: os negros são preguiçosos e delinquentes; os judeus são avaros e falsos), eles servem de base a atitudes e comportamentos hostis aos membros do grupo a que se referem. A isso se chama, em psicologia social, de preconceito. Apesar de serem errados em muitos casos, nós utilizamos esquemas sociais em nosso dia a dia. Rotulamos as pessoas (esquemas pessoais); os grupos (estereótipos e preconceitos); as funções (esquema de papéis, como ocorre quando esperamos determinados comportamentos de professores, atletas, funcionários públicos etc.).

No diálogo que iniciou este capítulo, vimos que Luiza tem sua própria teoria implícita acerca de pessoas que sorriem e olham de uma certa maneira e em determinadas circunstâncias e, a julgar-se pela insinuação de Márcia, também possui uma atitude preconceituosa contra os judeus. É possível, pois, que seu preconceito tenha concorrido para a impressão que fez de Paulo como conquistador desrespeitoso, uma vez que a negatividade de sua atitude para com os judeus veio reforçar e adequar-se bem à sua teoria sobre homens que sorriem e olham para mulheres comprometidas, mesmo que tais comportamentos possam ser interpretados diferentemente por outras pessoas que não sejam preconceituosas e que não tenham a mesma teoria implícita que relaciona certos comportamentos a certas disposições internas. De acordo com a epígrafe que inicia este capítulo, Luiza provavelmente está vendo Paulo não necessariamente como ele é, mas como ela é.

Preconceito

O preconceito é uma atitude negativa em relação às pessoas de um grupo. A base cognitiva do preconceito é o estereótipo. Geralmente o preconceito deriva da tendência que temos a categorizar as pessoas e a diferenciar *nós* dos *outros*. Tudo que pertence a nós é bom e elogiável e tudo que pertence à categoria outros é mau e reprovável. Mas há outros fatores que conduzem à atitude preconceituosa. Quando grupos disputam recursos escassos ou quando se identificam com um grupo específico (p. ex., um clube de futebol, uma universidade, um estado, ou um país), é comum surgir o preconceito em relação ao adversário na luta por recursos ou aos membros dos outros grupos diferentes. Pesquisas em psicologia social indicam que o preconceito pode ser diminuído ou mesmo eliminado por meio de contato direto entre os grupos (cf. Nota suplementar n. 4, ao fim do capítulo), o que, muitas vezes, propicia mais conhecimento mútuo e, em consequência, uma mudança nos estereótipos que alimentam o preconceito; estímulo à cooperação entre grupos também leva à diminuição de preconceito; e ainda, a existência de uma ameaça externa que afeta os grupos preconceituosos pode levá-los a unirem-se contra tal ameaça e a uma consequente redução da atitude negativa entre eles (cf. Nota suplementar n. 5, ao fim do capítulo).

Esquemas sociais

Baron, Brascombe e Byrne definem esquemas como "estruturas mentais que giram em torno de um tema específico e que nos ajudam a organizar informação concernente ao ambiente social". Para Aronson, Wilson e Akert, esquemas são "estruturas mentais que as pessoas usam para organizar seu conhecimento do mundo social em torno de temas ou assuntos que influenciam a informação que as pessoas percebem, pensam a respeito e recordam".

A psicologia nos diz que somos *avaros cognitivos*; isto é, tendemos a ser econômicos em nossos pensamentos. Utilizamos atalhos para atingir a "verdade", recorremos a estereótipos e preconceitos para simplificar a realidade social, somos simplistas em nossos julgamentos e avaliações e preferimos o caminho cognitivo menos trabalhoso ao mais árduo. Sendo assim, formamos esquemas acerca de pessoas (engenheiros, artistas, políticos, contadores etc.), de nós mesmos (tímidos, desportistas, contemplativos etc.), do comportamento dominante em certos ambientes (festas, jogos de futebol, culto religioso etc.), de determinados grupos (negros, asiáticos, muçulmanos etc.), de gênero (masculino, feminino, indiferenciado etc.) e assim por diante. Eles nos ajudam a simplificar a realidade social e somos por eles influenciados ao formar impressões relativas a outras pessoas ou situações.

O leitor provavelmente já foi a um jogo de futebol importante. O que ocorre por ocasião de um tal jogo? A seguinte sequência de eventos é encontrada a partir do momento em que nos aproximamos do estádio: tráfego intenso, longas filas para comprar ingresso, bandeiras dos clubes sendo agitadas, ambulantes vendendo suas mercadorias, filas para ingressar no estádio, correria, gritaria, procura de lugar para sentar e, finalmente, o início do jogo. Nada disso surpreenderá o leitor, pois devido à experiência passada em seu pensamento se formou um esquema relativo a *assistir a jogos de futebol em estádios* que o predispõe a antecipar e considerar normais todos esses eventos. Para quem nunca foi a um estádio assistir a um importante jogo de futebol, tais expectativas não existem e a sequência de eventos mencionados poderia lhe causar surpresa e certa ansiedade.

A existência de esquemas sociais nos permite "preencher as lacunas" toda vez que nos deparamos com uma situação social a que ele se aplica. Por exemplo, se temos formado um esquema de gênero segundo o qual as mulheres são delicadas, afetivas, maternais e emotivas, ao nos depararmos com certos comportamentos de uma pessoa do sexo feminino, esse esquema influenciará nossa percepção desta pessoa fazendo com que vejamos essas características embora elas possam não estar nela presentes. As lacunas em nosso conhecimento da mesma serão preenchidas pelo esquema de gênero de que lançamos mão para formar nossa impressão sobre ela. Quando nos deparamos com informações contrárias ao esquema que possuímos, elas tendem a não ser percebidas. As informações são filtradas pelo esquema e apenas aquelas que são com ele coerentes são alvo de nossa atenção. Uma ressalva, entretanto, deve ser feita. Informações flagrantemente contrárias ao esquema são conservadas em nossa memória. Suponhamos que uma pessoa tenha um esquema segundo o qual filósofos são pessoas preocupadas com abstrações, um tanto distanciadas de coisas materiais e constantemente absortas em seus pensamentos. Um dia esta pessoa encontra um filósofo extrovertido, constantemente envolvido em transações financeiras, prático e objetivo. O esquema do filósofo típico é tão claramente contrariado pela observação deste hipotético filósofo atípico, que essa flagrante contradição se destaca e é retida na memória. Via de regra, todavia, filtramos as informações percebendo, armazenando e recordando aquelas que são típicas do esquema que possuímos e, portanto, com ele coerentes.

Não é só em relação aos outros que reagimos de forma esquematizada, como vimos em relação ao preconceito. Existem também os *autoesquemas,* ou esquemas dirigidos a nosso próprio eu, e que funcionam da mesma forma que os demais esquemas. Temos sobre nós mesmos um conjunto de crenças acerca de como somos e essas crenças podem ou não ser verdadeiras, como vimos no capítulo 2.

Além dos fatores capazes de influir na formação de nossas impressões acerca de outrem e vistos até aqui, certas expressões faciais e gestos corporais da pessoa que são razoavelmente inequívocos também influem em nossa percepção dos outros (p. ex., o riso, o choro, o franzir a testa, o arregalar os olhos, o abrir a boca que, mais ou menos universalmente, indicam alegria, tristeza, preocupação, espanto e surpresa, respectivamente). A *linguagem do corpo* tem sua função no processo de interação social, mas nossas impressões sobre os outros se formam através de processos bem mais complexos do que o mero registro de significados associados a certas expressões corporais.

Etapas do processo de percepção social

O processo de *percepção social* envolve várias etapas. Primeiramente é preciso que o comportamento do outro atinja os nossos sentidos. Para isso é necessário não só que nossos sentidos (visão, audição etc.) estejam em bom estado de funcionamento, como também é importante que as condições ambientais (luminosidade, relativo silêncio etc.) sejam boas. Depois que nossos sentidos registram o comportamento da outra pessoa, inicia-se então a ação de nossos interesses, valores, estereótipos, preconceitos, de uma teoria implícita sobre a personalidade do outro, de esquemas sociais etc. (tal como vimos anteriormente), e isso leva à formação de um conceito no qual se harmonizem as características do estímulo (o comportamento de outra pessoa) e toda essa bagagem psicológica que filtra tal estímulo antes que ele se torne um conceito em nossa mente. É por isso que em vários países o psicólogo social é chamado em cortes de justiça para esclarecer o júri sobre a possibilidade de erros de julgamento por parte de testemunhas oculares. Muitas vezes um estímulo ambíguo é transformado pela ação de esquemas e demais fatores que filtram o estímulo no processo perceptivo, podendo conduzir a testemunhos falsos. É bem provável, por exemplo, que uma pessoa preconceituosa contra pessoas de cor perceba, num assalto rápido e sob condições de luminosidade deficientes, um negro como autor do crime quando, na realidade, havia sido um branco (cf. Nota suplementar n. 1, ao fim do capítulo). Cabe ao psicólogo social alertar o júri acerca da complexidade do processo de percepção social a fim de que ele tenha melhores condições de julgar os testemunhos apresentados no julgamento.

> 1) O processo de percepção de pessoas é influenciado por nossas atitudes, interesses, estereótipos, preconceitos, esquemas sociais e pela teoria implícita que construímos acerca das características da personalidade das pessoas.
>
> 2) Não registramos o nosso ambiente social tal como uma máquina fotográfica, mas o vemos através da distorção decorrente de nossas idiossincrasias pessoais.
>
> 3) O preconceito é uma atitude negativa dirigida aos componentes de um grupo e tem nos estereótipos sua base cognitiva.
>
> 4) O preconceito pode ser diminuído ou eliminado quando os estereótipos são alterados devido ao contato direto, quando os grupos são estimulados a atitudes cooperativas e quando existe uma ameaça externa comum à pessoa preconceituosa e à pessoa alvo de seu preconceito.

O processo de atribuição de causalidade

O estudo do processo de atribuição de causalidade constitui um dos tópicos mais importantes da psicologia social científica contemporânea. No que concerne ao fenômeno que estamos considerando neste capítulo – isto é, o fenômeno de percepção dos outros –, os estudos sobre atribuição de causalidade têm muito a contribuir, como veremos a seguir.

Consideremos outro diálogo imaginário para que o leitor perceba como constantemente fazemos atribuições em nossas relações interpessoais.

> – Você viu o Mário? Apesar de a Joana ser o que é, ele vai casar com ela só para mostrar que já é independente e está bem de vida.
>
> – Por que você diz isso, Cláudia? A Joana tem muitas qualidades. Você não viu como ela cuidou bem

daquele menino acidentado? Apesar de você não ter muita simpatia por ela, precisa reconhecer que Joana tem se comportado muito bem, sempre procurando ser amável e atenciosa, inclusive com você.

– Como você é ingênua, Mônica. Tudo isso que ela faz é simplesmente para aparentar uma coisa que ela não é. Queria ver ela ajudar aquele menino se o Mário não estivesse perto. E quanto a me tratar bem, ela age assim porque sabe que sou amiga do Mário.

– Você se lembra, Cláudia, quando eu lhe disse que você estava sendo boazinha apenas para agradar o José, e você ficou brava comigo? Por que você não pode admitir que a Joana também esteja *sendo sincera?*

O diálogo acima ilustra um fenômeno muito frequente no relacionamento interpessoal. Fritz Heider, um dos maiores psicólogos sociais de todos os tempos, mostrou que tendemos a atribuir tanto nossas ações como a dos outros a fatores *internos* (nossas próprias disposições e intenções) ou a fatores *externos* (pressão social, características da situação etc.). Os estudiosos do fenômeno de atribuição afirmam que é frequente nós incidirmos naquilo que denominam *erro fundamental de atribuição*, o qual consiste na tendência de atribuirmos às ações de outras pessoas causas internas, disposicionais, intencionais. Em outras palavras, quando julgamos as ações de outrem, tendemos a descartar possíveis fatores externos capazes de produzir o comportamento observado e focalizamos apenas as disposições internas da pessoa que as emitiu. Outra tendência muito comum apontada pelos estudiosos do fenômeno de atribuição é a tendência a fazermos atribuições a fatores externos quando julgamos nossas próprias ações. Assim, se uma pessoa deixa cair um prato da mão, nós a consideramos desatenta e desastrada; se nós fazemos a mesma coisa, logo atribuímos o acidente a fatores externos, tais como alguém nos haver empurrado, o prato estar molhado e escorregadio etc. Também somos influenciados por aquilo que esses estudiosos chamam de *tendenciosidade autosservidora*; ou seja, uma tendência a fazermos atribuições que nos protejam, que sirvam ao nosso eu, que nos façam parecer bem aos nossos olhos e aos olhos dos outros. Assim, quando temos êxito, atribuímos a razão do sucesso às nossas qualidades; por outro lado, se fracassamos, a culpa é sempre de algo ou alguém; isto é, de fatores externos a nós.

Essas tendências são prevalentes em nosso comportamento, mas elas não são os únicos fatores instigadores desse comportamento. Quando há interesses em jogo, estes podem prevalecer sobre tais tendências. Vimos no diálogo fictício que iniciou esta seção acerca do processo de atribuição, que Mônica começa incidindo no *erro fundamental de atribuição* ao dizer que Mário só ia casar-se com Joana por motivações internas (querer se mostrar independente) e não por fatores externos (qualidades de Joana). Em seguida, como seu interesse era desmerecer Joana, ela faz atribuições externas para o bom comportamento de Joana apontado por Cláudia. Finalmente, quando Mônica chama a atenção para o comportamento idêntico de Cláudia, ela imediatamente se deixa levar pela tendência autossevidora e se irrita, querendo mostrar com isso que ela havia sido sincera e atribuindo à sua sinceridade o fato de ter sido boazinha.

Embora nossas atribuições sejam afetadas por erros e tendenciosidades, os psicólogos sociais têm procurado identificar certos fatores que nos ajudam a fazer inferências mais correspondentes entre os atos e as disposições das pessoas. Segundo os psicólogos sociais E. Jones e K. Davis, há três fatores que nos levam a sentir-nos mais confiantes de que nossas atribuições correspondem de fato às disposições subjacentes ao comportamento de uma pessoa e que emanam de sua vontade. Tais fatores são:

- total liberdade na emissão do comportamento – isto é, nada indica que a pessoa tenha sido forçada a comportar-se da maneira que o fez;

- o comportamento não é uma consequência comum a várias causas; ou seja, ele é típico de uma determinada disposição interna da pessoa;

- o comportamento não é um comportamento muito desejado socialmente; ou seja, não segue necessariamente uma norma social que o prescreva numa determinada situação.

Quando um comportamento de uma pessoa é percebido como atendendo a essas três condições, nós nos sentimos mais confiantes ao inferirmos as disposições a ele subjacentes. Por exemplo, digamos que uma pessoa se dirige livremente a um organizador de uma festa e lhe diz: "Olha, Tomaz, veja se na próxima vez organiza uma festa melhor, porque esta estava horrível..." Ora, a pessoa não foi solicitada a fazer esse comentário e o fez por livre e espontânea vontade; trata-se de um comportamento que não é comum a várias causas, como o seria, por exemplo, um comportamento de elogio à festa, pois isso poderia ser causado pelo fato de a pessoa estar realmente apreciando a festa ou pelo fato de ela querer ser amável; finalmente, esse comportamento não é prescrito por qualquer norma social de polidez. Nessas circunstâncias, a inferência de que a pessoa não gostou mesmo da festa deverá ser correta. Quando seguimos as normais sociais (p. ex., dizemos "muito prazer" quando uma pessoa nos é apresentada) é difícil inferir se a pessoa está sendo sincera ou simplesmente emitindo o comportamento ditado pelas regras de etiqueta social. Tal comportamento é comum a duas causas.

Outro renomado teórico da atribuição, Harold H. Kelley, também apresenta critérios importantes para nossas atribuições de causalidade interna (motivos e intenções da pessoa) ou externa (influência de fatores do mundo exterior).

Para Kelley, quando procuramos as razões para o comportamento de uma pessoa, nós prestamos especial atenção a três fatores principais, a saber: *consenso* – ou seja, a medida em que outras pessoas reagem de forma idêntica à da pessoa cujo comportamento estamos considerando frente ao mesmo estímulo ou evento; *consistência* – isto é, a medida em que a pessoa reage da mesma forma ao mesmo estímulo ou evento em outras ocasiões; e *especificidade* – ou seja, a medida em que a pessoa reage da mesma forma, ou de maneira diversa, a outros estímulos ou eventos diferentes. Um exemplo ajudará entender melhor a posição de Kelley. Digamos que uma pessoa ri de uma piada. Como saberemos se a piada é de fato engraçada ou se a pessoa "tem riso frouxo"? Seguindo-se os três critérios apontados por Kelley, poderemos fazer atribuição de jocosidade à piada, ou ao fato de a pessoa em foco rir de qualquer piada, da seguinte forma: primeiramente, procuramos saber se outras pessoas riem da mesma piada; se riem, concluímos que o *consenso* é alto. Em seguida, indagamos se sempre que a piada é contada as pessoas riem, ou se só o fazem em certas ocasiões; se sempre riem, o fator *consistência* é também alto. Finalmente, perguntamos se a pessoa ri dessa piada ou de toda e qualquer piada que lhe contam; se ela ri especificamente diante desta e não de qualquer piada, a *especificidade* é também alta. Quando consenso, consistência e especificidade são todos altos, o comportamento é atribuído a *causas externas* – isto é, ao exemplo dado – conclui-se que a piada é de fato engraçada. Concluiríamos o oposto – ou seja, que a pessoa que riu é que tem a característica de rir à toa –, caso o *consenso* fosse baixo (outras pessoas não riem da piada), a *consistência* fosse alta (a pessoa sempre ri da piada) e a especificidade fosse baixa (a pessoa ri sempre diante de qualquer piada e não apenas diante desta em particular). Vejamos um outro exemplo. Maria sempre discute com seu professor de Português. Terá Maria um temperamento difícil e querelante ou a causa de seu comportamento é a atitude de seu professor? Se sabemos que Maria discute sempre com ele (alta consistência), que também discute com seus outros professores (baixa especificidade), e que os outros alunos não discutem com o professor de Português (baixo consenso), concluímos que a causa das discussões de Maria com seu professor reside em seu temperamento difícil.

Finalmente, uma breve referência a dois tópicos estudados pelos psicólogos sociais quando focalizam o fenômeno de percepção social e de cognição social; isto é, quando procuram entender como nós percebemos as outras pessoas e nossos próprios comportamentos em direção a essas pessoas e como nosso pensamento processa as informações derivadas do processo de interação social. Esses dois tópicos dizem respeito ao que ficou conhecido pelo nome de *heurística* e de *tendenciosidade ou viés.*

Heurística é o nome dado a regras simples e rápidas; isto é, a verdadeiros "atalhos" por nós utilizados para fazermos inferências (nem sempre corretas...). *Tendenciosidade* é o nome usado para significar os erros e as distorções que cometemos em nosso processo de percepção e de cognição social. O *erro fundamental de atribuição* e a *tendenciosidade autosservidora,* já mencionados anteriormente, são exemplos de tendenciosidades cognitivas. Recorremos a *heurísticas* (atalhos cognitivos) afim de simplificar a realidade social. Seguem-se alguns exemplos: 1) nossa tendência em rapidamente enquadrar uma pessoa numa categoria, uma vez verificado que ela apresenta *alguns* traços de um exemplar típico dessa categoria; 2) outro atalho conhecido é o chamado de *falso consenso,* que trata da propensão a achar que nossa posição a respeito de algum tópico ou assunto é partilhada por um grande número de pessoas. "Todo mundo acha isso" é o que frequentemente dizemos em apoio à nossa opinião, sem nos darmos conta que nem sempre isso é verdadeiro. Outro exemplo de recurso a tais atalhos que nos permitem ir direto à conclusão sem o necessário exame completo da situação é a 3) tendência que temos a sermos influenciados por aquilo que está mais saliente em nossa memória, mais facilmente acessível. Por exemplo: ao sabermos da ocorrência de um desastre de avião, somos mais propensos a julgar que viajar de avião é mais perigoso do que viajar de automóvel, um julgamento que é invalidado pelas estatísticas de acidentes com esses dois meios de transporte. Como a notícia do acidente de avião está mais saliente em nossa memória, tendemos a recorrer a esse dado facilmente à disposição e não ao conjunto de informações sobre a frequência de acidentes ocorridos com aviões e com automóveis.

> 1) Ao formarmos impressões sobre outras e ao julgarmos seus comportamentos, somos influenciados por nossas atribuições a causas internas ou externas para o comportamento observado e por heurísticas (atalhos cognitivos).
>
> 2) Esforços têm sido feitos no sentido de indicar critérios que tornem nossas atribuições mais correspondentes à realidade.
>
> 3) Quando temos suficiente informação acerca do comportamento a que atribuímos determinadas causas, os critérios apontados por Jones e Davis e por Kelley nos ajudam a fazer atribuições mais correspondentes à realidade. Muitas vezes, porém, não temos suficiente informação e, além disso, é difícil eliminar totalmente a influência do erro fundamental de atribuição e demais tendenciosidades.
>
> 4) Em virtude de tendermos ao menor esforço cognitivo possível, recorremos a atalhos cognitivos ou heurísticas que, ao mesmo tempo que tornam mais fácil nossas inferências, muitas vezes nos induzem a erros.

A teoria atribuicional de motivação e emoção, de Bernard Weiner

Segundo Weiner, sempre que nos deparamos com algo inusitado ou negativo, imediatamente procuramos explicações (causas) para o evento inesperado e desagradável. Quando o saudoso Ayrton Senna ganhava uma corrida de Fórmula 1, ninguém procurava uma causa explicativa para sua vitória;

entretanto, quando ele fracassava, imediatamente eram buscadas razões capazes de explicar a ocorrência do resultado inesperado. Ou se o Brasil ganha mais uma Copa do Mundo, não nos interessa muito saber o porquê da vitória; mas, se ele perde, inúmeras são as tentativas de explicação para o mau resultado. Somos muito mais motivados a buscar razões para nossos fracassos (um evento negativo) do que para nossos sucessos. Todos sabemos como as pessoas que praticam esportes individuais procuram desculpas para seus fracassos. Nos esportes individuais, por exemplo, é frequente o perdedor não atribuir sua derrota à superioridade do adversário ou ao fato de não ter atuado bem. A maioria as justifica por meio de razões tais como azar, má preparação física, erros de marcação do juiz etc. Nos esportes coletivos, em que a responsabilidade pela derrota é mais facilmente difundida entre os jogadores, tais reações são menos frequentes.

Para Weiner, as emoções que experimentamos após nossos sucessos e fracassos são determinadas por dois fatores, a saber: 1) o *resultado* obtido (sucesso ou fracasso); 2) as *causas* às quais atribuímos esses sucessos ou fracassos. Com efeito, se ganhamos na loteria, ficamos eufóricos pelo resultado obtido, independentemente das causas às quais atribuímos nosso êxito; da mesma forma, se perdemos um jogo, sentimo-nos aborrecidos, frustrados e irritados, independentemente da causa da derrota. O mero resultado positivo ou negativo obtido por nós é capaz de gerar emoções positivas ou negativas. Entretanto, quando obtemos êxito e atribuímo-lo à sorte (uma causa externa a nós, instável e incontrolável), podemos experimentar satisfação, mas não sentiremos orgulho; isto só ocorrerá se atribuirmos nosso sucesso à nossa capacidade ou ao nosso esforço – isto é, a algo interno a nós – quer seja estável e incontrolável (aptidão, p. ex.), quer seja instável e controlável (esforço, p. ex.). Da mesma forma, quando experimentamos um fracasso, ficamos sempre tristes, aborrecidos e decepcionados, mas só sentiremos remorso e culpa se o atribuímos a uma causa interna e controlável (p. ex., falta de esforço).

A teoria de Weiner salienta o papel desempenhado pela atribuição causal ao sucesso e ao fracasso em nossas motivações e emoções. Como o número de possíveis causas de sucesso e de fracasso é elevado, Weiner propõe que se classifiquem as causas em determinadas dimensões, dimensões estas que terão consequências motivacionais e emocionais. As dimensões ou características das causas propostas por Weiner são:

- *locus* (interno ou externo à pessoa);
- *estabilidade* (algo mutável ou imutável);
- *controlabilidade* (algo sobre o qual alguém tem ou não controle).

A mediação atribuicional nos leva a diferentes emoções e a diferentes expectativas de comportamento futuro. Uma pessoa que fracassa e atribui seu fracasso a algo interno, estável e incontrolável certamente tenderá a sentir-se deprimido e a esperar que tal situação se repita no futuro. Esse estado de coisas levará a pessoa a aceitar o fracasso, resignar-se e não procurar superar o problema. Já outra que atribua seus fracassos a causas externas, instáveis e controláveis poderá sentir-se triste, porém terá expectativas de que as coisas mudarão no futuro, já que as causas do evento negativo não são imutáveis e podem ser controladas. Percebendo seu fracasso dessa maneira, tal pessoa será motivada a continuar se esforçando, esperando que dias melhores certamente virão.

A dimensão *locus* é relacionada a sentimentos que afetam a autoestima da pessoa. Fracassos atribuídos a causas internas levam à diminuição da autoestima, enquanto sucessos a elas atribuídos suscitam aumento da autoestima. A dimensão estabilidade é diretamente relacionada à expectativa de ocorrência futura. Sucessos atribuídos à aptidão (causa estável) levam a pessoa a esperar sucessos futuros. O mesmo acontece com fracassos creditados à falta de aptidão, em que a expectativa é de que se repetirão no futuro. Já fracassos considerados como causados por falta de esforço ou azar (causas instáveis) nos levam a esperar que eles não se repetirão no futuro. Um aluno que fracassa em matemática e atribui seu fracasso à sua falta de aptidão para matemática ficará pessimista quanto ao seu desempenho no próximo exame dessa disciplina; já um que atribua seu fracasso ao fato de não ter estudado bastante pode ter expectativas mais otimistas em relação ao próximo teste. A dimensão *controlabilidade* é mais diretamente ligada a emoções de raiva ou pena que o comportamento de uma pessoa nos suscita e, em relação ao nosso próprio comportamento, a emoções de vergonha, culpa e remorso. Se alguém nos agride por ser doente mental (causa incontrolável), provavelmente sentiremos pena e não retribuiremos a agressão; se a agressão está sob controle do agressor, sentiremos raiva e procuramos puni-lo. É comum encontrarmos pessoas que sentem muita pena, por exemplo, de aidéticos que contraíram o vírus por receberem sangue contaminado (uma causa incontrolável pelo recebedor), e que se revoltam contra aqueles que se contaminaram por promiscuidade sexual (uma causa controlável).

A teoria de Weiner se aplica principalmente a situações de desempenho, nas quais se verificam sucessos e fracassos no rendimento acadêmico, profissional ou desportivo, e também a situações em nosso relacionamento interpessoal, em que podem ocorrer rejeições pessoais ou, ao contrário, manifestações de afeto e admiração. O interessante da teoria é que, por meio do estabelecimento de dimensões causais, ela permite que um imenso número de causas possíveis possa ser tratado de forma psicologicamente idêntica, desde que as causas tenham dimensões causais semelhantes. Por exemplo, em termos da teoria atribuicional de Weiner, carisma, inteligência e charme são causas idênticas no que diz respeito às emoções que eliciam. Se uma pessoa atribui seu sucesso político a seu carisma, outra atribui o seu sucesso acadêmico à sua inteligência e, uma terceira, o seu êxito com o sexo oposto a seu charme, todas elas estarão atribuindo seus sucessos a uma causa interna, estável e incontrolável, o que redundará em aumento de suas autoestimas e expectativas de continuado sucesso futuro nessas áreas.

A consideração do *locus* e da controlabilidade das causas é, segundo Weiner, fundamental na atribuição de responsabilidade. Para atribuirmos responsabilidade por um ato a nós mesmos ou a outrem, o primeiro passo é determinar se a causa é interna ou externa. Se externa, não há responsabilidade; se interna, procuramos saber se a causa é controlável ou incontrolável. Se incontrolável, não há responsabilidade; se controlável, procuramos saber se há circunstâncias atenuantes. Caso não as haja, atribuímos responsabilidade ao ator da ação.

Conclusão

Concluindo, podemos dizer que em nossos contatos sociais temos a tendência de procurar conhecer as características subjacentes aos comportamentos que percebemos; isto é, queremos conhecer as disposições internas que explicam o comportamento observado. Nessa tarefa, incidimos em vários erros de atribuição e de julgamento. Esses erros são causados por viéses cognitivos, por atalhos utilizados para fazer nossas inferências, pelo fato de tendermos a ter uma teoria implícita de personalidade que nos faz agrupar certos traços de personalidade e daí inferir outros, e ainda pela interferência de nossos interesses, estereótipos, valores e preconceitos, esquemas sociais e atribuição de causalidade no processo perceptivo. A psicologia social nos mostra quão suscetíveis nós somos ao que chamamos de erros de atribuição e de interpretação. Ela nos ensina, também, como proceder para minimizar tais erros, quer através da conscientização da existência dessas tendências, quer através das recomendações para atribuições correspondentes e válidas.

Se o leitor ainda tem alguma dúvida sobre a correção das descobertas da psicologia social, sugerimos que ele preste atenção a uma discussão entre pessoas com convicções e interesses antagônicos. Tudo que possa parecer bom no comportamento do antagonista é percebido como sendo causado por fatores externos; tudo que sinaliza má conduta é percebido como genuinamente decorrente de uma disposição interna do adversário. Muitas vezes, fatos semelhantes são interpretados de forma diversa pelas partes em conflito. Isso era muito fácil de ser visto no tempo da guerra fria. Se a então União Soviética invadia a Hungria ou a Tchecoslováquia, seus defensores atribuíam esse ato a uma necessidade de proteção desses países contra a agressão imperialista; a ex-União Soviética era, então, percebida por seus simpatizantes como defensora da liberdade e protetora de seus aliados. Aos olhos dos Estados Unidos e de seus aliados, todavia, a conduta dos soviéticos era percebida como uma agressão revoltante e injustificada, verdadeiro estupro a um país indefeso e amante de sua liberdade e soberania. Se, entretanto, era a vez de os Estados Unidos invadirem a Ilha de Granada, tal ato era execrado pelos soviéticos como mais uma agressão imperialista, enquanto que os americanos alegavam estar apenas defendendo a democracia num país ameaçado pela tirania comunista. Como dizia o poeta Virgílio, *felix qui potuit rerum cognoscere causas* (feliz aquele que pode conhecer as causas das coisas). Nós estamos sempre procurando as causas das coisas e, via de regra, encontrando-as. Infelizmente, porém, nem sempre elas constituem as verdadeiras causas dos comportamentos por nós observados. Verdadeiras ou não, o que importa para que se entenda o comportamento das pessoas em interação com outras é como elas percebem os fenômenos, independentemente de estas percepções corresponderem ou não à realidade.

Notas suplementares ao assunto tratado neste capítulo

1 Distorções perceptivas causadas pela existência de preconceito

Em 1947, os psicólogos sociais Gordon Allport e Leo Postman apresentaram a um participante de seu estudo um desenho de uma cena num vagão de metrô. A cena apresentava cinco pessoas sentadas nos bancos e dois homens em pé, em atitude de confrontação, um sendo branco e outro negro. O homem branco segurava em sua mão uma navalha. A cena era brevemente mostrada ao participante do estudo que, em seguida, era solicitado a narrar o que viu a outro participante que, por sua vez, era solicitado a descrever a cena a um terceiro, e assim por diante. Depois da sexta pessoa a receber a descrição da cena, na maioria das sessões em que o estudo foi repetido, a navalha que estava inicialmente na mão do homem branco era apresentada agora como estando na mão do homem negro, numa clara demonstração de como o preconceito racial das pessoas é capaz de alterar suas percepções para torná-las compatíveis com suas atitudes internas.

2 Exemplo de profecia autorrealizadora

Em 1968, os psicólogos sociais Robert Rosenthal e Lenore Jacobson conduziram um estudo que consistiu no seguinte: aplicaram um teste capaz de medir o QI dos estudantes de uma escola primária; em seguida, selecionaram arbitrariamente uns tantos alunos e disseram aos professores que tais alunos mostraram desempenho superior no teste e que, certamente, eles iriam despontar no próximo ano como alunos extraordinários. Com isso eles criaram uma determinada expectativa nos professores em relação ao desempenho superior desses alunos escolhidos ao acaso. Os alunos foram observados em classe periodicamente no ano seguinte e, ao fim do ano, seus QIs avaliados novamente. Tal como esperado, aqueles alunos que foram classificados ao acaso como "muito promissores" aumentaram seus escores no teste de QI significativamente mais do que os que não foram assim rotulados. O tratamento dispensado pelos professores aos alunos rotulados como "muito promissores" foi responsável por essa diferença. Pela observação dos experimentadores, os professores, durante o ano, deram maior atenção aos "promissores", e lhes deram mais apoio e encorajamento; os professores também deram material de estudo mais difícil, melhor *feedback* após as tarefas, mais oportunidades em classe e mais tempo para responder perguntas do que deram aos demais alunos. Esse tratamento diferencial foi responsável pela "confirmação da profecia" de que os "promissores" despontariam como alunos brilhantes no ano seguinte.

3 Influência de certas características centrais na percepção de pessoas

Em 1950, o renomado psicólogo social Harold H. Kelley comunicou a diferentes turmas de estudantes universitários que um conferencista por ele convidado seria encarregado de ministrar a aula da semana seguinte. Os estudantes foram também informados de que o departamento a que pertenciam estava interessado em saber como diferentes turmas reagem a diferentes conferencistas e, por isso, eles iriam receber uma breve descrição sobre a formação acadêmica, a experiência e a personalidade do conferencista antes de a aula começar e, em seguida, seriam solicitados a responder a um questionário. Os estudantes receberam por escrito uma breve descrição do conferencista. Duas descrições foram confeccionadas. Elas eram absolutamente idênticas no que diz respeito à formação acadêmica, à experiência e à personalidade do conferencista, à exceção de que uma versão dizia que "as pessoas que conhecem bem o conferencista o consideram uma pessoa muito afetuosa, realizadora, com boa capacidade crítica, prática e decidida"; e a outra, era idêntica em tudo, exceto ao dizer que o conferencista era tido como "uma pessoa fria" ao invés de "afetuosa". Essas duas versões foram distribuídas aleatoriamente aos alunos. O conferencista, depois de sua exposição, dedicou os vinte minutos finais à discussão delas com os alunos. Os resultados da pesquisa confirmaram o esperado – ou seja, os que receberam a versão descrevendo o conferencista como *afetuoso* avaliaram-no mais positivamente e fizeram maior número de perguntas na discussão – não obstante o fato de a pessoa avaliada ser a mesma e a conferência proferida ter sido idêntica. Esse estudo ilustra a influência de certas características centrais (como, p. ex., uma pessoa percebida como afetuosa ou fria) em nossas percepções dos outros.

4 Diminuição de preconceito racial por meio de contato direto

Em 1951, os psicólogos sociais Morton Deutsch e Mary E. Collins conduziram uma pesquisa em ambiente natural para verificar se o maior contato entre pessoas de diferentes raças, propiciado pelo fato de viverem num projeto residencial integrado, provocaria mudança na atitude de preconceito de brancos em relação a pessoas da raça negra. O estudo se realizou em dois projetos residenciais, um nas proximidades e outro na cidade de Nova York. O estudo tinha por objetivo principal verificar a influência exercida pelo fato de um desses projetos ser segregado e o outro integrado racialmente, na eventual mudança de atitude preconceituosa de brancos em relação a negros. Foram conduzidas 525 entrevistas com donas de casa moradoras em ambos os projetos residenciais, as quais foram selecionadas por meio de um procedimento de escolha aleatória.

A conclusão mais importante da pesquisa foi a de que a convivência interracial no projeto integrado fazia com que os brancos tivessem atitudes mais favoráveis aos negros. Tal ocorreu apenas no projeto residencial integrado. Como dizem Deutsch e Collins

> num experimento *ex post facto* [isto é, um experimento que estuda um fato depois de sua ocorrência], como o que estamos descrevendo aqui, há sempre a necessidade de sermos cautelosos ao fazer inferências de causa e efeito. Temos que enfrentar, inevitavelmente, a pergunta: "O que veio primeiro?" Isto é, as diferenças de atitudes entre as donas de casa dos dois projetos diferentes, em termos de segregação racial, existiam antes de elas residirem em tais projetos e talvez tenham causado o fato de elas residirem num ou noutro tipo de projeto residencial? Ou as diferenças em atitude resultaram do fato de elas viverem nos dois projetos diferentes?

Sendo assim, faz-se mister determinar com precisão se havia ou não uma atitude pelo menos mais fraca de preconceito contra negro por parte daquelas donas de casa que habitavam no projeto residencial integrado antes de lá residirem. Se isto não for esclarecido, o problema da autosseleção (os menos preconceituosos iam para o projeto integrado racialmente e os mais preconceituosos se recusavam a fazê-lo) passaria a desempenhar papel preponderante, invalidando as conclusões da pesquisa. Em outras palavras, poder-se-ia dizer que as duas amostras não eram semelhantes ao ingressarem nos projetos residenciais de atitude preexistente em relação a negro, as pessoas integrantes das amostras se dirigiram seletivamente para um ou para outro tipo de projeto residencial.

Deutsch e Collins apresentam uma série de indícios de que não havia diferença em atitudes antes de as pessoas ingressarem nos projetos residenciais. Vejamos aqui alguns deles. Os pesquisadores salientam que na ocasião em que os moradores ingressaram no projeto havia uma desesperada procura de habitação. Acreditam eles que essa motivação seria superior a qualquer desejo de evitar contato com pessoas de outra cor, levando-os, por conseguinte, a acreditar que não houve seleção prévia, de vez que a necessidade de obter moradia era premente. Além disso, na ocasião em que ingressaram, os moradores não tinham opção entre projeto segregado ou integrado, pois todos os projetos segregados já estavam completamente lotados. Buscando mais indícios de que não houve autosseleção, os pesquisadores verificaram a porcentagem de pessoas que se recusaram a morar nos projetos residenciais estudados quando lhes foi oferecida a oportunidade. Houve apenas 5% de recusas e, dentre esses 5%, apenas umas poucas alegaram motivos relacionados com problema racial. Por outro lado, a maioria das pessoas entrevistadas revelou que sabia, anteriormente à sua mudança para os conjuntos residenciais, que eles eram integrados ou segregados. Indicação adicional em favor de não ser a possível existência de atitudes prévias favoráveis aos negros entre as donas de casa residentes nos dois projetos é o fato de uma amostra de crianças em ambos os projetos ter sido entrevistada. Os resultados confirmaram a menor ocorrência de preconceito contra negros entre as crianças do projeto integrado. Ora, é improvável que as crianças tivessem exercido qualquer participação relevante na decisão tomada pelos pais de morarem nesse ou naquele projeto. Elas simplesmente seguiram o que foi decidido. O fato de constatar-se também entre as crianças uma diferença entre os moradores dos dois projetos aumenta a certeza de que a convivência favoreceu a diminuição do preconceito. Ademais de todos esses indícios, Deutsch e Collins fizeram perguntas especificamente destinadas a verificar como as donas de casa entrevistadas se sentiam antes de morarem nos conjuntos residenciais no que concerne a preconceito. Por meio de perguntas retrospectivas, foi verificado o quanto elas haviam mudado em suas ideias acerca das pessoas da raça negra antes e depois de habitarem no projeto, qual a quantidade de contato que elas haviam tido com negros antes de se mudarem etc. As respostas a essas perguntas indicaram que as donas de casa do projeto integrado reconheciam uma significativa mudança em suas ideias acerca de negros; quanto à quantidade de contato mantido antes da mudança, não se verificou diferença entre os dois projetos, diminuindo assim a possibilidade de que as moradoras do projeto integrado tinham, inicialmente, menos preconceito racial. Um último indício de que a conclusão dos autores está correta: comparando os moradores do projeto integrado que estavam nele há muitos anos com os que nele residiam há pouco tempo, verificou-se que os primeiros tinham atitudes menos preconceituosas que os últimos, o que demonstra a influência do convívio independentemente de possíveis atitudes iniciais.

Esse estudo mostra que a mudança no conteúdo dos estereótipos que servem de base a uma atitude preconceituosa gera uma mudança na própria atitude a que serviam de base. O convívio propiciado pelo fato de serem vizinhos fez com que os brancos verificassem a inadequação de vários estereótipos que mantinham em relação às pessoas da raça negra, o que suscitou a mudança na atitude preconceituosa.

5 A influência de uma ameaça externa a grupos rivais e sua capacidade de eliminar o preconceito e a animosidade existente entre eles

Um estudo de Muzafer Sherif nos anos de 1950 ilustra bem como grupos antagônicos e preconceituosos podem passar a cooperar quando enfrentam uma ameaça externa. Em três ocasiões distintas (1949, 1953 e 1954), durante três semanas passadas em um acampamento nas férias de verão, um grupo de meninos entre 11 e 12 anos pensou estar se divertindo tranquilamente em uma colônia de férias. Na verdade, participavam, ainda que sem saber, de um experimento em um ambiente natural acerca da origem da coesão grupal, conflitos grupais e, neste último caso, de sua possível redução. Divididos em dois grupos, os meninos, que não se conheciam de antemão, formaram laços de amizade, fruto de inúmeras atividades lúdicas em comum. Na segunda parte do experimento, os dois grupos eram colocados em situação de competição e conflito. A ideia era que, se dois grupos tivessem objetivos conflitantes e metas que só poderiam ser atingidas à custa do fracasso do grupo rival, seus membros se tornariam hostis. De fato, nesse sentido, o estudo confirmou a hipótese: insultos, perseguições, ataques e destruição de bens foram observados, ao lado da formação de estereótipos, os quais se traduziam na criação de apelidos difamatórios aos membros do grupo rival, além de atitudes preconceituosas e de comportamentos discriminatórios. Uma verdadeira observação microscópica da gênese do preconceito e da discriminação. É importante mencionar também a terceira fase dos estudos, que consistia na busca da eliminação das tensões intergrupais a partir de atividades de cooperação: diante de uma ameaça externa (eliminação for fornecimento de água às instalações do acampamento), só somando forças para lidar com a ameaça poderiam os grupos enfrentá-la com sucesso. Após um início difícil, foi obtida, por meio desta estratégia de interdependência, uma boa dose de harmonia entre os até então "inimigos" que possibilitou neutralizar a ameaça externa e permitir que seu objetivo fosse atingido (restabelecimento do fornecimento de água). Uma especulação permitida em função do que foi revelado por esse estudo é a seguinte: se a Terra um dia viesse a ser ameaçada por ETs, os ódios, os conflitos, as guerras e demais meios de destruição existentes entre seus habitantes seriam extintos diante da necessidade de todos se unirem para enfrentar os extraterrenos... Será que precisamos disso para vivermos em harmonia neste planeta?

Ensinamentos a serem retidos

1) A maneira de nós sermos influencia nossa percepção das características e dos comportamentos das pessoas com quem entramos em contato.

2) Viéses cognitivos (tendenciosidades que influenciam nossa maneira de pensar), bem como nossas atitudes e preconceitos, forma de fazer atribuições, esquemas sociais (estruturas mentais utilizadas para organizar o conhecimento de nós mesmos o do mundo social em torno de categorias gerais), heurísticas (atalhos cognitivos) e quaisquer outras formas de simplificar o conhecimento da realidade social podem distorcer a correção da impressão que fazemos das pessoas com quem interagimos.

3) Não podemos eliminar totalmente a influência que todos esses fatores psicológicos exercem em nossa percepção dos outros; entretanto, o simples fato de termos consciência de sua existência nos ajudará a evitar conclusões rápidas e automáticas em nossas impressões e em nossos julgamentos relativos às atitudes e comportamentos das pessoas com quem entramos em contato.

4) Nossa tendência a ver a realidade de acordo com nossos vieses, crenças, valores, esquemas cognitivos, heurísticas etc. podem fazer com que nos comportemos de forma tal que o resultado esperado por nossas tendenciosidades se confirmem (profecia autorrealizadora).

5) A percepção que temos das causas responsáveis por nossos atos e pelos de outras pessoas é determinante das emoções e do comportamento que a eles se seguem. Por exemplo: sentimos orgulho quando obtemos sucesso e o atribuímos a nossa inteligência ou outra característica interna a nós; sentimos vergonha e remorso quando fazemos algo errado e julgamos poderíamos nos controlar e não cometê-lo; reagimos agressivamente a uma agressão sofrida se atribuímos ao agressor intencionalidade em nos agredir (uma causa interna e controlável por ele); abandonamos um esporte caso os fracassos em que incorremos ao praticá-lo são atribuídos a nossa falta de aptidão (uma causa interna e incontrolável); tal não ocorrerá se os atribuímos a nossa falta de esforço e treinamento adequado (causas internas, porém controláveis).

Teste seu conhecimento do assunto tratado neste capítulo

A) Indique a alternativa que contém a melhor resposta

1) Conhecemos as pessoas com quem entramos em contato:

  a) de maneira precisa e isenta de tendenciosidades;

  b) acionando esquemas sociais e tendenciosidades cognitivas;

  c) exclusivamente em função de nossos preconceitos;

  d) por meio do que os outros nos informam sobre as pessoas com quem interagimos;

  e) todas as afirmações são falsas.

2) A rotulação negativa de um grupo de pessoas que possui características comuns se chama:

a) estereótipo;

b) preconceito;

c) discriminação;

d) todas as alternativas anteriores;

e) nenhuma das alternativas anteriores.

3) São meios capazes de reduzir o preconceito:

a) contato direto entre pessoas preconceituosas e pessoas alvo desse preconceito;

b) surgimento de um inimigo que ameace a ambos os grupos entre os quais existe preconceito;

c) existência de um incentivo à cooperação entre esses grupos;

d) todos esses meios podem reduzir o preconceito;

e) nenhum desses meios é capaz de reduzir o preconceito.

4) O erro fundamental de atribuição consiste em:

a) atribuir causalidade interna às ações dos outros;

b) atribuir causalidade externa às ações dos outros;

c) atribuir causalidade interna às nossas próprias ações;

d) atribuir causalidade externa às nossas próprias ações;

e) atribuir a causas incontroláveis às ações dos outros.

5) Quando sentimos culpa, a causa a que atribuímos nosso comportamento deve ser:

a) externa;

b) incontrolável;

c) interna;

d) global;

e) estável

B) Indique se a afirmação é falsa ou verdadeira

6) Estereótipo é a base cognitiva do preconceito: (F) (V).

7) Quando atribuímos nossos fracassos a causas externas e nossos sucessos a causas internas, estamos sendo influenciados pela tendenciosidade autosservidora: (F) (V).

8) Para Jones e Davis, quando percebemos que uma pessoa é forçada a emitir determinado comportamento, tendemos a fazer uma atribuição de causalidade interna a esse comportamento: (F) (V).

9) Segundo Kelley, quando um comportamento se caracteriza por alta especificidade, alta consistência e alto consenso tendemos a atribuí-lo a causas internas: (F) (V).

10) A busca de causas para os comportamentos que observamos é uma tendência universal: (F) (V).

• •

Respostas no Apêndice, ao fim do livro.

4
Como influenciamos as pessoas e somos por elas influenciados?

A chave de uma liderança bem-sucedida é a influência, não a autoridade.
Kenneth H. Blanchard

– Não consigo fazer com que o Felipe, meu filho, tome regularmente o remédio que o médico prescreveu. Já o castiguei de várias maneiras, mas não deu resultado; aí resolvi, ao invés de castigá-lo, dar-lhe um chocolate todo o dia em que ele tomasse o remédio. Melhorou um pouco, mas se eu não pudesse estar presente na hora de ele tomar o remédio, raramente ele o faria. Então apelei para um grande amigo dele, pedindo que insistisse para que Felipe tomasse regularmente o remédio; além disso, fiz ver a ele que o médico é um especialista no assunto e que, portanto, se ele prescreveu o remédio, Felipe deveria tomá-lo; por último, como tudo isso tivesse tido algum efeito positivo, mas não resolvesse o problema de muitas vezes Felipe não tomar o remédio quando eu não estivesse presente, disse-lhe que, como sua mãe, eu tinha o direito de exigir que ele tomasse o remédio todos os dias. Ele melhorou, mas ainda não toma como deve. Não sei mais o que fazer, Laura!

Laura pensa um pouco e diz: – Você já tentou, Denise, explicar direitinho ao Felipe que o problema que ele tem lhe trará consequências sérias para o futuro e que o remédio prescrito pelo médico, justamente por conter o hormônio de que ele precisa, resolverá o problema e fará com que ele seja um rapaz normal e saudável no futuro?

Em nosso processo de interação com outras pessoas, estamos frequentemente tentando mudar o comportamento de outrem, ou sendo alvo da tentativa de outrem de mudar nosso comportamento. São os pais querendo que seus filhos façam certas coisas e deixem de fazer outras; são os professores tentando fazer o mesmo com seus alunos; são os vendedores querendo nos persuadir a comprar os produtos que vendem; são os policiais de trânsito prescrevendo comportamentos a serem seguidos pelos motoristas; são os médicos procurando fazer com que seus pacientes cumpram suas prescrições; são as autoridades sanitárias tentando influenciar a população no sentido de observar certas regras de higiene e saúde pública; são os políticos e os missionários querendo arrebanhar pessoas para seus partidos e suas crenças religiosas, respectivamente; são as pessoas preocupadas com a destruição do planeta alertando para a necessidade de mudança de comportamento para preservação do ambiente; e assim por diante.

Em todos esses casos, estamos lidando com o fenômeno que os psicólogos sociais chamam de influência social, e que consiste no fato de uma pessoa induzir outra a um determinado comportamento desejado pelo agente da influência. O objetivo do agente da influência é lograr uma mudança de comportamento; isto é, levar uma pessoa a fazer algo que não quer. Obtido o comportamento desejado pelo influenciador, o processo de influência social teve êxito. Como veremos no capítulo seguinte, nem sempre a mudança de comportamento implica mudança de atitude, o que envolve uma reestruturação interna das crenças e das preferências da pessoa. As formas de lograr mudança de atitude serão ali consideradas. O presente capítulo trata apenas do fato de uma pessoa conseguir mudar o comportamento de outra sem, necessariamente, lograr uma mudança de sua atitude. Por exemplo: uma criança pode ser forçada por seus pais a comer um legume de que não gosta por medo de ser punida, mas continuará não gostando desse legume e não o comerá se estiver a sós.

> Influência social ocorre quando uma pessoa logra fazer com que uma outra emita um comportamento que, a princípio, se recusara a emitir.

As bases do poder social

Na base de toda influência social está o poder da pessoa em lograr a influência desejada. Assim, por exemplo, como vimos no exemplo da criança que se recusava a comer o legume de que não gosta, seus pais poderão levá-la a comer o legume ameaçando-a com uma punição. Nesse caso, diz-se que a influência social foi exercida com base no poder que os pais possuem de punir seus filhos. Dois psicólogos sociais, John French e Bertram Raven, estudaram o fenômeno de influência social. Definiram poder como influência potencial e influência como o poder em ação. Estabeleceram uma taxonomia das bases do poder social; ou seja, uma relação das várias formas de poder que são subjacentes à influência exercida e que, portanto, permitem que a influência se materialize na mudança efetiva de um comportamento. A taxonomia por eles apresentada inclui cinco bases de poder. Posteriormente, Raven acrescentou uma sexta, como veremos a seguir.

O diálogo fictício que inicia este capítulo ilustra todas essas bases de poder. Nele vimos que Denise, mãe de Felipe, estava se queixando de não ter logrado influenciar o filho no sentido de cumprir à risca a prescrição do médico. Denise tentou exercer essa influência invocando cinco das seis bases de poder propostas por Raven, a saber: poder de coerção (ameaça de castigo), poder de recompensa (oferecimento de chocolate), poder de referência (apelo ao melhor amigo), poder de conhecimento (capacidade do médico) e poder legítimo (direito da mãe sobre o filho). A única base de poder não utilizada por Denise e constante da taxonomia de Raven foi, exatamente, a que sua amiga Laura lhe sugeriu: o poder de informação (apresentar argumentos convincentes). Vejamos mais especificamente em que consistem essas seis fontes de influência social.

Diz-se que uma pessoa tem poder de coerção sobre outra quando ela é capaz de infligir punições nesta outra, caso ela resista à influência desejada pela pessoa detentora de tal poder. Ocorre quando uma pessoa ameaça outra com castigos caso esta não se comporte como a primeira deseja. Se, ao invés de ser capaz de infligir castigo, uma pessoa tem condições de gratificar a outra, diz-se que ela tem poder de recompensa sobre essa outra. Essas duas formas de poder dependem da capacidade de uma pessoa de poder punir ou gratificar outra. As consequências do uso dessas formas de poder é que a pessoa influenciada não internaliza o comportamento exibido; ou seja, ela só o exibe na presença do influenciador ou sob fiscalização de alguém designado pelo influenciador. Um aluno, por exemplo, que exibe um determinado comportamento em aula apenas por medo do professor, ou para dele receber algo que deseja, não o exibirá numa outra situação em que o professor não esteja presente, ou não possa saber se ele se comportou ou não da maneira desejada pelo professor. Isso não acontece, entretanto, se a base do poder é a legitimidade, o conhecimento ou a referência. Se uma pessoa exerce poder legítimo sobre outra, isto significa que esta outra reconhece legitimidade naquilo que está sendo prescrito pelo influenciador. Se o líder de um grupo, por exemplo, democraticamente escolhido por seus seguidores, prescreve um determinado curso de ação a seus liderados, estes o obedecem com base no reconhecimento de que ele pode, legitimamente, determinar esse curso de ação. Se o detentor de poder legítimo extrapola de suas atribuições – isto é, se ele tenta ir mais além do que sua investidura legitimamente lhe faculta –, ele perderá a capacidade de exercer esse tipo de poder. O exercício de tal poder, todavia, ao contrário dos dois primeiros tipos anteriormente descritos, e à semelhança destes, não depende de supervisão para que seja exercido. A pessoa influenciada através de poder legítimo exibirá o comportamento prescrito, mesmo na ausência da pessoa influenciadora. O mesmo ocorre quando a base do poder é o conhecimento, a referência ou a informação. Se sigo as prescrições de um médico ou de qualquer outro profissional especializado porque acredito que ele conhece mais do que eu o que está fazendo, deverei seguir suas prescrições em sua área de competência independentemente de ele estar ou não presente. Diz-se, nesse caso, que tal profissional exerce sobre mim o poder de conhecimento. Da mesma forma, se sigo a influência de uma pessoa com base no poder de referência – ou seja, com base no fato de eu gostar dela e de ela ser uma referência positiva para mim –, serei por ela influenciado com ou sem sua fiscalização. Se, entretanto, eu me submeto à sua influência apenas para agradá-la, ela estará exercendo sobre mim o poder de recompensa e não o de referência. Nesse caso, como vimos anteriormente, sua influência só será eficaz se eu souber que ela, de alguma forma, tomará conhecimento de meu comportamento. O poder de referência se exerce também no caso de referência negativa; ou seja, quando não gostamos ou mesmo desprezamos uma pessoa, e por isso nos comportamos de maneira oposta ao que ela sugeriu. Por exemplo, uma pessoa que tem fama de fazer maus negócios pode, por seu comportamento, influenciar-nos a fazer exatamente o oposto do que ela faz no mundo financeiro. Finalmente, se uma pessoa tem poder de informação sobre outra, ela é capaz de convencer a outra de que deve fazer o que ela prescreve. Essa é a forma mais eficaz de influência, de vez que independe de supervisão por parte do influenciador e independe, ainda, uma vez exercida a influência, da própria pessoa detentora do poder. Se uma pessoa me convence de algo por meio do poder de informação, mesmo que ela venha a mudar de posição, eu continuarei me comportando de acordo com a influência inicial, de vez que eu aderi internamente à posição prescrita anteriormente. A *força do argumento* é a fonte da influência exercida.

No exemplo fictício que inicia o capítulo, vimos que os poderes de conhecimento, de referência e de legitimidade de fato produziram algum efeito, mas não foram suficientes para que Felipe internalizasse o comportamento prescrito como sua mãe desejava. Talvez, por ser criança, o conhecimento do médico, a recomendação do amigo e o apelo ao direito de sua mãe exigir que ele fizesse o que ela dissesse não tenham tido nele o impacto suficiente para que ele fizesse algo que detestava. Os poderes de recompensa e de punição podiam levá-lo a tomar o remédio, mas apenas quando sua mãe estava presente. O poder de informação recomendado por Laura conseguiu, finalmente, fazer com que Felipe passasse a tomar o remédio independentemente de supervisão. O exemplo fictício nos mostra que, além das bases de poder capazes de produzir influência, a qual se traduz pela obtenção do comportamento desejado pelo influenciador, depende também das características da pessoa que é alvo da tentativa de influência e da resistência do influenciado em aceitá-la. Muitas vezes, para lograr a influência desejada, torna-se necessário utilizar mais de uma forma de poder.

Pesquisas conduzidas por mim mostraram que, quando somos influenciados por outrem a fazer algo que achamos que não devemos fazer e a base da influência é o poder de conhecimento, ou legítimo, ou de coerção, nós temos mais facilidade em nos eximir de responsabilidade pelo comportamento exibido. Tal acontece, por exemplo, quando um soldado cumpre uma ordem de seu superior, mesmo que com ela não concorde. Os carrascos nazistas, durante os julgamentos de Nuremberg, alegaram que estavam simplesmente "cumprindo ordens superiores" e que, portanto, não eram responsáveis pelos crimes cometidos e que não deveriam ser punidos. O exemplo ilustrativo de como a psicologia social procede no estudo dos processos de interação social, mencionado no capítulo 1 (cf. Nota suplementar n. 1, ao fim daquele capítulo) e relativo ao experimento de Milgram, constitui exemplo do que acaba de ser dito. Obedecendo à determinação de uma autoridade legítima (o experimentador), os participantes se julgaram menos responsáveis pela aplicação dos choques de alta voltagem. O mesmo acontece quando a base da influência é o conhecimento ou a ameaça de punição. Se um especialista nos força a fazer algo, tendemos a atribuir a ele a responsabilidade pelo que fizemos; o mesmo se dá quando somos ameaçados por outros mais poderosos. Em relação às outras três bases de poder – recompensa, referência e informação –, os resultados das pesquisas mostram, ao contrário, que o comportamento exibido em função desses tipos de influência são percebidos como mais dependentes da pessoa que os emite e mais sob seu controle a decisão de emiti-los ou não. A consequência prática desses achados é que não devemos utilizar conhecimento, legitimidade e coerção quando queremos que a pessoa por nós influenciada se sinta responsável pelo comportamento a que foi por nós induzida. É importante não esquecer que tais achados só se verificam quando o comportamento induzido é considerado pela pessoa influenciada como sendo algo que ela não deve fazer (seja por razões de ordem ética, religiosa, profissional, cultural, ou de outra ordem relevante para ela).

> Se desejamos que uma pessoa exiba um comportamento que vai de encontro a seus princípios e queremos que ela se sinta responsável por ele, não devemos basear nossa influência nos poderes de conhecimento, legitimidade ou coerção, mas sim, nos de recompensa, informação ou referência.

Mudança de comportamento através de tecnologia social

Jacobo Varela, um engenheiro uruguaio que se dedicou ao desenvolvimento do que chamou *tecnologia social*, utilizou-se de teorias psicossociais acerca de nossas motivações a fim de influenciar as pessoas que necessitavam, para seu próprio benefício, mudar determinados comportamentos. Por exemplo, baseando-se na teoria psicossocial da reatância psicológica proposta por Jack Brehm, professor da Universidade de Kansas, segundo a qual toda vez que temos nossa liberdade supressa ou ameaçada por outrem sentimos um desejo de recuperar ou proteger tal liberdade, Varela provoca reatância psicológica de forma a que as pessoas respondam da maneira por ele desejada. Vejamos um exemplo de uma tentativa de persuasão planejada por Varela a fim de convencer uma pessoa que precisava fazer um *check-up* médico e que se negava a fazê-lo. Neste exemplo, Varela utiliza-se basicamente da teoria da reatância de Brehm e de outra teoria motivacional psicossocial – a teoria da dissonância cognitiva de Leon Festinger. Esta última teoria diz, essencialmente, que todas as vezes que contemplamos dois pensamentos que não se harmonizam, sentimos uma motivação a torná-los compatíveis, a fazer com que se harmonizem. Assim, por exemplo, se temos conhecimento de que fumamos e, ao mesmo tempo, temos conhecimento de que o fumo é prejudicial à saúde, entramos em dissonância e seremos motivados a eliminar ou, pelo menos, a reduzir essa dissonância, ou parando de fumar ou questionando a correção dos dados sobre os malefícios do hábito de fumar. A teoria de Festinger é uma das mais importantes em psicologia social e sobre ela falaremos, de forma um pouco mais extensa, no capítulo 5. Voltemos agora ao exemplo de persuasão apresentado por Varela em seu livro *Soluções psicológicas para problemas sociais* (Ed. Cultrix, 1975). Eis o diálogo (resumido) entre o persuasor e a pessoa que tentava influenciá-lo a ir fazer um exame médico:

> X: – Sabe, José, eu não acho que você ama a sua família. [Esta declaração inicial causará considerável reatância, fazendo com que José a reduza, afirmando o oposto.]
>
> José: – Por que é que você diz tal coisa? Acho que não dou mostras disso? [José então passa a enumerar as razões pelas quais não é certo dizer que ele não ama a sua família.]
>
> X: – Está bem, acho que você tem razão. Desculpe-me. Devo reconhecer que você passa bastante tempo com sua família. [O persuasor aqui, sabendo que José trabalhava demais e ficava pouco com a família, provoca uma situação de dissonância, pois José tem que reconhecer que passa pouco tempo com a família e, ao mesmo tempo, ama sua família. Ademais, a afirmação

categórica do persuasor de que José passa muito tempo com a família lhe provoca reatância e ele afirma o contrário, entrando em dissonância.]

José: – Não, aí você está enganado de novo. Esse é justamente um dos meus principais problemas. Trabalho tanto, que me parece nunca ter tempo suficiente para estar com Maria e os meninos.

X: – Lamento ouvir isso; parece-me que você está trabalhando muito. Mas você pode fazer isso, pois parece gozar de muito melhor saúde do que quando casou. [O persuasor provoca nova reatância.]

José: – Você se engana. Eu não poderia hoje fazer as coisas que fazia quando jovem. Ademais, muitas vezes me sinto cansado e deprimido. [O persuasor levou José a admitir que sua saúde não é tão boa assim. Sabendo que ele não tem seguro de saúde, o persuasor lhe diz o que se segue.]

X: – Bem, mesmo que você reconheça que sua saúde talvez não seja tão boa quanto era antes e que deverá continuar a declinar no futuro, uma vez que você trabalha tanto, qualquer coisa que lhe aconteça não afetará materialmente sua família, pois você cuidou bem do futuro de todos.

José: – Não, meu caro X, infelizmente não posso dizer isso. A casa está hipotecada e ainda não consegui fazer um seguro suficiente.

X: – Você parece estar se preocupando demais com isso. Afinal, em nossa idade é raro um homem ter problemas de saúde muito graves que não possam ser tratados quando os sintomas aparecem.

José: – Não esteja tão certo disto. Lembra-se de Pedro e como o caso de úlcera dele foi horrível? Ele se sentia nervoso e indisposto há algum tempo. Se tivesse cuidado disso antes, seu caso não teria sido tão sério. [O persuasor está próximo de sua meta final. Levando José a emitir publicamente o que antes recalcava ou não se dava conta, o persuasor logrou estabelecer uma situação de forte dissonância entre o que José afirma e sua atitude de negar-se a fazer um exame médico.]

X: – Que você acha que Pedro deveria ter feito?

José: – Ele deveria ter consultado um médico, feito um exame, e acho que eu deveria fazer o mesmo agora.

Na versão original do caso narrado por Varela no livro citado, o persuasor continua o diálogo com José até fazer com que ele marque uma consulta com um médico.

Vimos nesse exemplo como, através da utilização de teorias psicossociais, pode-se levar uma pessoa a mudar de posição em pouco tempo. Cumpre notar, todavia, que antes de ser planejada a persuasão, é necessário que o persuasor faça um diagnóstico da situação e consiga o máximo de informações possíveis sobre o alvo de sua persuasão.

Além das formas de influência social vistas até aqui, os psicólogos sociais identificaram, através da observação e de pesquisas científicas, várias outras. Robert Cialdini, um especialista no estudo do processo de influência social, menciona várias dessas formas sutis e eficazes de influência. Vejamos, para terminar este capítulo, algumas das formas mais eficazes de persuasão de que nos fala Cialdini em sua obra *Influence: Science and Practice*.

Contraste

Cialdini exemplifica esta forma de influência social por meio de uma carta escrita por uma aluna a seus pais. A carta começa com desculpas por não haver escrito antes e solicita que os receptores da mesma se sentem antes de continuar a leitura, pois as notícias não são boas. Com essa preparação, a aluna começa a narrar vários acontecimentos desagradáveis (um incêndio em seu dormitório, sua queda tentando escapar que resultou numa concussão cerebral, o aparecimento de um namorado, boa pessoa, mas com pouca instrução, que a engravidou e lhe transmitiu uma doença venérea). Tudo isso é narrado de forma verossímel e ponderada. No último parágrafo, a missivista diz que não houve com ela nada disso que ela contou antes. Entretanto, disse ela, fui *reprovada em Química e tirei uma nota baixa em História...* Em outras palavras, a aluna influenciou seus pais no sentido de não reagirem muito negativamente a seus fracassos escolares. Pintando um quadro dramático antes de confessar o fracasso escolar fez com que, devido contraste da gravidade das duas situações e o alívio experimentado ao saber que o drama não havia ocorrido, seus pais reagissem a seu fracasso escolar sem muito espanto ou reprovação.

A regra da reciprocidade

Esperamos que as pessoas retribuam o que fazemos para elas. Se convidamos alguém para jantar, esperamos que a gentileza seja eventualmente retribuída; se ajudamos uma pessoa a empurrar seu carro, esperamos que, em situação semelhante, ela nos ajude; ninguém gosta de ser considerado ingrato ou aproveitador. Na política, por exemplo, a regra da reciprocidade funciona de forma tal que se sobrepuja até as recomendações mais elementares da ética. Portanto, se quisermos influenciar uma pessoa a fazer-nos alguma coisa, uma forma eficaz de consegui-lo é fazer com que ela se sinta devedora de algo em relação a nós. Quantas vezes não ouvimos uma pessoa dizer a outra: "Ontem eu mudei a TV para o programa que você queria, lembra-se? Pois bem, agora é minha vez. Quero ver o programa X e não este que você está vendo". E situações semelhantes são frequentes em nosso quotidiano.

Uma forma mais sutil de utilizar-se a regra da reciprocidade em nossas tentativas de influência social é a seguinte: se queremos uma coisa de outra pessoa, começamos pedindo-lhe muito mais; após sua negativa, nós concordamos mostrando que, de fato, ela tem razão e que nosso pedido era exorbitante. Com isso já lhe tornamos um tanto devedora de nossa atitude compreensiva. Uma vez estabelecido isto, pedimos o que de fato queremos, o que é muito menos do que pedimos originalmente. A pessoa se sentirá impelida a reciprocar nossa "atitude compreensiva", sendo agora compreensiva também.

Exemplos do funcionamento da regra da reciprocidade nessa forma mais sutil também são frequentes. Vendedores utilizam-se muito dela tentando, inicialmente, induzir-nos a adquirir algo muito caro para, em seguida, após nossa negativa, apresentar algo bem mais barato, como que dizendo: "de fato o que quis vender inicialmente é muito caro e compreendo sua negativa; mas agora estou apresentando um produto barato e você deverá reconhecer que dessa vez estou lhe oferecendo uma boa compra".

Uma consequência prática dessa forma de influência social é a seguinte: se um menino quer que sua mãe lhe dê um real para comprar balas e a probabilidade de consegui-lo é pequena, ele deve pedir a ela, por exemplo, 20 reais para comprar bala. Após sua óbvia recusa, ele deverá dizer: então será que você pode me dar um real para eu comprar o chocolate mais barato que o baleiro vende?

Pressão social

Uma das formas mais eficazes de influência é a utilização da pressão social; isto é, a alegação de que os outros estão conosco. Nós não gostamos, de uma maneira geral, de nos sentirmos diferentes dos outros. É comum nos depararmos com a situação de um punhado de pessoas começarem a olhar para o topo de um edifício apontando algo e, logo em seguida, uma multidão estar fazendo a mesma coisa. Nesse caso, entra também o fator curiosidade, mas não deixa de estar presente o fator pressão social; isto é, ao ver outros, somos influenciados a imitá-los. Consequentemente, dizer que muitas pessoas apoiam nossa posição em relação a um determinado tema constitui uma forma de influenciar uma outra pessoa no sentido de concordar conosco. Estamos, nesse caso, usando a pressão social da validade de nossa posição como forma de influência.

Pode-se perguntar, após ter-se entrado em contato com tantas formas de influenciar os outros, se a psicologia social não é um setor do conhecimento que, nesta área, destaca-se pela falta de ética. Afinal, não é antiético utilizarmos um conhecimento especializado para induzir as pessoas a fazer o que queremos? A resposta a esta indagação é muito simples. A psicologia social, como ciência que estuda a interação humana, procura estabelecer os princípios que norteiam tal interação. A finalidade para a qual tais conhecimentos serão utilizados é de responsabilidade de quem os utiliza. Eles podem ser usados para induzir uma pessoa a tomar drogas como podem ser empregados para evitar que uma pessoa adquira aids; para levar um jovem à delinquência ou fazê-lo aplicar-se mais aos estudos; e assim sucessivamente. À psicologia social cabe conhecer; a aplicação desse conhecimento é de responsabilidade de quem o aplica.

Influência normativa e influência de minorias

Outra razão pela qual somos influenciados a emitir determinado comportamento é a seguinte: nós temos a tendência a obedecer o que constitui a norma social; isto é, a maneira habitual de as pessoas se comportarem frente a certos estímulos sociais. As normas de etiqueta social, os papéis prescritos para certas funções, o que as tradições culturais prescrevem, tudo isso nos induz a conformarmos. Não é fácil ir de encontro a normas sociais estabelecidas, a papéis atribuídos a certas funções e a tradições culturais. Sempre, portanto, que alguém invoca a existência dessas fontes de *influências normativas*, a pressão a emitir comportamento coerente com elas é maior. Por isso é difícil (embora não impossível) modificar as tradições culturais e as normas sociais vigentes. Estudos do psicólogo social francês Sèrge Moscovici demonstram que uma minoria decidida e persistente pode alterar a posição da maioria. Em seu livro *Psicologia social*, os autores Aroldo Rodrigues, Eveline Maria L. Assmar e Bernardo Jablonski se referem aos trabalhos de Moscovici da seguinte maneira:

> Para esse autor, se é verdade que os grupos promovem uniformidade de opinião, como, então, explicar as mudanças nas normas e valores de uma sociedade? Em suas próprias palavras: "Se o grupo fosse sempre bem-sucedido na tarefa de silenciar os não conformistas, rejeitando os que pensam de forma diferente e persuadindo todos a seguirem a voz da maioria, como se dariam as mudanças dentro do sistema? Seríamos todos espécies de robôs, marchando em monótona sincronia, incapazes até de nos adaptarmos a uma realidade em mudança" (Moscovici, 1985: 380).
>
> Duas respostas imediatas poderiam ser sugeridas. Em primeiro lugar, os grupos mudam para atender a novas circunstâncias externas, como, por exemplo, partidos políticos alteram suas plataformas para ir ao encontro da opinião pública ou de condições econômicas em mudança. Uma outra possibilidade seria creditar a mudança às pessoas detentoras de maior poder e *status* dentro do próprio grupo.
>
> Ainda que importantes, tais fontes de mudança, segundo Moscovici, não são capazes de explicar, por si só, uma série de exemplos históricos. O sucesso da psicanálise é trazido por esse autor em apoio às suas ideias de que a influência da minoria é possível por-

que o grupo não é perfeitamente homogêneo e contém dentro dele divisões potenciais. Nesse sentido, são os desviantes que, agindo de forma suficientemente consistente e convincente, tornam explícitas essas divisões, e do conflito daí resultante novas normas acabam por emergir no grupo.

As proposições de Freud, pelo menos inicialmente, não tinham uma relação óbvia com as circunstâncias sociais e econômicas em curso na Europa, que poderiam favorecer sua aceitação, e Freud tampouco desfrutava de qualquer posição de poder ou de prestígio. Foi, então, acrescenta Moscovici, a estratégia particular de Freud em defender de forma veemente e persistente a validade de sua teoria, mesmo sendo violentamente criticado, o fator diretamente responsável por sua aceitação.

Um exemplo bem mais atual pode ilustrar como a força de uma minoria está na origem da maior parte dos movimentos sociais. Como bem afirmou Ralph Waldo Emerson, "toda a história é um registro do poder das minorias, até de minorias de um". À afro-americana Rosa Parks, falecida em outubro de 2005, é creditada a deflagração do movimento dos direitos civis norte-americanos quando ela se recusou a ceder seu lugar a um branco no ônibus em que viajava, como obrigava a lei então em vigor no Alabama.

Uma série de pesquisas conduzidas por Moscovici demonstrou empiricamente que, de fato, a influência também pode se dar no sentido contrário; qual seja, a de indivíduos ou de minorias modificando as opiniões e as atitudes da maioria dentro de um grupo. Por meio de um procedimento padrão baseado na consistência – expressando o mesmo ponto de vista ao longo do tempo –, membros minoritários de um grupo podem exercer uma influência significativa dentro dele, lançando mão do poder das informações. Apoiado nesses estudos, Moscovici identificou três fatores determinantes principais da influência das minorias: a) a coerência e persistência na defesa sistemática de suas posições tornam-nas capazes de desenvolver argumentos convincentes e persuasivos, que levam muitos membros a refletirem mais profundamente sobre as questões que propõem; b) a coerência e persistência transmitem autoconfiança, o que pode fazer com que membros da maioria comecem a reconsiderar sua posição, principalmente se opiniões, e não fatos, estiverem em jogo; c) as defecções da maioria; isto é, uma minoria persistente enfraquece a ilusão de unanimidade, levando as pessoas a se sentirem mais livres para pensar, a se convencerem da pertinência das opiniões contrárias às suas e até a "passarem para o outro lado". Uma revisão relativamente recente de aproximadamente cem estudos sobre influência social demonstrou que membros majoritários podem fazer com que os demais membros do grupo se conformem às ideias e regras do grupo por meio da influência normativa. Tal conformidade pode ser meramente pública – isto é, "para uso externo" –, sem haver, de fato, uma aceitação privada, tal como teria ocorrido nos clássicos experimentos de Asch sobre pressão social e conformidade. Em contraste, os membros minoritários dificilmente conseguem influenciar a maioria recorrendo à influência normativa, uma vez que os membros dessa maioria resistem fortemente a demonstrar aquiescência pública às opiniões "estranhas e inusitadas" da minoria. Resta-lhes, portanto, lançar mão da influência informativa – isto é, da informação nova e desconhecida –, forçando o grupo a examinar com atenção suas ideias e ponderações e, possivelmente, a adotá-las, caso conclua que há mérito e coerência em seus posicionamentos.

Em suma, as maiorias geralmente induzem à complacência pública por meio da influência social normativa, enquanto as minorias – principalmente se persistentes e coerentes – produzem a aceitação privada devido à influência social informativa.

Notas suplementares ao assunto tratado neste capítulo

1 A justificativa de Bush e Blair para a invasão do Iraque

Quando o Presidente Bush, o Primeiro-ministro Blair e seus respectivos assessores decidiram invadir o Iraque, precisavam convencer a população de seus países, bem como a seus aliados, que a guerra era necessária. Que fizeram então? Alegaram que o Iraque "possuía armas de destruição em massa". Isso é equivalente a dizer o seguinte: "Estamos invadindo o Iraque para proteger a vida de nossos cidadãos e dos povos ameaçados por Sadam Hussein". Como vimos antes, pesquisas por mim conduzidas mostraram que um comportamento negativo e criticável (no caso em pauta, a decisão unilateral de invadir outro país), quando perpetrado para evitar sofrimento é mais defensável, e seu agente menos responsabilizado, do que quando o comportamento repreensível é exibido para que seu agente receba uma recompensa. Se os invasores do Iraque dissessem que a invasão era necessária para que pudessem explorar as reservas de petróleo daquele país, ou porque Sadam Hussein era uma pessoa detestada por eles e eles queriam se vingar, pouca gente lhes daria apoio e as atrocidades cometidas na guerra seriam de sua exclusiva responsabilidade. Criando o mito da existência de armas de destruição em massa, Bush, Blair e seus cúmplices encontraram uma justificativa para seu comportamento reprovável e lograram obter o apoio dos cidadãos de seus países e de alguns poucos chefes de Estado que acreditaram no mito das armas de destruição em massa.

A história está repleta de exemplos de atos hediondos cometidos sob a alegação de que seus perpetradores estavam sendo ameaçados. O conhecimento fornecido pela psicologia social de que punição e recompensa levam a diferentes inferências no que concerne à atribuição de responsabilidade explica por que alegações de "legítima defesa" são invocadas pelos agentes dessas atrocidades.

2 A arte de induzir-nos a comprar o que não queremos

Uma das técnicas comumente utilizadas por vendedores que batem de porta em porta é aquela conhecida como "técnica do pé na porta". Ela funciona da seguinte maneira: o vendedor telefona ou manda uma carta ao cliente potencial oferecendo-lhe um presente, como, por exemplo, um utensílio de cozinha, um enfeite para casa, ou coisa semelhante que tenha algum atrativo e que, ao mesmo tempo, não custe muito caro ao vendedor. Se o potencial comprador aceita receber o vendedor para ganhar o presente prometido, o vendedor consegue seu primeiro objetivo; ou seja, entrar em contato pessoal direto com o possível comprador. Em outras palavras, ele põe o pé na porta do comprador. Uma vez conseguido isso, o passo seguinte é começar a falar do produto cuja venda era seu objetivo inicial. O vendedor tem agora um potencial comprador disposto a ouvi-lo e a comprar seu produto (regra da *reciprocidade* vista anteriormente), em retribuição ao presente que recebeu. Na maioria das vezes, esta técnica leva o recebedor do pequeno presente a comprometer-se a comprar algo que não tinha a menor intenção de comprar, vítima da manipulação utilizada pelo vendedor. O leitor interessado encontrará nos livros *Influence: Science and Practice* de Robert Cialdini e *The Power of Persuasion*, de Robert V. Levine, inúmeros exemplos de técnicas utilizadas para persuadir-nos a fazer o que não faríamos, caso elas não fossem utilizadas.

Ensinamentos a serem retidos

1) Quando uma pessoa logra fazer com que uma outra mude seu comportamento, verifica-se o fenômeno de influência social.

2) Influência social deriva, na maioria dos casos, de uma ou mais das seguintes bases de poder social: coerção, recompensa, legitimidade, referência, conhecimento ou informação.

3) Os poderes de coerção e de recompensa dependem de supervisão para serem eficazes; tal não acontece quando a influência social deriva das outras quatro bases de poder.

4) Dependendo da base de poder utilizada para levar uma pessoa a fazer algo com que não concorda, a pessoa se sentirá mais ou menos responsável por esse comportamento.

5) A utilização dos conhecimentos decorrentes de teorias de motivação social podem, quando aplicados com habilidade, induzir as pessoas à modificação de seu comportamento.

6) Contraste, reciprocidade e pressão social e ação de minorias constituem também formas eficazes de influência social.

7) A psicologia social estuda os fatores que explicam a influência social; cabe a quem utiliza esse conhecimento a responsabilidade pelas consequências das mudanças comportamentais.

Teste seu conhecimento do assunto
tratado neste capítulo

A) Indique a alternativa que melhor responde à pergunta

1) A diferença entre mudança de atitude e mudança de comportamento através de influência social é que:

a) mudança de atitude implica modificação interna, e mudança de comportamento não;

b) mudança de atitude implica modificação interna, e mudança de comportamento implica mudança interna e externa;

c) mudança de atitude implica modificação interna e externa, e mudança de comportamento implica mudança apenas interna;

d) mudança de atitude implica modificação interna, e mudança de comportamento implica modificação apenas externa;

2) Quais das seguintes bases de poder levam a conformismo, independente de fiscalização:

a) recompensa e conhecimento;

b) legitimidade e recompensa;

c) legitimidade, conhecimento, referência e informação;

d) coerção e legitimidade;

e) informação, referência e recompensa.

3) Qual das seguintes bases de poder leva a conformismo independente de fiscalização e independe do agente de poder:
   a) recompensa;
   b) coerção;
   c) legitimidade;
   d) conhecimento;
   e) informação.

4) Minorias podem influenciar a maioria utilizando:
   a) pressão social normativa;
   b) princípio do contraste;
   c) regra da reciprocidade;
   d) pressão social informativa;
   e) nenhuma dessas técnicas.

5) O estudo de técnicas persuasivas em psicologia social não é antiético porque:
   a) a psicologia social se limita apenas ao estudo das técnicas mais eficazes de persuasão sem prescrever para que fim elas devam ser usadas;
   b) tais técnicas não são necessariamente eficazes;
   c) tais técnicas são de conhecimento público;
   d) a maioria das pessoas desconhece essas técnicas;
   e) todas as alternativas anteriores são corretas.

B) Indique se a afirmação é falsa ou verdadeira
6) O poder de recompensa e o poder de coerção geram comportamento conformista que depende de fiscalização para ser emitido pela pessoa influenciada: (F) (V).

7) A única base de poder que independe de fiscalização e da posição inicial do agente de poder para ser eficaz é o poder legítimo: (F) (V).

8) A base de poder mais eficaz em termos de produzir mudanças internas na pessoa que é alvo da tentativa de influência é o poder de informação: (F) (V).

9) A regra da reciprocidade, o princípio do contraste e a pressão social são as únicas formas existentes de tentativa de influência social: (F) (V).

10) Do ponto de vista ético, a responsabilidade pelo conteúdo da persuasão pretendida reside na pessoa que utiliza uma técnica persuasiva: (F) (V).

Respostas no Apêndice, ao fim do livro.

5

Como nossas atitudes se formam, se mantêm e se modificam?

As pessoas geralmente são geralmente mais bem persuadidas pelas razões que elas mesmas descobrem do que por aquelas apresentadas pelos outros.
Pascal

a) – Você viu o que o juiz fez ontem contra o Flamengo? Que pênalti absurdo ele marcou! – Deixa de ser fanático, Bernardo. Aquele pênalti foi claro. Todo mundo viu. Vocês, vascaínos, são sempre contra o Flamengo. Não adianta discutir.

b) Francisco é um rapaz que se diz socialista. Pertence a um partido político de esquerda, adora músicas de protesto e considera Cuba um país exemplar. Ele vive numa casa de alto luxo servida por muitos empregados, é visto nos bares tomando whisky escocês e anualmente volta da Europa e dos Estados Unidos com a mala cheia dos mais recentes produtos das sociedades capitalistas.

c) Fátima é uma mulher de meia idade. Casada e mãe de quatro filhos, é vista diariamente na igreja. Sem alarde, Fátima se dedica a inúmeras obras sociais, visita doentes na Santa Casa de Misericórdia e ajuda uma família favelada. Sempre disposta a ajudar e a mostrar carinho, Fátima é procurada por pessoas com ou sem religião que desejam se aconselhar com ela, e a todas trata de forma humana, atenciosa e cordial, em coerência com suas convicções morais e religiosas.

Todos nós, inevitavelmente, temos posições, umas mais fracas, outras mais fortes, em relação aos objetos sociais que nos rodeiam. Temos preferências político-partidárias ou desprezamos a política; optamos por tal ou qual religião ou não temos religião alguma; geralmente somos ardorosos torcedores de uma equipe de futebol; ademais, continuamente nos posicionamos pró ou contra o aborto, a pena de morte, o socialismo, o capitalismo, o ensino pago, o fumo etc.; simpatizamos com certos povos e consideramos outros antipáticos; constantemente estamos avaliando pessoas, programas de TV, marcas de automóveis, bebidas, comidas, tipos de diversão ou de trabalho; enfim, organizamos o mundo que nos rodeia tomando posições relativamente duradouras pró ou contra os objetos sociais que dele fazem parte.

Atitudes constituem um dos tópicos mais estudados pelos psicólogos sociais. Eles procuram entender como essas posições pró ou contra objetos sociais se formam e se modificam e quais os seus elementos essenciais.

Vimos nos episódios fictícios que iniciam este capítulo alguns dos aspectos das atitudes estudados pela psicologia social. Neles se pode ver como determinados objetos sociais (no caso, clubes de futebol) são capazes de despertar fortes sentimentos pró ou contra, fazendo com que as pessoas com atitudes opostas vejam a realidade de forma totalmente distinta; vimos que Francisco e Fátima têm posições muito definidas em prol de certos objetos sociais; nota-se, entretanto, que Francisco não é muito coerente naquilo que diz e naquilo que faz; tal coerência, por outro lado, é clara em relação a Fátima.

> Durante nosso processo de socialização, formamos posições pró ou contra pessoas e objetos com que entramos em contato. Tais posições estão intimamente ligadas ao que pensamos em relação a tais pessoas e objetos e também à forma de agirmos em relação aos mesmos.

O que é uma atitude em psicologia social? Podemos predizer o comportamento das pessoas por meio do conhecimento de suas atitudes? Podemos mudar a atitude das pessoas, fazendo com que elas passem a ser favoráveis a algo que eram contra, ou vice-versa? Podemos medir a intensidade dos sentimentos pró ou contra um objeto social? O restante do capítulo responderá a essas perguntas.

Conceito e formação de atitude

Rodrigues, Assmar e Jablonski definem atitude como sendo "uma organização duradoura de crenças e cognições em geral, dotada de carga afetiva pró ou contra um objeto social definido, que predispõe a uma ação coerente com as cognições e afetos relativos a este objeto". Esta é uma entre as muitas definições de atitudes encontradas nos livros sobre psicologia social. Apesar de haver muitas definições, a grande maioria delas inclui os seguintes elementos:

a) a existência de um sentimento pró ou contra um objeto social;

b) a existência de uma estrutura cognitiva relativamente duradoura;

c) a influência, no comportamento da pessoa, do afeto e da estrutura cognitiva relacionada ao objeto da atitude.

A definição apresentada por Krech, Crutchfield e Ballachey em seu livro *Psicologia social* salienta bem esses elementos. Dizem eles que atitude é "um sistema de avalições positivas e negativas, sentimentos emocionais e tendências pró ou contra um objeto social".

A maioria dos autores destaca esses três elementos como integrantes das atitudes, os quais se acham intimamente interligados. Como expresso na conceituação acima, são eles: um *componente afetivo*, que consiste no sentimento pró ou contra um objeto social; um *componente cognitivo*, que se refere aos pensamentos que a pessoa possui em relação ao objeto social; e um *componente comportamental*, que é a prontidão para responder, para comportar-se de determinada forma em relação a esse objeto social. Se não gostamos (*afeto*) de pessoas pertencentes a um determinado grupo (político, religioso, racial etc.), necessariamente temos uma série de pensamentos (*cognição*) relativos a tal grupo e, ao encontrarmos um membro desse grupo, manifestamos, por meio de ações específicas, que com ele não simpatizamos (*comportamento*). Esses três elementos influenciam-se mutuamente; isto é, há uma tendência a fazer com que afeto, cognição e comportamento sejam coerentes – se somos contra algo, temos cognições acerca desse algo que justificam ou explicam nosso sentimento negativo e, em consequência, tendemos a nos comportar de forma hostil ou aversiva em relação a tal objeto.

Não há acordo entre os psicólogos sociais acerca de como se formam as atitudes. Uns veem as atitudes como decorrentes dos processos tradicionais de aprendizagem (p. ex., condicionamento, imitação); outros as veem como resultantes da busca de coerência entre afetos, cognições e comportamentos; outros ainda as consideram como decorrentes da identificação com certos grupos de referência positiva (classe social, corporativismo, p. ex.); há também os que consideram certas atitudes como decorrentes do tipo de personalidade (p. ex., a personalidade autoritária e suas atitudes de obediência ao grupo que pertence, gosto pela hierarquia, moralismo escrupuloso etc.); e, finalmente, alguns as consideram como decorrentes de um exame racional da relação custo/benefício feita pela pessoa no exame dos prós e dos contras dos argumentos à sua disposição e relativos a um determinado objeto social (p. ex., gosto de estudar porque estudando terei mais chances de levar uma vida melhor, enquanto que se não gostar de estudar não vou ser nada na vida).

Todos esses pontos de vista têm algo de verdadeiro. Podemos exibir uma atitude preconceituosa contra determinado grupo porque fomos recompensados quando manifestamos um afeto negativo em relação a tal grupo e nos puniram quando fizemos o contrário. Também desenvolvemos atitudes em função da busca de coerência entre afeto, cognição e comportamento; de fato, se virmos que uma pessoa de um grupo se comporta e exibe características distintas daquelas que pensávamos ser a marca de todas as pessoas desse grupo, mudaremos nossa atitude em relação a essa pessoa ou mesmo em relação ao grupo a que ela pertence, restabelecendo assim a coerência entre esses elementos. Muitas de nossas atitudes provêm da identificação com uma determinada classe social ou com um determinado grupo. Pessoas de classes menos privilegiadas são mais favoráveis à medicina socializada, por exemplo, do que as de classe alta. Também o tipo de personalidade pode nos levar a exibir certas atitudes. Uma criança criada numa atmosfera altamente autoritária tende a desenvolver uma personalidade igualmente autoritária e a exibir atitudes e comportamentos típicos desse tipo de personalidade (exercício da autoridade, submissão às pessoas em posição de autoridade, preconceito contra pessoas que não pertencem a seu grupo etc.). E, finalmente, muitas de nossas atitudes decorrem de um exame frio e calculado da relação custo/benefício de nossas posições frente a objetos sociais (gostamos do que nos recompensa e desgostamos do que nos traz prejuízos). É frequente, principalmente entre políticos, vermos enormes mudanças de atitudes de acordo com os benefícios decorrentes da exibição de uma ou outra atitude política.

Uma contribuição importante ao entendimento de como se formam e se modificam as atitudes é a teoria do equilíbrio (*balance theory*), proposta por Fritz Heider, e que será analisada em mais detalhes no capítulo seguinte. Segundo essa teoria, nossas atitudes e nossas estruturas cognitivas se influenciam mutuamente. Assim, se temos uma atitude negativa em relação a um certo procedimento e somos informados de que uma pessoa de quem gostamos muito procedeu da maneira que condenamos, essa relação de unidade entre o nosso amigo e o procedimento que condenamos nos causará desconforto e tensão. Tendemos a duvidar da veracidade do que nos foi dito. Caso se trate, porém, de uma pessoa de quem não gostamos, prontamente aceitamos a alegação de que ela procedeu da forma que condenamos. Imagine o desconforto de um crítico de arte, por exemplo, que, numa exposição de pintura, elogiasse enormemente um quadro e depois descobrisse que seu autor é um artista que ele, em suas crônicas, considera desprovido de talento e sem futuro.

Consideremos os dois interlocutores focalizados no item a) dos cenários fictícios que iniciam este capítulo. Eles podem ser amigos; porém, quando se trata de futebol, certamente o fato de possuírem atitudes antagônicas em relação aos times com os quais se identificam lhes trará problemas. A solução prevista pela teoria do equilíbrio é que pessoas amigas evitem engajar-se em situações onde haja divergência de atitudes entre elas. Outras vezes, quando uma pessoa em relação à qual temos uma atitude positiva e alguém nos informa que ela se comportou de uma maneira que reprovamos, tendemos a distorcer ou negar o que foi alegado, pois isso não se coaduna com nossa tendência ao equilíbrio e à harmonia. Um comportamento inadequado de um amigo é visto como "menos inadequado" do que o mesmo comportamento quando perpetrado por um inimigo...

Em resumo, a teoria de Heider diz que são relações harmoniosas aquelas em que nossas atitudes relativas às pessoas e aos objetos a elas unidos são iguais (positivas ou negativas em relação à pessoa e ao objeto); quando isso não acontece, a relação é desarmoniosa e nos causa desconforto. É muito melhor concordarmos com nossos amigos e discordarmos de nossos inimigos do que o contrário.

---

1) Atitudes são sentimentos pró ou contra objetos sociais. Elas possuem um componente afetivo, um componente cognitivo e um componente comportamental;

2) Influem na formação de nossas atitudes: a) condicionamento (recompensas ou punições ao exibir uma atitude); b) coerência entre os elementos afetivos, cognitivos e comportamentais da mesma; c) características de personalidade; e d) antecipação da relação custo/benefício decorrente da atitude.

Atitude e comportamento

A coerência entre atitude e comportamento foi exemplificada no pequeno cenário acerca de Fátima (letra c) dos episódios iniciais deste capítulo. A coerência entre suas atitudes e seus comportamentos é nítida. O mesmo não ocorre, entretanto, no episódio envolvendo Francisco (letra b). Há uma discrepância entre suas atitudes e, pelo menos, alguns de seus comportamentos. É muito provável, entretanto, coerente com suas atitudes políticas, que ele vote nos candidatos de esquerda, que defenda as teses socialistas e que critique os países e as teses capitalistas. Podemos considerar, pois, as atitudes como *instigadoras* de comportamentos, embora não como *determinantes* dos mesmos.

Em 1935 um professor americano chamado LaPière, que era americano e de cor branca, percorreu os Estados Unidos de costa a costa acompanhado de um aluno e sua mulher, ambos chineses. Naquela época havia um razoável preconceito contra asiáticos nos Estados Unidos. Durante a viagem, LaPière e o casal de chineses pararam em 66 hotéis e em 184 restaurantes, sendo que apenas um deles lhes recusou serviço. LaPière anotou o endereço de todos os estabelecimentos e, algum tempo depois de chegar da viagem, escreveu a todos esses estabelecimentos indagando se prestariam seus serviços a chineses.

Dos 128 estabelecimentos que responderam, *92% disseram que não prestariam serviços ao casal em seus estabelecimentos*! Vemos aí uma contradição entre atitude e comportamento, de vez que a quase totalidade dos estabelecimentos de fato atendeu aos chineses, e 92% disseram que não o fariam. O estudo de LaPière não é perfeito, mas chamou a atenção para o fato de que nem sempre as atitudes predizem com exatidão o comportamento que, por coerência, deveria a elas seguir-se. Apesar de não haver correspondência *perfeita* entre atitude e comportamento, não há dúvida de que o conhecimento das atitudes de uma pessoa nos permite antecipar, com razoável probabilidade de acerto, os comportamentos que ela exibirá.

Fishbein e Ajzen, em sua teoria da ação racional, sugerem que um melhor preditor de comportamentos do que as atitudes é *a intenção de comportar-se* de uma determinada maneira. Para esses psicólogos sociais as *atitudes*, assim como as *normas sociais*, influenciam nossa intenção de exibir um comportamento, mas é a *intenção de comportar-se* que melhor prediz o comportamento. Assim, se uma moça tem a intenção de tomar pílulas anticoncepcionais, sua intenção de fazê-lo será influenciada pelo fato de ela ser pró ou contra o uso da pílula (atitude), bem como pelo que pensam as pessoas que lhe são significativas (norma social). Atitude e norma social influenciarão sua intenção de tomar ou não o anticoncepcional e, uma vez formada tal intenção, é altamente provável que ela se comportará de acordo com tal intenção. Essa moça pode achar que não há problema algum em usar anticoncepcionais, mas como seus pais são fortemente contra isso, esse fato pode pesar mais forte e fazer com que ela não tenha intenção de usar anticoncepcionais.

Assim como o componente afetivo influi no comportamental, o elemento cognitivo também tende a acompanhar o afeto e o comportamento. Seria muito penoso sentirmo-nos favoráveis a algo que consideramos sem valor; da mesma forma, não nos sentiríamos confortáveis fazendo campanha para um candidato do qual não gostamos e de cujas ideias divergimos. O senso comum, portanto, nos ensina que devemos procurar uma harmonia entre os componentes afetivo, cognitivo e comportamental das atitudes. Mesmo os que não consideram as atitudes como envolvendo esses três aspectos, mas apenas o aspecto afetivo, atitudes e comportamento frente ao objeto desse afeto e conhecimento sobre tal objeto deverão estar em harmonia, sob pena de experimentarmos tensão e desconforto.

> Procuramos manter coerência entre o que pensamos, sentimos e agimos. Os componentes cognitivo, afetivo e comportamental das atitudes sociais influenciam-se mutuamente e tendem a ser coerentes entre si.

Mudança de atitude

No capítulo anterior vimos várias formas de influenciar as pessoas. Naquela ocasião, todavia, a preocupação maior nem sempre foi a mudança de uma atitude; isto é, a modificação da postura interna da pessoa. Quando, por exemplo, exercemos o *poder de coerção*, sabemos que a pessoa exibirá, provavelmente, o comportamento que desejamos, mas que ela não internalizará esse comportamento; em outras palavras, ela mostrará externamente algo que não corresponde ao que sente, apenas para evitar a punição de que foi ameaçada pelo detentor do poder de coerção.

Quando os psicólogos sociais tratam de *mudança de atitude*, eles estão se referindo à modificação do afeto pró ou contra um objeto social, modificação esta que deverá ser duradoura caso se tenha, de fato, logrado uma mudança de atitude.

As clássicas contribuições de um grupo de professores da Universidade de Yale (Hovland, Janis e Kelley) são mencionadas sempre que lidamos com o fenômeno de mudança de atitude. Esses autores confirmaram empiricamente que os seguintes fatores concorrem para produzir mudança de atitude:

- credibilidade do persuasor;
- ordem de apresentação dos argumentos;
- argumentação unilateral ou bilateral;
- apresentação ou omissão do objetivo da persuasão;
- quantidade de mudança tentada;
- natureza racional ou emocional da comunicação persuasiva.

Vejamos, a seguir, como esses fatores influem no fenômeno de mudança de atitude.

É claro que a autoridade do comunicador constitui um elemento importante na mudança de atitude. Se uma autoridade em medicina nos diz que o fumo faz mal à saúde, o poder persuasivo dessa afirmação será muito maior do que se um leigo nos diz a mesma coisa. No que concerne à ordem de apresentação dos argumentos, verificaram os pesquisadores do Grupo de Yale que, quando apresentamos argumentos mais importantes antes dos menos importantes, isso serve para motivar uma audiência não muito sintonizada no conteúdo da comunicação persuasiva, aumentando assim a probabilidade de a comunicação surtir efeito. Se os argumentos apresentados em primeiro lugar provocam maior ou menor impacto que os apresentados mais tarde, as pesquisas apresentaram resultados ambíguos. Quanto à forma da comunicação – isto é, se ela apresenta apenas argumentos em prol de uma determinada posição (comunicação unilateral) ou se ela apresenta argumentos em prol ou contrários e refuta estes últimos (comunicação bilateral) – verificou-se que esta última forma é mais eficaz com audiências mais sofisticadas educacional e intelectualmente, enquanto que a comunicação unilateral funciona melhor quando uma audiência não possui tais características. A eficácia da apresentação ou não da conclusão também depende do tipo de audiência a que se destina a comunicação que visa mudar uma atitude. Se a audiência é de bom nível intelectual e educacional, é melhor deixar que ela mesma tire a conclusão que os argumentos da comunicação persuasiva sugerem; caso contrário, é conveniente que, ao fim da comunicação, explicite-se claramente qual a conclusão que se segue à argumentação apresentada. Quanto à quantidade de mudança tentada, foi verificado que, com comunicadores de alta credibilidade, quanto maior a mudança desejada, mais eficaz a persuasão; o oposto é verdadeiro com os comunicadores de baixa credibilidade. Finalmente, comunicações que apelam para argumentos de ordem emocional tendem a surtir mais efeito com audiências de nível educacional e intelectual baixo. Entretanto, argumentos de ordem emocional podem servir para despertar a atenção da audiência alvo da comunicação persuasiva podendo, quando bem manejados, contribuir para a eficácia da persuasão com qualquer tipo de audiência.

A teoria da dissonância cognitiva de Leon Festinger trouxe grande contribuição ao entendimento do fenômeno de mudança de atitude, principalmente no que diz respeito à duração da mudança. Mudanças atitudinais conseguidas através dos métodos sugeridos pelo Grupo de Yale são, via de regra, de pouca duração. Segundo Festinger, para que uma mudança atitudinal seja eficaz e duradoura é necessário que o próprio indivíduo, no qual se opera a mudança, crie razões próprias coerentes com a mudança de posição. Por exemplo, se provocamos um estado de dissonância numa pessoa que fuma intensamente confrontando-a com provas inequívocas dos malefícios do fumo à saúde, e se logramos fazer com que ela concorde com a veracidade das provas, essa pessoa enfrentará um estado bastante desconfortável de dissonância cognitiva e mobilizará forças interiores conducentes à resolução da dissonância. Se a dissonância for resolvida por meio da opção da pessoa por não mais fumar, tal mudança de atitude tem muito mais probabilidades de ser duradoura do que uma obtida através de uma comunicação persuasiva por uma autoridade médica ou baseada num apelo emocional (p. ex., mostrar a radiografia de um pulmão destruído pelo fumo). O que a teoria da dissonância cognitiva nos mostrou de maneira bastante clara, e bem fundamentada empiricamente, foi que a apresentação de *razões externas* no intuito de provocar mudança de atitude é pouco eficaz. Se uma mãe ameaça seu filho de punição a fim de que ele deixe de exibir um determinado comportamento ou mude sua maneira de sentir em relação a um objeto social, é muito provável que, *em sua presença*, o menino deixe de exibir o comportamento proibido e se mostre de acordo com sua mãe; entretanto, sem a presença da mãe, é muito improvável que ele assim proceda. Por outro lado, se ao invés de recorrer a ameaças externas muito fortes ela consegue dosar essas ameaças de forma tal que o menino se sinta ligeiramente impelido a fazer o que ela quer, é provável que, ao fazer o que lhe foi solicitado, ele entre em dissonância e procure *razões próprias* para justificar seu comportamento. Isto redundará em mudança de atitude mais duradoura.

Elliot Aronson é um ardoroso defensor de mudança de atitude através de *autopersuasão*. Ele estaria de pleno acordo com o que disse Pascal na epígrafe deste capítulo. Quando conseguimos provocar dissonância nas pessoas de forma tal que a busca das razões próprias mencionadas no parágrafo anterior é desencadeada, o resultado dessa atividade é a autopersuasão. Não há dúvida de que fatores externos (exercício de várias formas de poder, credibilidade do comunicador, natureza da comunicação, natureza da audiência etc.) são capazes de provocar mudança de atitude. Mas essa mudança é eficaz apenas em certas pessoas e, em geral, não tem efeito duradouro. Como bem diz Aronson, quando o produtor de uma pasta de dente, por exemplo, desenvolve uma farta propaganda no sentido de lograr que o consumidor compre sua marca de dentifrício, ao invés de outra, se a propaganda consegue mudar 3 ou 4% dos consumidores de pasta de dente, isso significará enormes lucros para o fabricante, pois o número de consumidores de pasta de dente é muito grande. Mas, na realidade, a propaganda que recorreu a fatores externos de persuasão logrou apenas persuadir 3 ou 4% as pessoas que a viram. Além disso, alterar a preferência de uma pessoa por uma marca de pasta de dente para outra não requer substanciais mudanças. A pessoa já usa pasta de dente e o objetivo da propaganda é apenas mudar sua preferência de marca. Muito mais difícil é transformar hábitos arraigados, valores, costumes etc. Se queremos, por exemplo, fazer com que a maioria da população adote novos hábitos de higiene, ou medidas de proteção do ambiente, ou práticas mais favoráveis à saúde, não nos contentaremos em persuadir apenas 3 ou 4% da população. É nesses casos que a autopersuasão se torna mais importante, pois é capaz de mudar um maior número de pessoas e é capaz de fazer com que essa mudança seja duradoura.

Como logramos provocar o fenômeno de autopersuasão? A teoria da dissonância cognitiva nos fornece o paradigma a ser seguido. Para levarmos uma pessoa a autopersuadir e fazer o que queremos que ela faça, devemos criar uma situação na qual a pessoa, a fim de manter sua coerência e sua autoestima, tenha como único recurso fazer aquilo que queremos que ela faça. Um exemplo esclarecerá o que foi dito. Suponhamos que queremos persuadir uma pessoa a tomar banhos mais curtos a fim de economizar energia e água. Como economizar energia e água é algo a que todos nós somos favoráveis, mas sabemos que nem sempre nos comportamos como devemos, não será difícil, por exemplo, solicitar a essa pessoa que assine um abaixo-assinado em favor de uma campanha em prol da obtenção desses dois objetivos. Uma vez conseguida sua adesão, perguntamos a ela quanto tempo ela gasta em seus banhos. Se ela diz que gasta muito tempo, ela estará em flagrante contradição, pois acabou de manifestar-se favorável à conservação de energia e de água ao assinar o documento que lhe apresentamos. Além disso, essa contradição abalará sua autoestima, pois ela parecerá hipócrita aos nossos olhos (alguém que recomenda algo que ela mesma não segue). A única maneira de ela acabar com a contradição e reforçar sua autoestima é convencendo-se de que tem que tomar banhos mais curtos. Aronson conduziu, de fato, um experimento para testar a veracidade do que acaba de ser descrito e logrou significativa mudança de atitudes em jovens que costumavam gastar muito tempo em seus banhos (cf. Nota suplementar n. 2 do capítulo 2). Note-se que o persuasor não disse nada diretamente conducente à diminuição do tempo gasto nos banhos. Ele apenas solicitou que a pessoa manifestasse sua adesão à necessidade de economizar energia e água e fez a pessoa ciente de que ela própria não fazia o que aprovava. O resto ficou a cargo da própria pessoa que, diante da situação de dissonância em que se encontrou, não tinha como resolvê-la senão mudando seu comportamento.

> A autopersuasão é a maneira mais eficaz de provocar mudança de atitude. Quando razões próprias (internas à própria pessoa) são responsáveis pela mudança (e não pressões externas à pessoa), a mudança de atitude obtida é mais duradoura.

No capítulo anterior, vimos que Varela se utiliza frequentemente de situações de dissonância a fim de levar as pessoas à mudança de atitude. Vimos também naquele capítulo que certas bases de poder são mais eficazes do que outras na tentativa de levar uma pessoa a comportar-se da forma que queremos. A distinção entre bases de poder públicas (dependentes de supervisão para serem eficazes) e privadas (independentes de tal supervisão) se assemelham às forças externas e internas a que nos referimos nesse capítulo sobre mudança de atitude. O poder de informação que, além de fazer com que o influenciado modifique por si mesmo sua atitude, independe da pessoa que o exerce, constitui-se numa das formas de poder mais eficazes.

Um outro modelo frequentemente utilizado para lograr mudanças de comportamentos é o de Fishbein e Ajzen. Como vimos anteriormente, para esses autores as atitudes são preditores da *intenção de comportamento*, juntamente com as normas sociais. Nossa intenção de nos comportarmos de uma determinada forma decorre das crenças que temos acerca do objeto, as quais, por sua vez, fazem com que tenhamos uma atitude a favor ou contra tal objeto; além disso, essa intenção de comportar-se é influenciada também pelo que outros significantes (pais, amigos, namorados, professores etc.) pensam acerca do objeto. A fim de lograr-se uma mudança de intenção de comportamentos devemos, de acordo com o modelo de Fishbein e Ajzen, tentar modificar as crenças que substanciam as atitudes e também ressaltar a posição dos outros significantes. Posteriormente Ajzen acrescentou outro fator relevante ao processo de mudança de atitude: controle. Se uma pessoa acha que fumar faz mal à saúde (atitude), pessoas que lhes são significantes (norma social) lhe aconselham a parar de fumar, mas ela se considera "viciada" e, portanto, sem meios de mudar a situação (ausência de controle), ela não deixará de fumar.

Medida de atitude

As atitudes sociais podem ser medidas. Em virtude disso, os estudos de mudança de atitude, em sua maioria, medem as atitudes antes e depois da tentativa de mudança. Dispõe, assim, a psicologia social de uma forma objetiva de verificar a eficácia da tentativa de persuasão. Várias são as escalas destinadas a medir as atitudes. Uma das mais utilizadas é a de Likert. Tal escala consiste numa série de afirmações (em geral entre 20 e 30) relativas a um objeto atitudinal (p. ex., legalização do aborto, democracia, socialismo, psicologia etc.), mais ou menos metade das quais sendo favoráveis ao objeto atitudinal e, as demais, desfavoráveis. Cada afirmação é seguida por cinco alternativas: concordo totalmente, concordo em parte, não tenho opinião, discordo em parte, discordo totalmente. A cada uma dessas alternativas são atribuídos valores numéricos de 1 a 5. A escala assim construída é submetida aos mesmos cuidados psicométricos seguidos na confecção de testes psicológicos (análise do poder discriminativo dos itens e determinação de validade e fidedignidade). A escala do tipo Likert é uma escala de fácil construção e que apresenta resultados válidos e confiáveis.

Notas suplementares ao assunto tratado neste capítulo

1 Formação de atitudes através de mudança de um de seus elementos integrantes

Em 1960, o psicólogo social Milton Rosenberg, da Universidade de Yale, demonstrou experimentalmente que os componentes cognitivo e afetivo das atitudes tendem a ser coerentes entre si. Em seu estudo, Rosenberg mudou o componente cognitivo de metade dos participantes da pesquisa que tinham atitudes nítidas em relação à medicina socializada, a pessoas de cor, à ex-União Soviética etc., utilizando-se do hipnotismo; em relação à outra metade dos participantes, ele mudou hipnoticamente o componente afetivo em relação aos mesmos temas; isto é, os participantes foram induzidos por sugestão hipnótica a gostar de medicina socializada (sem justificação cognitiva), a gostar de pessoas de cor, a serem favoráveis à ex-União Soviética etc. Posteriormente, os participantes foram liberados da sugestão hipnótica, porém antes foram verificadas, respectivamente, as transformações em seus afetos e cognições acerca daqueles objetos atitudinais. Tal como antecipado por Rosenberg, os participantes cujo componente cognitivo havia sido modificado por sugestão hipnótica passaram a demonstrar afetos coerentes com o componente cognitivo que lhes foi inculcado; da mesma forma, aqueles participantes que foram induzidos a gostar daqueles objetos atitudinais, criaram cognições compatíveis com o afeto que lhes foi induzido hipnoticamente.

2 Mudança de atitude através da criação de dissonância cognitiva

Os psicólogos sociais Leon Festinger e J.M. Carlsmith, ambos da Universidade de Stanford, conduziram um experimento no qual dois grupos experimentais e um de controle foram criados. Os participantes dos três grupos foram solicitados a realizar uma tarefa extremamente monótona e desinteressante. Após passarem cinquenta minutos fazendo o monótono trabalho, foram solicitados a indicar sua atitude em relação à tarefa a que foram submetidos e, após isso, a dizer a uma pessoa que iria, supostamente, submeter-se à mesma tarefa, que a tarefa era muito agradável e interessante. Em outras palavras, foram solicitados a dizer uma mentira ao outro participante. Isso era feito em troca de uma recompensa de US$ 20,00 para os integrantes de um dos grupos experimentais e de US$ 1,00, para os do outro (na época em que o experimento foi conduzido, esses valores tinham poder aquisitivo pelo menos 5 vezes maior que o de hoje). O grupo de controle não recebeu nada e nada lhes foi pedido, a não ser avaliar a tarefa a que foram submetidos. Os resultados do estudo mostraram que as pessoas integrantes do grupo que recebeu um dólar julgaram a tarefa mais favoravelmente que o grupo de controle, quando solicitados a avaliá-la após terem mentido ao outro participante; já os integrantes do grupo que recebeu vinte dólares não se mostraram diferentes dos do grupo de controle em suas avaliações da tarefa, continuando a terem uma atitude negativa em relação a ela. Os autores explicam os resultados em termos de dissonância cognitiva. Os participantes do grupo de um dólar experimentaram maior dissonância do que os do grupo que recebeu vinte dólares, pois um dólar é incentivo muito pequeno para justificar terem dito uma mentira a um colega. Para reduzir o sentimento negativo causado por essa situação de dissonância, eles mudam sua atitude de forma a torná-la mais coerente com o que disseram ao outro participante. Já os que integraram o grupo que recebeu vinte dólares reduziam sua dissonância por meio da valorização da recompensa recebida e não se sentiram induzidos a mudar suas atitudes. Mais tarde foi esclarecido empiricamente por Linder, Cooper e Jones que, para que o fenômeno encontrado por Festinger e Carlsmith ocorra, é preciso que a pessoa se engaje *voluntariamente* no comportamento dissonante. Caso contrário, quanto maior a recompensa, maior a mudança de atitude.

3 Atitudes e percepções influenciam-se mutuamente

Fritz Heider iniciou seu artigo de 1946, no qual apresentou pela primeira vez suas ideias sobre a teoria do equilíbrio (*balance theory*), dizendo que atitudes e formações cognitivas de unidade influenciam-se mutuamente. Por formações cognitivas de unidade queria ele referir-se à percepção que temos de que duas entidades quaisquer formam um todo unitário. Assim, por exemplo, o autor e sua obra, duas pessoas da mesma família, duas pessoas de mesma nacionalidade em meio a estrangeiros tendem a ser percebidos como formando uma unidade cognitiva.

Suponhamos que consideramos um determinado artista como um desprovido de talento (atitude negativa); suponhamos ainda que, ao visitar uma exposição artística, deparamo-nos com um quadro que consideramos de excelente qualidade. Ao aproximarmo-nos da tela, vemos que o quadro leva a assinatura do artista por nós tido como carente de aptidão artística. Essas atitudes contraditórias frente às entidades percebidas como uma unidade cognitiva (o autor e sua obra) nos leva ou à mudança de nossas atitudes (passamos a valorizar o artista ou, uma vez verificado que o quadro é de sua autoria, passamos a considerá-lo como ruim) ou duvidamos de sua autenticidade.

Da mesma forma, quando alguém nos diz que um amigo nosso perpetrou um ato condenável, imediatamente duvidamos da veracidade da afirmação, mas não temos dificuldade em aceitar a atribuição de um ato reprovável a alguém de quem não gostamos.

Embora às vezes tenhamos que conviver com o fato de mantermos atitudes distintas em relação às entidades integrantes de uma unidade cognitiva (p. ex., uma pessoa de quem gostamos – *atitude positiva* – inquestionavelmente perpetrou algo que condenamos – *atitude negativa*), sempre que isso ocorre experimentamos um estado de tensão e um desejo de modificar a situação, quer diminuindo nossa atitude positiva em relação à pessoa, quer encontrando razões atenuantes para a perpetração do ato, quer diminuindo a significância do ato que reprovamos.

Em suma: quando a realidade se nos apresenta de forma a pôr em xeque a coerência de nossas atitudes, somos impelidos a mudanças capazes de diminuir ou eliminar a incoerência com que nos deparamos.

4 Como fazer com que uma pessoa deixe de emitir um comportamento indesejável

Com base nos fundamentos teóricos apresentados neste capítulo, podemos montar uma estratégia de persuasão para fazer com que uma pessoa deixe de emitir um comportamento indesejável como, por exemplo, o hábito de fumar. Na montagem dessa estratégia utilizaremos os seguintes fundamentos teóricos: a) procuramos estabelecer coerência entre o que pensamos e o que fazemos; b) mudanças de comportamento são mais eficazes quando o desejo de mudar vem de dentro da própria pessoa e não de fatores externos a ela; c) para que uma mudança de comportamento seja obtida, é preciso que a pessoa se perceba como possuindo suficiente controle sobre o comportamento a ser emitido; d) fatores externos, tais como a credibilidade do comunicador, apelos emocionais e formas de apresentação da comunicação persuasiva podem auxiliar no processo de modificação do comportamento indesejável.

Digamos que o comportamento indesejável que queremos extinguir seja o comportamento de fumar emitido por uma pessoa que chamaremos de Francisco e que quer livrar-se desse hábito. Uma forma de tentar obter com que Francisco deixe de fumar seria fazer o seguinte:

> 1) Perguntamos a Francisco se ele acha que o fumo é prejudicial à sua saúde, como ele quer parar de fumar, é de se esperar que ele diga que acredita ser o fumo prejudicial à sua saúde. Uma vez obtida essa "confissão" por parte de Francisco, deveremos reforçar essa postura através da citação de autoridades que afirmam ser o fumo prejudicial à saúde e através da citação de exemplos de pessoas que tiveram problemas seríssimos devido ao fumo. Isso tornaria bem forte o componente cognitivo de Francisco em relação ao comportamento de fumar: tal comportamento é, de fato, extremamente prejudicial à sua saúde.
>
> 2) Para estabelecermos uma "norma social" contra o hábito de fumar, lembraríamos a Francisco que várias pessoas valorizadas por ele (amigos, familiares etc.) são fortemente contrários a seu hábito de fumar.

3) Induziríamos Francisco a comprometer-se em uma campanha destinada a mostrar que as pessoas não devem fumar (em outras palavras, obteríamos de Francisco uma manifestação clara de que ele acredita que o fumo é prejudicial à saúde das pessoas e que ele estaria disposto a engajar-se numa campanha destinada a evitar que as pessoas fumem). A finalidade disso seria gerar em Francisco um sentimento de hipocrisia caso ele continuasse a fumar, pois estaria se engajando efetivamente numa campanha cujo objetivo é oposto ao seu comportamento. Tomar conhecimento dessa hipocrisia constitui mais um fator instigante capaz de ajudar Francisco a estabelecer uma coerência entre o que pensa, o que acredita e o que faz.

4) Envidaríamos esforços no sentido de convencer Francisco de que a decisão de parar de fumar é algo que está sob seu controle; para isso apresentaríamos exemplos concretos de pessoas (de preferência pessoas que Francisco conhece) que pararam de fumar. Essa etapa do processo persuasivo pode não ser fácil, mas ela é essencial. Se Francisco acreditar que seu comportamento de fumar é causado por forças incontroláveis (o caráter viciante da nicotina, p. ex.), nossa tentativa de mudar seu comportamento não logrará êxito. Para convencê-lo de que ele, de fato, tem controle da situação, devemos ser capazes de apresentar exemplos concretos de pessoas que venceram esse hábito e ressaltar que, se elas conseguiram extinguir seu hábito de fumar, o comportamento de fumar não é *determinado* por fatores externos às pessoas, pois elas a eles resistiram e lograram êxito.

Assim, ressaltando a incoerência do comportamento de Francisco, sua hipocrisia em engajar-se em campanhas contra o fumo e continuar fumando, salientando que pessoas significantes para ele são contra o fumo, mostrando-lhe que a vitória sobre o vício está sob seu controle e utilizando fatores externos (citações de autoridades médicas, mostra contundente dos efeitos maléficos do fumo capazes de levar a reações emocionais contra esse hábito etc.) é bem provável que se consiga que Francisco, que tem vontade de parar de fumar, consiga de fato fazê-lo.

Ensinamentos a serem retidos

1) Em nosso processo de socialização desenvolvemos posições favoráveis ou desfavoráveis em relação a pessoas e objetos. Tais tomadas de posição constituem nossas atitudes.

2) Atitudes englobam um componente afetivo (a postura pró ou contra), um componente cognitivo (o que pensamos acerca do objeto atitudinal) e um componente comportamental (a maneira pela qual agimos em relação ao objeto atitudinal).

3) Esses três elementos tendem a estar em harmonia, embora nem sempre isso ocorra. A falta de harmonia entre estes elementos produz tensão e desejo de harmonizá-los.

4) Reforço, imitação, características de personalidade, identificação com uma classe social e busca de consonância cognitiva são fatores importantes na formação de nossas atitudes.

5) Atitudes podem ser mudadas. Pressões externas e fatores internos provocam mudança de atitudes. Dentre os fatores internos, a autopersuasão constitui a forma mais eficaz de mudança de atitude.

6) A intensidade e a direção das atitudes podem ser medidas por meio de escalas apropriadas.

Teste seu conhecimento do assunto tratado neste capítulo

A) Indique a alternativa que melhor responde à pergunta

1) Nossas atitudes se caracterizam por possuírem os seguintes componentes:

    a) cognitivo e comportamental;

    b) afetivo e cognitivo;

    c) afetivo e comportamental;

    d) cognitivo, afetivo e comportamental;

    e) afetivo apenas.

2) Nossas atitudes se formam devido a:

a) condicionamento (reforço de posições tomadas);

b) imitação;

c) identificação com uma classe social;

d) tipo de personalidade;

e) todos os fatores anteriores.

3) Qual dos seguintes fatores *não* foi considerado pelo Grupo de Yale em seus estudos sobre mudança de atitude?

a) credibilidade do comunicador;

b) reorganização cognitiva;

c) tipo de comunicação (unilateral/bilateral);

d) ordem de apresentação dos argumentos;

e) omissão ou não da conclusão pretendida.

4) Para Aronson, a forma mais eficaz e duradoura de provocar mudança de atitude é:

a) indução de medo;

b) comunicação bilateral;

c) apresentação da conclusão desejada;

d) autopersuasão;

e) combinação de todos os fatores anteriores.

5) Para Fishbein e Ajzen, o melhor preditor de comportamento é:

a) intenção de comportamento;

b) atitude da pessoa;

c) norma subjetiva;

d) todos estes fatores;

e) nenhum destes fatores.

B) Indique se a afirmação é falsa ou verdadeira

6) Existe uma correlação perfeita entre atitude e comportamento: (F) (V).

7) Tendemos a harmonizar os componentes cognitivo, afetivo e comportamental de nossas atitudes: (F) (V).

8) O fato de pertencermos a uma determinada classe social influencia nossas atitudes: (F) (V).

9) Nossas atitudes, as normas subjetivas que valorizamos e a percepção de controle da situação são fatores que influenciam nossa intenção de nos comportarmos de uma determinada maneira: (F) (V).

10) Atitudes sociais podem ser medidas por escalas construídas para esse fim: (F) (V).

....

Respostas no Apêndice, ao fim do livro.

6

Como se iniciam, se mantêm e se desfazem as nossas amizades?

> *E são amigos os que passaram a considerar as mesmas coisas como boas e as mesmas coisas como más, os que são amigos das mesmas pessoas e os que são inimigos das mesmas pessoas... Gostamos de quem se parece conosco e estão engajados nas mesmas atividades.*
>
> Aristóteles (século IV a.C.)

Teresa e Raquel são duas amigas inseparáveis. Elas gostam das mesmas diversões, possuem as mesmas ideias políticas, ambas adoram música popular e seus valores são muito semelhantes. Uma das poucas divergências entre elas é que Raquel tem uma amiga que é detestada por Teresa. Elas evitam falar nessa amiga, e quando Raquel está na companhia dessa amiga, Teresa dela não se aproxima. Teresa tem tentado influenciar Raquel a cortar a amizade com a tal amiga e Raquel, por sua vez, tem se esforçado para mostrar a Teresa que sua amiga não é como ela pensa. Enquanto, porém, nem uma nem outra obtém êxito em suas respectivas tentativas de mudança de atitude, Raquel e Teresa evitam se encontrar quando a amiga de Raquel está com ela.

Amizades e inimizades são fenômenos frequentes nas relações interpessoais. A psicologia social procura conhecer os fatores que favorecem a formação de amizades e de inimizades entre as pessoas. Há umas poucas décadas os psicólogos sociais iniciaram estudos acerca de um tipo de relação interpessoal ainda mais intenso que as amizades, que é o das relações íntimas, principalmente o amor. Esse assunto será tratado no próximo capítulo.

A teoria do equilíbrio de Fritz Heider

Uma das teorias psicossociais que mais subsídios trazem para o entendimento do fenômeno de atração interpessoal é a teoria do equilíbrio (*balance theory*), do psicólogo social austríaco Fritz Heider. Segundo ele, procuramos relações harmoniosas (*balanced*) entre nossas atitudes frente a pessoas e a entidades impessoais. Pare ele, existe uma estrutura harmoniosa quando gostamos de pessoas e temos pontos de vistas semelhantes em relação a outras pessoas ou a entidades impessoais, tais como posições políticas, religiosas etc. Existe também um conjunto harmonioso quando não gostamos de uma pessoa e dela divergimos em relação a essas pessoas ou entidades. Haverá ainda uma relação harmoniosa, segundo Heider, quando temos sentimentos positivos em relação a algo que está de alguma forma associado, unido a aquilo de que gostamos. Exemplo desta última situação pode ser visto na satisfação que sentimos ao elogiar uma obra de arte e, em seguida, verificar que seu autor é uma pessoa de quem gostamos. Por outro lado, é desarmonioso e desequilibrado elogiarmos um artigo e depois verificar que ele foi escrito por um inimigo.

São exemplos de situações interpessoais equilibradas ou harmoniosas:

- João gosta de Paulo e ambos torcem pelo mesmo time de futebol;
- Renato não gosta de Alfredo e dele discorda em matéria de política;
- Luiza apoia sua amiga Paula.

São exemplos de situações interpessoais desequilibradas ou desarmoniosas:

- Maria não gostou do artigo escrito por sua amiga Ana;
- Márcia possui um vestido idêntico ao de uma pessoa que considera deselegante;
- Luís comprou um disco de uma cantora que, para ele, é desprovida de talento musical.

Se bem que Heider, em seu primeiro artigo sobre sua teoria, acentue a relação entre duas pessoas e também o papel da existência ou não de uma formação de unidade entre uma pessoa e uma entidade impessoal, o princípio do equilíbrio logo se generalizou para situações envolvendo três entidades (três pessoas ou duas pessoas e uma entidade impessoal).

No cenário que inicia este capítulo, Teresa e Raquel mantêm uma relação interpessoal equilibrada em relação a vários aspectos; entretanto, quando surge a amiga de Raquel, de quem Teresa não gosta, a relação entre elas fica tensa. Aliás, é exatamente isso que Heider prediz em sua teoria. Para ele, quando somos parte de uma situação desequilibrada, procuramos mudar a situação; caso isto não ocorra, experimentamos tensão e desconforto. Heider admite, obviamente, que nem todas as situações interpessoais em que tomamos parte sejam perfeitamente equilibradas. É comum termos amigos que torcem por times de futebol diferentes do nosso e até possuam pontos de vista opostos aos nossos em matéria de religião, política e outros assuntos importantes. O princípio do equilíbrio não diz que isso é impossível; o que ele diz é que, quando tais situações ocorrem, a relação interpessoal é tensa e instigadora à mudança. O ideal em tais situações, segundo o princípio do equilíbrio, é que uma das partes envolvidas na relação mude sua posição a fim de que o equilíbrio seja restaurado. Uma outra forma de restabelecer o equilíbrio seria o rompimento da amizade existente entre as pessoas, o que, de fato, ocorre quando acirradas divergências de opinião existem entre amigos. Outra forma capaz de restabelecer o equilíbrio de uma relação desequilibrada envolvendo duas pessoas e uma terceira entidade (pessoal ou impessoal) é o que Heider chama de diferenciação, e que consiste em separarmos as coisas da seguinte forma: gosto muito de fulano, mas quando se trata de política nós divergimos e procuramos não falar sobre isso quando estamos juntos. Faz-se, assim, uma diferenciação entre a "parte" da pessoa com quem estabelecemos uma relação equilibrada (aquela que partilha de nossos valores e preferências) e aquela outra com a qual nossa relação é desequilibrada e tensa e que, portanto, procuramos evitar.

No cenário inicial deste capítulo, Teresa e Raquel procuram evitar estarem juntas quando a amiga de Raquel está com ela. Cada uma procura mudar o sentimento da outra em relação a essa amiga a fim de restabelecer o equilíbrio da situação. Enquanto isso não ocorre, elas continuarão tentando evitar a tensão que surge em decorrência do fato de as três estarem juntas.

O princípio do equilíbrio nos permite entender como se formam, se mantêm e se desfazem as amizades. De fato, quando nem sequer conhecemos uma pessoa, mas dela ouvimos descrições que fazem com que antecipemos que se trata de uma pessoa com atributos pessoais que valorizamos, isto nos leva a desenvolver um sentimento positivo em relação a ela e querer tê-la como amiga. Se continuamos a interagir com essa pessoa, oportunidades surgirão para que mais situações equilibradas se estabeleçam (aumentando a atração interpessoal) ou, contrariamente, que situações desequilibradas com o sentimento positivo entre nós comecem a surgir (podendo diminuir a atração existente). O peso das situações desequilibradas pode atingir tal ponto que se rompa o elo positivo entre nós e a pessoa de quem gostávamos.

É devido à preferência por situações equilibradas que as pessoas procuram associar-se a outras de valores, interesses e atitudes semelhantes. Às vezes, porém, verificamos um fenômeno que aparentemente contraria o princípio do equilíbrio.

Trata-se das situações em que pessoas procuram associar-se a outras que possuem justamente o que lhes falta; isto é, procuram uma complementaridade na outra pessoa. É o caso, por exemplo, de uma pessoa tímida que procura uma extrovertida e desembaraçada, uma pessoa muito abstrata que sente atração por uma mais "pé no chão" e prática, bem como o caso patológico do sádico que procura o masoquista. Tais situações, entretanto, não chegam a abalar a validade do princípio do equilíbrio porque, além de serem muito menos frequentes, elas se estabelecem pelo valor instrumental que tais diferenças ensejam. Em outras palavras, ao procurar estabelecer uma relação de atração interpessoal com uma pessoa diferente, a pessoa que o faz valoriza essa diferença o que, em última análise, torna a relação equilibrada.

Quando entramos em contato com uma pessoa pela primeira vez, de imediato percebemos o que temos com ela em comum e o que dela nos distancia. Nem sempre as diferenças conduzem a uma relação negativa entre nós e essa pessoa. No cenário que inicia este capítulo, Teresa detesta uma amiga de Raquel, mas nem por isso deixa de ser amiga desta última. O que Heider diz é que as relações equilibradas formam conjuntos harmoniosos, livres de tensão, o que as torna preferidas às desequilibradas. Entretanto, é praticamente impossível mantermos apenas relações equilibradas com nossos amigos e com nossos inimigos. Muitas vezes não gostamos de uma pessoa, mas reconhecemos nela alguns pontos positivos, os quais nos causam tensão, mas não são suficientes para fazer com que passemos a gostar dela. O mesmo acontece com uma pessoa de quem gostamos. É possível que, com o decorrer do convívio, situações desequilibradas se formem; isto é, passemos a ver nessas pessoas características que não apreciamos. Todavia, é possível que uma pessoa de quem gostamos comece a ser parte de tantas relações desequilibradas conosco que, progressivamente, tal amizade irá diminuindo, podendo até cessar.

> Preferimos manter relações de amizade com pessoas que possuem valores e atitudes semelhantes aos nossos. Quando pessoas amigas exibem posturas e preferências contrárias às nossas, isso nos provoca um estado de tensão e desconforto. Um eventual aumento dessas situações de tensão poderá causar diminuição e até extinção da relação de amizade.

Além do princípio do equilíbrio, a psicologia social fornece outras explicações para o fenômeno de formação de atração entre as pessoas. Vejamo-las a seguir.

Proximidade física

Várias circunstâncias levam duas ou mais pessoas a ficarem próximas umas das outras. O fato de viverem num mesmo edifício, de trabalharem numa mesma repartição, de jogarem num mesmo time, de viajarem todos os dias no mesmo ônibus, de frequentarem a mesma escola, o mesmo bar ou o mesmo clube de ginástica etc. facilita o estabelecimento de relações interpessoais que *podem* provocar (não que necessariamente provoquem) o surgimento de atração interpessoal. A proximidade física facilita o contato, o conhecimento mútuo e isso pode levar ao aumento das interações entre as pessoas próximas, o que, por sua vez, pode conduzir ao nascimento da atração entre as pessoas que interagem pela facilidade propiciada pela proximidade física. Basta que consideremos o número de pessoas que conhecemos que se tornaram amigos íntimos pelo fato de terem frequentado a mesma escola, que se casaram porque se conheceram no mesmo bairro em que moravam etc. Não fosse a facilitação da situação ambiental de estarem fisicamente próximas, tais pessoas jamais teriam estabelecido esses laços.

A proximidade física pode, por outro lado, gerar hostilidade entre as partes que estão próximas. Há vizinhos que se odeiam, colegas de trabalho que se detestam e pessoas que frequentam os mesmos lugares e não se falam. Há ditados populares que afirmam ora a proximidade, ora a distância, como indutores de atração interpessoal: "a familiaridade gera o desprezo"; "longe da vista, longe do coração"; e o moralista francês La Rochefoucauld diz que "a ausência diminui as paixões medíocres e aumenta as grandes, como o vento que apaga as velas e atiça as fogueiras". Como se vê, a sabedoria popular é contraditória no papel que atribui à proximidade no estabelecimento de atração interpessoal. A psicologia social científica, todavia, possui vários indicadores de que, na maioria das vezes, a proximidade física facilita o surgimento de atração entre as pessoas.

Quais as razões para o fato de verificar-se com frequência a correlação entre proximidade física e atração interpessoal? O senso comum sugere algumas, a saber:

- *Conveniência* – é muito mais cômodo fazer amizade com alguém que está próximo. Os custos envolvidos na superação da distância física entre as pessoas que se gostam desaparecem na situação de proximidade, tornando a relação mais gratificante.

- *Ausência de tensão* – o fato de encontrarmo-nos frequentemente com uma pessoa conduz a uma procura de relações amistosas com a mesma; seria muito desagradável estabelecerem-se relações inamistosas com pessoas com quem estamos constantemente em contato.

Fatores não tão óbvios são fornecidos pela psicologia social científica para explicar o papel da proximidade física no surgimento de atração interpessoal entre as pessoas próximas. Vejamos alguns deles a seguir.

• *Oportunidade de interação* – psicólogos sociais têm verificado que, às vezes, se forma no relacionamento interpessoal uma situação entre as pessoas que se caracteriza pela cessação de comunicação entre elas. Diante de uma hostilidade, as partes envolvidas se evitam, cessam o contato e, com esse comportamento, excluem a possibilidade de uma modificação de seus sentimentos recíprocos, de vez que não existe mais possibilidade de reformulação das posições que contatos futuros poderiam propiciar. Ora, a proximidade física entre as pessoas impede a cessação total dos contatos entre elas, constituindo-se assim numa possível oportunidade para reformulação de posições hostis anteriormente originadas.

• *Oportunidade de maior conhecimento mútuo* – de fato, a proximidade física faz com que os hábitos, as maneiras, os costumes, as preferências etc. das pessoas que vivem próximas se tornem conhecidos. A consequência desse conhecimento é que as pessoas podem antecipar custos e benefícios resultantes da interação, de vez que têm mais conhecimento da maneira de ser (temperamento, idiossincrasias) das pessoas com quem entram em interação social.

• *Simples familiaridade decorrente da frequência de encontros* – vários estudos do psicólogo social Robert B. Zajonc mostraram que o simples fato de sermos expostos frequentemente a um determinado estímulo nos induz a desenvolver sentimentos mais positivos em relação a tal estímulo. Embora os estudos de Zajonc tenham sido feitos com estímulos impessoais ou apenas fotografias de pessoas – ou seja, nenhum estudo foi feito com pessoas reais em interação – parece legítimo generalizar os resultados de seus experimentos para a situação interpessoal real. De fato, o início das amizades pode ser facilitado pela simples frequência de contatos que a proximidade física enseja, possibilitando assim o desenvolvimento de uma atração interpessoal facilitada pela existência de frequentes exposições das pessoas umas às outras.

• *Possibilidade de reformulação de preconceitos* – o fato de estarmos fisicamente próximos a uma pessoa permite-nos, como já dissemos antes, maior conhecimento dessa pessoa. Essa oportunidade de maior conhecimento de outrem permite que se desfaçam eventuais preconceitos, de vez que a observação direta do comportamento dessa pessoa pode contradizer as expectativas que nossos preconceitos nos levavam a ter acerca de seu comportamento. Um estudo clássico que demonstra o que acaba de ser dito foi mencionado na Nota suplementar n. 4, ao fim do capítulo 3. O estudo de Deutsch e Collins com moradoras de um conjunto racialmente integrado e outro, racialmente dessegredado, mostrou a convivência inter-racial no conjunto integrado e fez com que os brancos passassem a ter atitudes mais favoráveis aos negros.

Identidade de valores de preferências

Como vimos anteriormente ao falarmos do princípio do equilíbrio de Fritz Heider, o fato de mantermos valores e atitudes semelhantes aos de outras pessoas nos leva a desenvolver atitudes positivas em relação a elas e a existência de desacordo leva à tensão (cf. cenário que inicia este capítulo). Theodore M. Newcomb (cf. Nota complementar n. 3, ao fim do capítulo) acompanhou por meio de entrevistas o desenvolvimento das relações interpessoais mantidas por estudantes universitários que passaram a conhecer-se quando chegaram, todos ao mesmo tempo, para residir numa casa fornecida pela universidade. Ao fim de um semestre de contatos diários, verificou-se que aqueles com valores e interesses semelhantes se tornaram mais amigos do que os que não mostravam essa identidade. As amizades assim formadas permaneceram 25 anos depois, quando os mesmos participantes da pesquisa inicial foram perguntados se as amizades formadas na universidade ainda permaneciam ou não.

Outros enfoques teóricos

Vimos neste capítulo vários fatores que mostram como se formam nossas amizades (situações de equilíbrio, proximidade física, identidade de valores e preferências), como elas se mantêm (continuação da situação equilibrada) e como elas terminam (alteração da situação de equilíbrio que ensejou o início e a manutenção da relação de amizade). A teoria do equilíbrio de Heider foi o principal enfoque teórico que inspirou a maior parte do que foi visto até agora. Outros enfoques teóricos também contribuem para o entendimento do fenômeno social de atração interpessoal. Todos têm algo de verdadeiro, permitindo um melhor entendimento do fenômeno de atração interpessoal. Segue-se uma breve referência a alguns deles.

Para a *teoria da troca* de Thibaut e Kelley, por exemplo, as amizades se formam quando a relação entre as pessoas envolvidas produz mais recompensas do que custos para elas. Além disso, diz a teoria, quanto menos alternativas de melhores resultados em outras relações de amizade, mais provável que se mantenham as relações existentes. Os defensores da *teoria da equidade* de Stacy Adams apresentam um outro elemento a ser considerado na relação de custos e benefícios. Segundo eles, é importante levar-se em conta a percepção de justiça ou equidade por parte dos integrantes de uma relação de atração interpessoal. Para eles, o importante é que as pessoas que mantêm uma relação de amizade percebam a relação como justa e equitativa; isto é, na qual as contribuições dos membros da relação são proporcionais aos benefícios que dela derivam. Se uma namorada gosta de seu namorado, mas percebe que ela investe mais na relação do que ele e que os benefícios que ele está auferindo da relação são maiores dos que o dela, tal percepção pode, segundo a teoria da equidade, arrefecer o seu entusiasmo por seu namorado até que seja restaurada a equidade da relação (ou seja, até que ele perceba que tem que investir mais na relação, o que resultará em ela auferir mais benefícios da mesma). Para as teorias da troca e da equidade, as amizades se formam quando os participantes da relação interpessoal percebem os resultados derivados dessa relação como gratificantes e justos e quando as possíveis relações alternativas não se mostram mais gratificantes do que aquela em que estão no momento. Se quando os resultados auferidos começam a tornar-se menos atraentes ou menos equitativos e alternativas mais promissoras aparecem, as amizades poderão diminuir ou mesmo extinguirem-se.

Notas suplementares ao assunto tratado neste capítulo

1 O papel da semelhança de valores e atitudes na formação e término das amizades

As teorias psicossociais que enfatizam mais o aspecto cognitivo na formação e término da atração interpessoal salientam o papel da similaridade de valores e atitudes dos membros da relação interpessoal como causa da existência de amizades ou inimizades. A *teoria do equilíbrio*, por exemplo, afirma, como vimos anteriormente, que pessoas com atitudes e valores semelhantes são induzidas a gostar umas das outras. Saber que uma pessoa tem a mesma orientação política e religiosa, que valoriza as coisas que valorizo, que repudia as que eu repudio, que se interessa pelas coisas que me interessam, tudo isso certamente me induzirá a formar uma relação de amizade com essa pessoa. O mesmo não acontecerá se a outra pessoa diverge de mim em todos os pontos mencionados. A *teoria da dissonância cognitiva* diz que é dissonante verificar que uma pessoa de quem gostamos discorda de nós. Se somos amigos de pessoas que frequentemente divergimos em assuntos relevantes, a relação se tornará tensa e, se o conflito não for resolvido, poderá prejudicar nossa amizade.

A tensão existente fará com que a amizade diminua de intensidade ou mesmo termine. Essas teorias não dizem que as amizades, para existirem, tenham que ser totalmente livres de tensão. O que afirmam é que a existência de tensão, quando persiste por muito tempo, pode influir na força da relação, podendo mesmo levar à sua extinção.

2 A propaganda e o princípio do equilíbrio

Um dos tipos de propaganda mais comuns consiste em apresentar o produto-alvo da propaganda associado a uma pessoa admirada e querida pela maioria. Assim, destacados atletas nos vários esportes são apresentados usando produtos da Nike®, da Adidas® e de outras marcas de artigos desportivos. Uma mulher atraente aparece em *outdoors* bebendo Coca-Cola® e um homem atlético e masculino é mostrado fumando uma determinada marca de cigarro. Há uns anos, nos Estados Unidos, um famoso jogador de basquete foi acusado de haver forçado relações sexuais com uma jovem. A simples alegação de que o jogador havia de fato feito isso foi suficiente para que todos os fabricantes de artigos desportivos retirassem os anúncios em que tal jogador aparecia endossando seus produtos. Mais uma vez o princípio do equilíbrio nos permite entender o comportamento desses fabricantes: eles não queriam ver seus produtos associados a uma pessoa que, em virtude da alegação de conduta inadequada, passou a ser malvista pelo público consumidor.

3 A atração entre as pessoas se forma porque elas possuem atitudes semelhantes, ou elas passam a ter atitudes semelhantes porque se gostam?

Theodore M. Newcomb, um psicólogo social que se dedicou ao estudo do fenômeno de atração interpessoal, verificou num estudo conduzido em 1937 com duzentos casais, que marido e mulher mantinham atitudes semelhantes em relação a religião, guerra e comunismo. No intuito de verificar se essa semelhança levou os integrantes desses casais a se gostarem ou se foi o fato de, inicialmente, se gostarem que os levou a desenvolver atitudes semelhantes, Newcomb separou os casais em dois grupos: (1) jovens recém-casados; (2) casais mais velhos. Não houve diferença entre os casais jovens e idosos no que diz respeito a semelhança de atitudes.

Embora tal achado sugira que a semelhança de atitudes vem primeiro e a atração interpessoal a ela se segue, um estudo longitudinal que permitisse observar o desenvolvimento da atração interpessoal foi levado a cabo por Newcomb mencionado anteriormente. Nessa pesquisa ele ofereceu a 17 estudantes que estavam para iniciar seus estudos na Universidade de Michigan uma casa espaçosa para morarem durante um semestre. Em troca disso, eles deveriam alocar cinco horas semanais para que os pesquisadores os entrevistassem. O estudo mostrou que, nos primeiros dias, as amizades se formavam mais pela proximidade física (estudantes no mesmo quarto ou em quartos contíguos, estudantes que frequentavam os mesmos cursos etc.); entretanto, ao fim do semestre, a semelhança de atitudes e valores foi o critério mais importante para explicar as amizades que se formaram.

Ensinamentos a serem retidos

1) Em nosso processo de socialização, desenvolvemos atitudes positivas ou negativas em relação a diferentes pessoas.

2) Segundo o princípio do equilíbrio e a teoria da dissonância cognitiva, quando nossas amizades possuem pontos de vista e preferências pessoais semelhantes às nossas, experimentamos uma sensação confortável que nos ajuda a manter essas amizades; quando isso não acontece, experimentamos tensão e mal-estar que podem levar ao rompimento da amizade.

3) Devido a vários fatores (conveniência, oportunidade de interação, familiaridade, reformulação de preconceitos etc.) a proximidade física favorece o surgimento de atração interpessoal.

4) O princípio do equilíbrio de Heider é um excelente preditor da formação, da manutenção e do término das atrações interpessoais, juntamente com outras teorias cognitivas e como as teorias da troca e da equidade.

Teste seu conhecimento do assunto tratado neste capítulo

A) Indique a alternativa que melhor responde à pergunta

1) A teoria do equilíbrio de Heider postula que as amizades são mais fáceis de se formarem quando as pessoas possuem:

a) interesses distintos;

b) valores distintos;

c) interesses semelhantes;

d) valores semelhantes;

e) interesses e valores semelhantes.

2) Quais dos seguintes fatores favorecem a formação de amizades:

a) proximidade;

b) mera exposição;

c) valores semelhantes;

d) interesses semelhantes;

e) todos estes fatores.

3) Para Festinger, existe dissonância cognitiva quando amigos:

a) discordam sobre assuntos importantes;

b) concordam sobre assuntos importantes;

c) a concordância ou discordância entre amigos nada tem a ver com o surgimento de dissonância cognitiva;

d) todas as afirmações anteriores são falsas;

e) todas as afirmações anteriores são verdadeiras.

4) A proximidade física favorece a formação de amizades porque:

a) há menos custos na relação;

b) o relacionamento é mais intenso;

c) há mais oportunidade de conhecimento mútuo;

d) todos os fatores citados antes;

e) os fatores citados nas letras a) e c).

5) As pessoas que possuem atitudes semelhantes:

a) possuem atitudes semelhantes porque se gostam;

b) gostam-se porque possuem atitudes semelhantes;

c) sempre serão amigas;

d) nunca serão amigas;

e) nenhuma das afirmações anteriores é verdadeira.

B) Indique se afirmação é falsa ou verdadeira

6) O fato de duas pessoas amigas possuírem atitudes semelhantes constitui uma relação equilibrada segundo Heider: (F) (V).

7) Quando dois amigos possuem valores diferentes existe um estado de tensão em seu relacionamento: (F) (V).

8) A proximidade física nada tem a ver com a formação de amizades: (F) (V).

9) A convivência pode facilitar a diminuição de preconceito através da oportunidade que apresenta para que estereótipos sejam modificados: (F) (V).

10) Segundo a teoria da equidade, as relações de amizade se formam quando uma das pessoas contribui mais do que a outra para o sucesso do relacionamento: (F) (V).

·······························

Respostas no Apêndice, ao fim do livro.

7

Quais as teorias e processos psicossociais relativos à intimidade interpessoal?*

O verdadeiro amor nunca envelhece.
Provérbio

O amor é eterno enquanto dura.
Vinícius de Moraes

a) Mário e Cristina se conheceram numa festa de Ano--novo. Imediatamente se iniciou entre os dois um namoro intenso e apaixonado. Qual não foi a decepção

---

* Este capítulo foi escrito pela Dra. Brendali F. Reis e atualizado quando professora da Widener University. O autor fez apenas algumas adaptações para torná-lo coerente com o estilo dos demais capítulos. A essência do texto é dela, a quem o autor apresenta seus sinceros agradecimentos. Em relação aos demais, este capítulo apresenta uma diferença de estilo e um aprofundamento maior dos temas nele tratados.

de Cristina quando, em inícios de março, Mário desfez o namoro alegando uma razão trivial e incoerente com a intensidade da relação estabelecida entre os dois.

b) – Você vai mesmo se casar com o Francisco, Fernanda? – Vou, Esther. Todo mundo diz que, fisicamente, ele é muito inferior a mim e eu mesma reconheço que, nesse aspecto, eu poderia conseguir um homem muito melhor. Entretanto, ele possui todas as qualidades que eu considero essenciais para uma vida harmoniosa e feliz.

c) Antônio e Vera são casados há muitos anos. Nota-se que não existe mais entre os dois qualquer atração física. Mas o companheirismo e a dedicação mútua são claramente notados quando os vemos juntos conversando.

Os cenários anteriores ilustram diferentes formas de amor segundo os estudiosos do assunto. Não há unanimidade no que diz respeito às características essenciais do amor. Nota-se entre os que se dedicam à investigação deste tópico uma tendência a distinguir várias formas de amor, como veremos neste capítulo. Na ocasião em que esses modelos de amor forem descritos, indicaremos onde se encaixam os exemplos contidos nos cenários fictícios apresentados.

A contribuição da psicologia social ao estudo dos relacionamentos íntimos tem um de seus marcos no estudo da atração interpessoal, que explodiu nas décadas de 1960 e 1970. Porém, segundo Ellen Berscheid, de acordo com uma tradição já antiga em psicologia, nesses estudos os fenômenos eram todos considerados sob o ponto de vista do indivíduo, e as questões eram formuladas em termos de "atitude", o constructo por excelência da psicologia social por muitos anos. Portanto, em que pese a importância que posteriormente assumiu tal linha de pesquisa na ciência dos relacionamentos como fonte propulsora de investigações sobre fenômenos verdadeiramente relacionais, ela não chegava a se constituir exatamente num saber sobre os relacionamentos.

Um divisor de águas na trajetória da então nascente ciência dos relacionamentos foi a teoria da interdependência, introduzida por John Thibaut, da Universidade da Carolina do Norte, e Harold Kelley, da Universidade da Califórnia em Los Angeles. Tal teoria foi muitas vezes erroneamente tomada como mais uma entre as Teorias da Troca Social, porém constituiu uma verdadeira abordagem interacional na medida em que, apesar de reconhecer que os indivíduos de fato trocam recompensas e custos nas relações, preconizava que um comportamento de um indivíduo numa relação não era uma simples função dessa configuração de custos e benefícios, mas sim que dependia do padrão de benefícios e custos característicos do repertório de ambos os envolvidos na relação. Em essência, estabeleceu que, para predizer o comportamento de um indivíduo nesse contexto, é preciso conhecer a configuração de ganhos associados aos comportamentos conjuntos de ambos os membros da interação. Ou seja, duas pessoas numa relação *interdependem* entre si até mesmo para o que vai ser considerado um ganho ou um custo.

Em se tratando de relacionamentos íntimos, que constitui o foco deste capítulo, faz-se necessário observar que, se por um lado atualmente são inúmeras as linhas de pesquisa que somam esforços nessa nova área do conhecimento científico, por outro as linguagens descritivas utilizadas são muitas e variam imensamente entre si. Cada disciplina possui sua própria linguagem, a qual é fortemente influenciada pela terminologia, conceitos, construtos e teorias tradicionais àquela disciplina e ao seu foco particular sobre o fenômeno relacional. Normalmente, as palavras utilizadas não possuem referentes claramente especificados; e mesmo quando isso ocorre, estes não são ligados a observáveis, mas a outros conceitos e abstrações que, por sua vez, também implicam referentes não empíricos. Quando se considera a multiplicidade de definições e significados que corretamente se atribuem à palavra "relação/relacionamento" e seu qualificador "íntimo", tal estado de coisas fica bastante evidente. Palavras e expressões, tais como amor, confiança, comprometimento/compromisso, cuidado, estabilidade, laço/ligação afetiva, unidade, relacionamento, significante/significado, dependência, envolvimento, entre outras, alternam-se entre si nas definições do que seja intimidade.

Sob essa perspectiva, tomamos a definição de relacionamento íntimo proposta por Harold Kelley e seus colaboradores. Segundo esses autores, "duas pessoas estão numa relação se uma possui impacto sobre a outra, se elas são 'interdependentes', no sentido de que uma mudança em uma causa uma mudança na outra e vice-versa". Quanto ao adjetivo "íntima", "[uma] relação pode ser descrita como 'íntima' se a quantidade de impacto mútuo que duas pessoas têm uma sobre a outra é grande, ou, em outras palavras, se há alta 'interdependência'". Alto grau de interdependência, por sua vez, revela-se em quatro propriedades das atividades interconectadas:

- os indivíduos têm impacto mútuo *frequente*;
- o grau de impacto em cada ocorrência é *forte*;
- o impacto envolve *diversos* tipos de atividades para cada pessoa;
- todas essas propriedades caracterizam as séries de atividades interconectadas por uma *duração* de tempo relativamente longa.

Enfim, nesses termos, intimidade significa influência.

> O campo de investigação das relações interpessoais íntimas engloba diversos tipos de relacionamentos entre as pessoas – pais-filhos, relacionamento entre amigos, professor-aluno, relacionamento entre irmãos, marido-mulher –, enfim, onde houver uma díade, duas pessoas que interagem e se influenciam mutuamente, aí será relevante a ciência dos relacionamentos.

A grande questão que se coloca no terreno dos relacionamentos interpessoais íntimos, de alta interdependência, diz respeito ao que põe dois indivíduos juntos para formar uma relação e ao que os leva ou não a mantê-la. Entre os fenômenos mais diretamente relacionados a essas indagações – e que mais têm sido objeto de confusão conceitual, vale mencionar – estão *compromisso/comprometimento, atração/gostar, satisfação, investimento* e *amor*. A busca de delimitação fenomenológica e refinamento conceitual de cada um deles, bem como de esclarecimento de suas possíveis inter-relações, têm constituído o foco de atenção e maior desafio entre os teóricos dos relacionamentos. Passaremos agora a uma breve revisão das principais formulações teóricas referentes a esses tópicos.

> Quando há farta interdependência entre pessoas, a interação é frequente, o impacto de cada componente é forte, diversas atividades estão envolvidas e essa interdependência dura por espaço de tempo relativamente longo, diz-se que há uma *relação íntima* entre tais pessoas.

Atração/gostar

Uma definição corrente de atração interpessoal (ou hostilidade interpessoal) é a que a considera uma "tendência ou predisposição de um indivíduo a avaliar outra pessoa ou símbolo daquela pessoa de uma maneira positiva (ou negativa)".

O princípio psicológico geral que permeia virtualmente todas as teorias sobre atração interpessoal é o princípio do *reforço*. Nós gostamos daqueles que nos gratificam e desgostamos daqueles que nos punem. No entanto, quando a questão em foco é predizer quem se sentirá atraído por quem, esse princípio apresenta menor valor preditivo. As pessoas variam muito entre si e através do tempo quanto ao que consideram gratificante ou punitivo. Este fator levou os pesquisadores da área a buscar os comportamentos e eventos que a maioria das pessoas, na maior parte do tempo, consideram recompensadores.

Nesse ponto, as teorias da troca social revelam-se de grande valor elucidativo. Esta perspectiva propõe, de modo genérico, que o fato de gostarmos ou não de outra pessoa está baseado no julgamento que fazemos sobre os custos e benefícios que tal pessoa enseja. De acordo com tal abordagem, nós gostamos das pessoas quando percebemos que nossas interações com elas são recompensadoras; isto é, quando os benefícios que tiramos da relação sobrepujam os custos. Os estudiosos do fenômeno de atração interpessoal consideram como fatores que constituem benefícios e, portanto, favorecem o gostarmos de alguém, as *qualidades pessoais* do outro, a sua *similaridade* conosco, a *familiaridade* e a *proximidade*, tal como se viu no capítulo anterior, quando foi tratado o fenômeno psicossocial da atração interpessoal.

Características como sinceridade, honestidade, lealdade e confiabilidade foram citadas como sendo as mais valorizadas por estudantes na década de 1960; além disso, tendemos a gostar de pessoas que são similares a nós em atitudes, valores, interesses, *background* e personalidade, como vimos no capítulo anterior quando se discutiu o princípio do equilíbrio de Heider. Pessoas similares a nós usualmente nos gratificam, no sentido, por exemplo, de que concordam com nossas opiniões e não nos criticam; similaridade também leva à minimização de dissonância cognitiva; por último, pessoas similares a nós possuem mais ou menos a mesma desejabilidade social e, como ensina a teoria da expectativa e valor, as pessoas escolhem aquilo que têm não só um valor de recompensa, mas que também comporta a expectativa de revelar-se uma escolha bem-sucedida.

Como também foi dito no capítulo anterior, familiaridade constitui um fenômeno importante no processo de atração entre as pessoas, dado que o simples fato de ser exposto frequentemente a uma pessoa pode aumentar o nosso apreço por ela. Na medida em que as pessoas se tornam mais familiares, elas se tornam também mais predizíveis, e isso nos traz maior conforto. Por fim, a mera proximidade física também é um importante fator na atração pela simples razão de que normalmente ela aumenta a familiaridade, e porque aqueles que estão fisicamente próximos são os que têm mais oportunidades de nos gratificar ou punir e, portanto, de tornar-se nossos amigos, amantes ou inimigos; as pessoas fisicamente próximas resultam mais disponíveis para nós do que as que estão distantes; por último, a teoria do equilíbrio diz que é psicologicamente estressante conviver com alguém de quem não gostamos e que, portanto, experimentamos uma pressão cognitiva para gostar daqueles com quem, por essa ou aquela razão, devemos conviver.

Satisfação

O nível de satisfação que um indivíduo pode alcançar em um relacionamento é concebido como uma função da avaliação subjetiva que ele faz sobre a qualidade de sua relação.

Esta "qualidade" é algo que está basicamente relacionado com dois fatores que se influenciam mutuamente; os resultados que se obtêm da relação, aqueles eventos – positivos ou negativos – que decorrem da existência da relação, e o "nível de comparação" do indivíduo. A satisfação de uma pessoa com uma relação depende, em última instância, da comparação que ela faz entre os resultados que obtém com a relação e seu padrão interno, individual de satisfatoriedade. Tal padrão é, obviamente, altamente determinado pelas experiências passadas do indivíduo. Assim, uma pessoa acostumada a experimentar resultados muito satisfatórios em suas relações possui um nível de comparação alto; ou seja, mantém a expectativa de engajar-se em relacionamentos nos quais os benefícios sobrepujam amplamente os custos.

A equidade é outro fator que exerce influência sobre a nossa percepção do que se tira de uma relação. Uma relação que é percebida como equitativa em termos dos custos e benefícios que ela enseja tende a ser avaliada como mais satisfatória do que uma em que não há equidade. Em geral não gostamos de nos sentir explorados ou explorando os outros.

No entanto, cumpre mencionar que a importância da equidade está diretamente relacionada com o grau de intimidade e confiança presente na relação. Relacionamentos em seus estágios iniciais implicam muito mais incertezas – e menos confiança –, motivo pelo qual as pessoas tendem a prestar mais atenção às questões de equidade do que em estágios posteriores.

Assim, uma relação será considerada satisfatória se as pessoas nela envolvidas sentirem que o balanço entre os custos e benefícios é positivo, que a relação de modo geral satisfaz suas expectativas e se ela sentir que há equidade entre os resultados que cada um obtém com a relação.

Investimento

Para os teóricos da equidade, "investimento são as características pessoais de um indivíduo que o fazem merecedor de custos ou benefícios provenientes do parceiro".

Há teóricos que consideram que investimentos são aqueles recursos colocados na relação e que fatalmente perderíamos se a deixássemos. Essa abordagem enfatiza o aspecto da perda do que foi colocado na relação, que tanto podem ser investimentos de ordem extrínseca (bens materiais etc.) como intrínseca (tempo, sentimentos etc.). No entanto, ainda deixa dúvidas quanto à distinção conceitual entre investimentos, custos e benefícios. Diante dessa dificuldade, introduz-se então a noção de "investimentos irrecuperáveis". Investimentos são, assim, definidos como todas as contribuições *passadas* de tempo, energia e outros recursos, definição que ressalta uma importante dimensão histórica, pois são contribuições feitas no passado e que não podem ser diretamente recuperadas no presente. Custos e gratificações, em contraste, são eventos e comportamentos presentes e atuais. Dessa forma, a única maneira de fazer com que nossos investimentos valham a pena é permanecer na relação; esta é a única justificativa para o que eventualmente tenhamos investido.

Desta última afirmação segue-se que a teoria da dissonância cognitiva também tem contribuições a fazer à compreensão do conceito de investimento. Essa teoria estabelece, como vimos no capítulo 5, que dissonância é um estado inconfortável e desagradável que decorre de discrepâncias entre nossos pensamentos, sentimentos e comportamentos e que, além disso, a pessoa em dissonância será motivada a reduzi-la, resolvendo de algum modo a discrepância surgida. Uma forma comum de redução de dissonância é a *justificação*. Isso tem implicações não só para a probabilidade de manutenção, para a estabilidade da relação – assunto de que trataremos a seguir –, mas também para a satisfação dela decorrente, conforme mencionamos anteriormente. Consistentemente com a teoria da dissonância, se em algum momento foram feitos esforços para criar e/ou manter uma relação – ou seja, houve investimento nessa relação –, sentir-se insatisfeito com ela será algo dissonante com o comportamento de investir. Mantê-la então é a única forma de justificar o investimento. Assim, em direção justamente oposta à que estamos acostumados a pensar, quanto mais esforço um sujeito faz em prol de uma relação, mais satisfeito ele deverá estar com ela. Sujeitos que enfrentam altos custos em sua relação, mas que mesmo assim, por esse ou aquele motivo, vão em frente e se comprometem com ela tendem a começar a prestar mais atenção e a valorizar mais os seus aspectos positivos, principalmente aqueles de caráter mais subjetivo, como o amor, por exemplo. Esses resultados contrastam em certa medida com os princípios tradicionais das teorias da troca social, na medida em que mostram que custos e benefícios não são simplesmente computados de maneira aditiva. Modificações subjetivas também fazem parte da equação.

Como indicado no capítulo anterior, vários fatores induzem a formação de atração ou inimizade entre as pessoas. A teoria da troca social salienta a importância da satisfação (relação custos/ benefícios) da interação e a teoria da dissonância cognitiva explica como a quantidade de investimento influi na avaliação de uma relação; ambos os fatores devem ser considerados como influentes no surgimento, na manutenção e no término da atração interpessoal.

Vejamos a seguir os três modelos de amor propostos por Zack Rubin.

Amor

Secularmente relegado ao domínio de especulações de filósofos, poetas e compositores, hoje o amor se tornou também o objeto de investigação científica.

Os estudos de Zick Rubin constituíram um dos marcos iniciais na investigação sistemática do amor, não só porque demonstraram que conceitos tão intimamente ligados como o gostar e o amar podem ser independentes, e não partes de um único contínuo, como muitos pressupunham anteriormente, dando início ao escrutínio científico de fenômenos tão complexos, mas também porque ensejaram a discriminação dos pensamentos, expectativas, comportamentos e sentimentos associados a esse estado chamado amor.

O amor foi inicialmente conceitualizado como uma "atitude mantida por uma pessoa em relação a uma outra pessoa particular, a qual envolve predisposições para pensar, sentir e comportar-se de determinadas maneiras relativamente àquela pessoa". Sendo essa uma definição ainda muito próxima do que geralmente tem sido concebido como atração/gostar, tentou-se determinar em que medida os dois conceitos se distinguem; ou seja, em que medida os pensamentos e expectativas que derivam de atitudes de amor diferem daqueles pensamentos e expectativas associados a essa outra atitude positiva frente a outra pessoa que é o gostar. Através de pesquisa sobre as concepções populares e teóricas sobre amor e sobre atração e de alguns procedimentos estatísticos, conseguiu-se distinguir os dois conceitos. A partir dessa importante etapa no estudo científico do amor, chegou-se a quatro possíveis componentes do fenômeno amor: o *precisar* do outro; um forte desejo de estar em presença e ser cuidado pelo outro; o *cuidado*; um desejo de ajudar o outro, de fazer as coisas por ele; a *confiança* e a *tolerância* às suas faltas.

Depreende-se desses primeiros estudos que amor é algo complexo. Os estudos que se seguiram mostraram, por exemplo, que o cuidado desempenha um papel mais importante nos julgamentos de amor do que o precisar, ou que o amor é caracterizado mais por precisar por algumas pessoas e mais por cuidar por outras. Tais estudos começaram então a apontar na direção do amor enquanto sendo várias coisas diferentes ao mesmo tempo, e atualmente a tendência é para que se considere o amor como sendo algo multidimensional; ou seja, várias coisas distintas simultaneamente.

De qualquer forma, os estudos de Zick Rubin deram origem a outros trabalhos, que, além de ratificar os pensamentos relativos ao amor já identificados, lograram detectar como ele se expressa em termos comportamentais – identificando comportamentos como "dar apoio emocional e moral ao outro", "sentir-se mais feliz, mais seguro, mais relaxado quando o outro está por perto", "revelar ao outro fatos íntimos", "tolerar demandas e manter a relação"... – e em termos dos sentimentos a ele associados – "desejo de tocar, segurar e estar perto do outro", "vontade de ser gentil, carinhoso com o outro", "sentimento de confiança e apreço pelo outro"... Todos esses estudos não só vieram sedimentar o amor enquanto uma área de saber científico, como exerceram forte influência sobre os teóricos do amor de maneira geral, a ponto de podermos identificar, entre o prolífero número de teorias existentes sobre o tópico, três principais modelos teóricos, segundo a ênfase dispensada a cada um dos quatro componentes mencionados antes. A seguir, passaremos a uma revisão das principais vertentes teóricas no estudo científico do amor.

> Apesar de o amor implicar atração interpessoal, estudos recentes demonstraram que existe uma distinção entre amar e gostar. Para caracterizar-se uma relação como amorosa, são necessários quatro componentes: (1) o precisar da outra pessoa; (2) o desejo de ajudá-la, de fazer as coisas para ela; (3) a confiança; e (4) a tolerância para com suas faltas.

Amor passional

Este modelo enfatiza o aspecto "precisar" do fenômeno amor. Algumas conceitualizações incluem, por exemplo, necessidades afiliativas e dependência, sentimentos de exclusividade, absorção, ao lado de atração física, paixão e idealização do parceiro.

Essencialmente, excitação sexual, bem como as condições que levam a ela, e o curso temporal do amor desempenham um papel fundamental nesse modelo. Seu surgimento é súbito, mas sua duração é breve. A pessoa tem pouco controle sobre o processo, na medida em que amor aqui é basicamente uma questão de emoção, mais do que de deliberação e escolha.

O comportamento de Mário descrito no cenário fictício que inicia este capítulo é um exemplo claro desse modelo de amor.

Diferentemente de muitas teorias que concebem o amar e o gostar/atração como parte de um único contínuo e explicam a sua dinâmica por meio das teorias do reforço e das teorias da troca social, como vimos anteriormente, este modelo concebe o amor como fundamentalmente passional, em que se implica uma diferença qualitativa importante entre os dois fenômenos, a qual está afeta ao papel desempenhado pela fantasia, pela ambivalência e pelo passar do tempo.

A máxima "Ruim com ele, pior sem ele" mostra a ambivalência na relação amorosa. O gostar de alguém está consistentemente associado a coisas boas (reforços positivos), mas o amor romântico parece associado a emoções conflitivas, como, por exemplo, indica a frequente pergunta de jovens universitários sobre a possibilidade de amar e odiar alguém ao mesmo tempo.

O gostar e a amizade normalmente crescem com o passar do tempo, porém o amor romântico parece sofrer um efeito contrário, compreensivelmente, aliás, na medida em que é um fenômeno fortemente baseado na fantasia e na idealização.

Tendo em conta que o amor é fundamentalmente uma experiência emocional, tanto o corpo quanto a mente têm um impacto crucial em nossas emoções. Sob a perspectiva da teoria do amor passional, uma das principais teorias abrangidas por esse modelo, pode-se compreender por que o amor é um fenômeno intrigante em sua irracionalidade e recorrente recusa a uma explicitação definitiva e inapelável.

Com efeito, amor – que, para esta teoria, é passional – é definido como um "estado de intensa absorção por outro... um estado de excitação fisiológica intensa". Consistentemente com a teoria da emoção em que se baseia, as ideias, mais ou menos conscientes, que temos sobre o que seja amor constituem parte das condições causais do amor. Essas ideias seriam determinadas não só por nossas experiências amorosas como também pela cultura e pela vida familiar.

A cultura ocidental moderna não só enfatiza a importância do amor enquanto fonte de satisfação e realização como dissemina ideias a respeito do que possa constituir um objeto de amor. Por exemplo, em nossa cultura existe uma certa pressuposição de que somente os seres humanos atraentes podem inspirar fantasias passionais. "Se uma pessoa admite estar sexualmente atraída por um corcunda, por um octogenário ou por alguém que não tenha nariz, ela é logo rotulada como doente ou perversa", diz Ellen Berscheid. Nosso Vinícius de Morais, por exemplo, pede desculpa às feias, mas não deixa de declarar que "beleza é fundamental". As melhores evidências apontam para o fato de que a atratividade física está fortemente associada à paixão, sobrepujando até mesmo características outras, como inteligência, tipo de personalidade ou similaridade de atitudes.

Porém, a cultura não é consistente nas ideias que veicula sobre o que seja, afinal, o amor. Algumas vezes associado a emoções prazerosas, autorrealização, êxtase e felicidade, outras a motivo de desespero, loucura, sofrimento, frustração e tristeza, não é de se estranhar que o amor resulte em algo confuso e de certo modo indefinível para nós. Em compasso com a cultura, a família, de modo mais particular, também desempenha seu papel nesse processo. Comportamentos e sentimentos correspondentes ao que nomeamos "alegria", "raiva", "medo", "excitação", "amolação" são facilmente discriminados e comunicados à criança em sua significação. Há, no entanto, uma exceção: não recebemos instruções diretas sobre a natureza do amor; a criança simplesmente observa aqueles que a rodeiam e, na relativa confusão de seu mundo infantil, onde muitas vezes fantasia e realidade se confundem, vai formando de modo inconsciente suas ideias a respeito do que seja o amor. No entanto, essas ideias, por primitivas que sejam, influenciam fortemente as expectativas de amor que na idade adulta a pessoa vem a ter.

Amor pragmático

Este modelo enfatiza os componentes "confiança" e "tolerância" do amor. É o tipo de amor que ocorre entre adultos maduros, comum em relacionamentos duradouros, como o casamento. É uma forma de amor que tem lugar a partir de uma interação que ambos os envolvidos consideram satisfatória e na qual está presente a confiança mútua. Há um aprendizado no sentido da tolerância das idiossincrasias com vistas à manutenção da relação e das gratificações que ela proporciona. O "cuidado" aqui aparece como estratégia, por assim dizer, para obter e manter a recíproca por parte do outro.

Comparativamente ao amor passional, relacionamentos baseados em amor pragmático desenvolvem-se mais lentamente e sob maior controle por parte dos envolvidos. O arrebatamento característico dos relacionamentos passionais, em que a dependência é logo declarada, não tem espaço aqui; em lugar disso, encontramos a força da deliberação. Em vez de "apaixonar-se", cada pessoa "se permite" tornar-se atraída pelo outro, processo regulado pelos indicadores de que a crescente dependência é mútua. A relação entre Francisco e Fernanda, ilustrada no segundo cenário fictício deste capítulo, ilustra este modelo de amor por parte de Fernanda. Assim, relacionamentos pragmáticos são, via de regra, relacionamentos equitativos; ou seja, cada um sente que retira da relação mais ou menos o mesmo que coloca. No entanto, contrariamente ao que possa parecer, as negociações através das quais os elementos que se põem e que se tiram da relação são ajustados não são nem devem ser explícitas, sob pena de perderem-se os valores de recompensa.

Trata-se de um tipo de amor no qual a compatibilidade entre os envolvidos é fundamental, como similaridade de atitudes, necessidades complementares. Entretanto, mais importantes são as condições causais que emergem da própria relação, como uma consciência compartilhada de que há confiança e compreensão mútuas de que cada um é completamente conhecido pelo outro e totalmente apreciado e respeitado, e certos tratos a respeito de compartilhamento e lealdade. Em contraste com a ênfase do amor passional à "pessoa especial", o modelo pragmático enfatiza um "processo especial" através do qual esses componentes relacionais, que nascem a partir da relação, surgem.

Incluiríamos ainda nesse modelo o amor companheiro, algumas vezes chamado de amor conjugal, expressão que designa "a afeição que sentimos por aqueles com os quais nossas vidas estão profundamente entrelaçadas", que se contrapõe, por um lado, ao amor passional, já descrito, e, por outro, ao gostar, definido então como "a afeição que sentimos por conhecimentos ocasionais". Amor companheiro é um estado mais estável do que o amor passional, no qual a confiança e a amizade são elementos muito mais importantes. Os dois estilos de amor podem então ser diferenciados basicamente quanto à intensidade emocional e à sexualidade e quanto à estabilidade no tempo.

O amor passional é extremamente intenso e frequentemente constitui o interesse primário da vida da pessoa. O amor companheiro já é muito menos intenso e mais tranquilo; apesar de os laços também serem fortes, as emoções são mais calmas e estáveis. Em uma palavra, o amor companheiro deixa espaço para prazeres provenientes de outras fontes. Assim, a experiência sexual pode ser completamente diferente, tanto em sua frequência quanto em sua intensidade.

Contrariamente ao amor passional, em que está presente o medo de que o amor acabe e no qual não se implica, por exemplo, assistência mútua nas atividades cotidianas básicas de cada um, o amor companheiro é sentido como muito mais estável, fundado em princípios de respeito, admiração e confiança, o que conduz outros autores a defini-lo como uma forma mais intensa de gostar, apesar da distinção evidenciada entre os dois construtos pelo trabalho de Zick Rubin e outros, como vimos anteriormente.

Amor altruísta

Este modelo enfatiza o componente "cuidado" do amor, porém esse cuidado é intrinsecamente motivado e não possui o intuito de eliciar comportamentos similares por parte do parceiro. Usualmente comparado com o "amor de mãe", a pressuposição é a de que em alguma medida esse tipo de amor pode estar presente em relacionamentos amorosos heterossexuais, paralelamente ao precisar e à dependência, o que constituiria, segundo alguns, uma forma de amor maduro ou, se não, ao menos como um ideal.

Uma distinção entre esse tipo de amor (ou relacionamento) e aquele traduzido pelo amor pragmático foi traçada também em outros termos: *relacionamentos de troca*, que poderiam ser propriamente enquadrados no modelo descrito antes, *versus relacionamentos "comunais"*. Neste último, cada pessoa tem uma preocupação com o bem-estar da outra, as relações familiares constituindo um de seus melhores exemplos.

O princípio geral é que benefícios altruístas oferecidos a um parceiro são guiados somente pelas necessidades deste, não envolvendo considerações sobre as necessidades daquele que ora oferece o benefício, sejam presentes, passadas ou futuras. É cuidando do outro e fazendo todo o possível por sua felicidade que o indivíduo motivado por esse tipo de amor encontra sentido e satisfação em sua própria vida.

> Segundo Rubin, existem três modelos de amor: o passional, o pragmático e o altruísta. Cada um deles possui características próprias. O primeiro tipo enfatiza o aspecto "precisar do outro"; o segundo, a "confiança e a tolerância"; e o terceiro, o "cuidado com o outro".

A teoria triangular do amor

Além desses modelos teóricos, a literatura científica atual sobre o amor nos fornece também algumas taxonomias. A teoria triangular do amor, proposta por Robert J. Sternberg, da Universidade Yale, é uma delas. Assim como no trabalho de Zick Rubin, essa teoria prevê alguns componentes essenciais ao fenômeno amor: intimidade, paixão e decisão/comprometimento.

Intimidade seriam os sentimentos de proximidade numa relação de amor, aqueles que criam a experiência de "aconchego". São identificados como sinal de intimidade:

- desejo de promover o bem-estar do objeto de amor;
- experienciar felicidade ao estar com ele;
- ter por ele alta consideração;
- poder contar com o ser amado em momentos de necessidades;
- compreensão mútua;
- dividir tanto o seu eu quanto as posses com o objeto do amor;
- receber dele apoio emocional;
- prover-lhe apoio emocional;
- comunicar-se intimamente com este objeto; e conceder-lhe um valor importante.

O componente *paixão* diz respeito ao lado instintivo do amor, atração física, contato sexual. Por último, o fator decisão/comprometimento constitui-se em dois aspectos, um a curto e outro a longo prazo. O primeiro consiste na decisão de alguém de que ama outrem. O segundo diz respeito ao comprometimento em manter o amor. Os dois componentes não estão sempre necessariamente juntos.

À luz desses três componentes principais classificam-se os tipos de amor, segundo as sete possíveis combinações que deles se derivam e as interações entre eles.

• Somente o componente *intimidade*: seria o gostar, porém sua definição diverge da fornecida por outros teóricos, no sentido de que não descreve meramente os sentimentos em relação a conhecimentos casuais, mas sim o conjunto de sentimentos e experiências de uma relação de verdadeira amizade, na qual a pessoa se sente próxima ao outro sem paixão intensa ou comprometimentos a longo prazo.

• Somente o componente *paixão*: seria o que o autor denomina "amor infatuado", é o "amor à primeira vista", em que a idealização, a obsessão e a excitação física desempenham um papel fundamental; pode surgir instantaneamente e, da mesma forma, desaparecer de repente.

• Somente o componente *decisão/comprometimento*: é o que o autor chama de "amor vazio"; pode ser caracterizado, por exemplo, por casamentos nos quais o envolvimento emocional mútuo e a atração física já deixaram de existir, ou, até mesmo, nunca existiram.

• *Intimidade + paixão*: este seria o amor romântico. Aquele tipo de amor em que os envolvidos podem perceber que a permanência da relação é improvável, impossível ou mesmo uma questão a ser tratada em algum momento no futuro. É o típico "amor de verão", que pode ser altamente romântico, mas sem qualquer chance real de durar além de um determinado período. É também o clássico Romeu e Julieta, ou o caso de dois adolescentes que não podem se comprometer em função de que outras escolhas, tais como a profissional, desfrutam de um lugar prioritário em suas vidas.

• *Intimidade + comprometimento*: "amor companheiro", aquele tipo de amor que é essencialmente uma amizade comprometida e duradoura. Aquele tipo de casamento, por exemplo, em que não há mais atração física. Esse tipo de amor coincide com o amor companheiro mencionado anteriormente. Pode ser considerado o tipo de amor que surge quando o amor romântico (baseado somente na paixão) desaparece, se a relação é mantida. O cenário acerca de Antônio e Vera no início deste capítulo ilustra esse tipo de "amor companheiro".

• *Paixão + comprometimento*: "amor fátuo". É o tipo de amor frequentemente associado a Hollywood: um dia um casal se encontra, decide casar rapidamente e realmente o faz em seguida; enfim, o comprometimento é feito com base na paixão, sem que estejam presentes os elementos estabilizantes próprios de um envolvimento íntimo – que requer tempo para se desenvolver. As relações fundadas nesse tipo de amor são, assim, altamente suscetíveis ao estresse.

• *Intimidade + paixão + comprometimento*: "amor consumado" ou amor completo é o amor ideal, apesar de ser dificilmente atingido e mantido, aliás, nem sempre buscado em nossas relações amorosas.

Segundo a teoria triangular do amor, existem três componentes principais do fenômeno amor: *intimidade* (satisfação em estar com o outro, compreensão mútua, promoção de apoio emocional etc.); *paixão* (atração física e desejo sexual pelo outro); e *comprometimento* (compromisso em manter o relacionamento no futuro). A combinação de dois ou mais desses tipos, por sua vez, enseja outras formas de amor, segundo a teoria proposta por Sternberg.

As cores do amor

Em contraste com a concepção de que o amor é um único fenômeno constituído por diferentes componentes, encontramos na literatura uma outra taxonomia do amor, baseada na pressuposição de que amor é um fenômeno plural, que não permite hierarquizações de qualquer espécie. Com efeito, um tipo de amor não é visto como superior ou mais verdadeiro do que outro.

Todos os estilos são legítimos. John Alan Lee, psicólogo canadense autor dessa classificação, ressalta que como só temos uma palavra para designar as relações satisfatórias que chamamos amor, tendemos a pensar que só existe uma coisa correspondente a essa palavra, em função do que tendemos a medir diferenças em experiências de amor em termos de *quantidade*, definindo *amor mútuo* como aquela situação em que A ama B *tanto quanto* este ama A, "como se vivêssemos em um mundo de amor preto e branco, com as variantes nas quantidades de amor perfazendo um quadro mais ou menos cinza". Estabelecendo uma analogia com as cores, seu objetivo é justamente mostrar que, assim como faz mais sentido explicar as diferentes cores do que definir cor em si, faz mais sentido tentar distinguir os vários estilos de amor do que perseguir uma definição do amor que expresse a possível essência do que seria o "verdadeiro amor". Com efeito, assim como a preferência pelas cores, o estilo de amor de uma pessoa pode variar durante a vida e de uma relação para outra.

Esses diferentes estilos de amar corresponderiam às várias ideologias conflitantes do amor que a produção cultural humana criou ao longo dos séculos. Diz Lee que "se examinarmos os escritos de ficção e não ficção sobre amor nos últimos vinte séculos, ficará óbvio que nossa civilização tem se constituído em campo de batalha para ideologias de amor". A pressuposição do autor é a de que todas essas ideologias participam na constituição da subjetividade humana e é precisamente isso que garante a pluralidade do amor.

Atualmente o conceito de amor parece ter-se tornado rígido, mas os gregos e romanos, sendo mais tolerantes às distintas manifestações de amor, possuíam várias palavras para os diferentes e igualmente válidos tipos de amor. O grego e o latim são então as línguas nas quais o autor vai buscar os termos para compor sua classificação, a qual, ele sublinha, não ignora ou nega as intersecções entre as categorias, mas focaliza-se nos aglomerados de características mais distintivas. Em sua tipologia, assim como o vermelho, o amarelo e o azul constituem as três cores primárias, a partir das quais se formam todas as cores do arco-íris, os três "estilos primários de amor" são *eros, storge* e *ludus*, sendo que todos os outros numerosos estilos de amor resultam de alguma combinação destes três. Os estilos de amor secundários mais familiares são *mania* (*eros* + *ludus*), *pragma* (*ludus* + *storge*) e *agape* (*eros* + *storge*). A seguir, uma descrição de cada um deles.

• *Eros* – Este estilo de amor é a busca por um parceiro cuja apresentação física corresponda à imagem ideal que a pessoa tem em mente. Amantes eróticos sabem exatamente o tipo físico que é capaz de "mexer" com eles. A prioridade é a imagem do objeto de amor, e não há interesse em travar um conhecimento com candidatos que não demonstrem boas chances de adequar-se a essa imagem. É um estilo de amor que sempre começa com uma avassaladora atração física, pois o amante erótico é uma pessoa consciente de que seu parceiro ideal é uma raridade. Típicos amantes eróticos estão sempre prontos para os riscos do amor, apesar de não o buscarem com ansiedade. Possuem a volúpia de conhecer seu objeto de amor o mais rápido e completamente possível – preferencialmente despido. Mantêm-se atentos, no entanto, a qualquer falha e potenciais defeitos na pessoa amada; procuram expressar seu prazer com o ser amado verbal e tatilmente. Usualmente querem uma relação exclusiva, mas não são possessivos nem temem possíveis rivais. Amantes eróticos consideram que ter encontrado e viver com seu ideal de amor é a mais importante atividade em suas vidas.

• *Storge* – Esta era a palavra grega para o companheirismo afetuoso que se desenvolve a partir de um conhecimento gradual, apropriado para o estilo de amor no qual um indivíduo "se acostuma" com o parceiro, em vez de "apaixonar-se" por ele. É aquele tipo de amor de duas pessoas que crescem juntas numa amizade e de repente se percebem *in love*. "Amor sem febre ou tolice". Cada parceiro desenvolve afeição e comprometimento com o outro e finalmente eles decidem ficar juntos. "Amor amigo" é o tipo de sentimento desse estilo de amor, no qual os envolvidos não passam muito tempo se olhando nos olhos e onde a tranquilidade própria à relação faz com que seja até mesmo um pouco constrangedor dizer "eu te amo". O amante estórgico não tem qualquer tipo de ideal físico em mente nem seleciona conscientemente os parceiros, ele não está "procurando amor"; em vez disso, ele seleciona atividades de sua preferência e, através delas, acontece de vir a conhecer outras pessoas que fazem as mesmas coisas – "então, por que não fazê-las juntos"? Típicos amantes estórgicos têm expectativas a respeito do amor enquanto uma amizade muito especial, na qual muito do tempo e das atividades de cada um serão divididas. Não há ansiedade, "o tempo irá dizer se eles foram feitos para ficar juntos". Esses amantes recuam diante de excessiva demonstração e emoção por parte do parceiro e preferem falar sobre interesses comuns do que sobre seus sentimentos mútuos. Na medida em que o relacionamento progride, há o desenvolvimento de uma possessividade silenciosa, que só será demonstrada se uma ameaça real ocorrer. Para os amantes desse estilo é importante conhecer o parceiro como amigo antes que tenham lugar as relações sexuais. Uma vez assegurada uma amizade profunda, problemas sexuais podem ser manejados. A expectativa de comprometimento também é forte.

• *Ludus* – O amante lúdico possui um estilo, como o próprio nome diz, lúdico. Enquanto consciente das diferenças entre os corpos, ele considera sem sentido que as chances de uma pessoa sejam restringidas pela "especialização" em um só tipo. A expectativa a respeito do amor é de que ele seja prazeroso e não comprometedor, durando tanto quanto as partes "curtam" a relação, não mais do que isso. O lúdico é um errante, ou um colecionador de experiências de amor que serão relembradas com prazer. São amantes pluralísticos (uma palavra menos carregada que promíscuos), e o grau de envolvimento é cuidadosamente controlado. Eles sabem que "há muitos peixes no oceano", motivo pelo qual ciúme é para eles algo sem sentido e deplorável. Esse estilo de amor pode ser praticado como um jogo aberto, com a explicitação clara das regras; ou seja, de que outros eventualmente estarão envolvidos. A maioria considera complicado mentir: um jogo justo oferece menos chances de que se produzam sentimentos de culpa mais tarde. Além disso, no mundo dos bares e casas noturnas, onde os lúdicos modernos frequentemente encontram seus parceiros, a reputação de ser alguém que joga aberto e honesto aumenta as chances de encontrar novos parceiros. As relações são normalmente de vida curta. Típicos lúdicos não desejam se comprometer ("ainda não estou pronto para me acomodar"). Eles acham uma variedade de tipos físicos igualmente atraentes e podem mudar de um para outro facilmente. Sentem-se como se nada houvesse após um "rompimento", pois certamente não se "apaixonam". Há relutância em planejar atividades para o futuro na medida em que isso levanta questões a respeito da presença do parceiro. Amantes lúdicos evitam ver o parceiro muito frequentemente, como uma forma de impedir que este se "envolva demais". Parceiros ciumentos são evitados na medida em que estragam a diversão do amor. Não veem contradição em amar várias pessoas igualmente ou ao mesmo tempo. Para eles, sexo é distração, não expressão de comprometimento, e o amor não é a atividade mais importante da vida.

• *Mania – Theia mania*, a loucura dos deuses. Neste estilo de amar, o amante é obsessivamente preocupado com o objeto amado, intensamente ciumento e possessivo e necessita continuamente de repetidas reafirmações de que é amado. Ao mesmo tempo ele frequentemente recua, temeroso de amar demais antes de que haja uma garantia de que há reciprocidade. Em muitos casos, ele nem mesmo *gosta* do objeto de seu amor, no sentido de que não o escolheria para uma amizade duradoura. A busca ansiosa de amor funciona como compensação para sua baixa autoestima. A inerente contradição desse estilo vem da peculiar mistura de dois estilos primários de amor – *eros* e *ludus*. O amante maníaco (sem qualquer conotação pejorativa que o termo em português possa implicar) tem o desejo pelo relacionamento intenso, fisicamente estimulante, típico de *eros*, mas prescinde da estabilidade que permite ao amante erótico transitar entre as pessoas e identificar um exemplar do seu tipo favorito. Assim, o indivíduo é capaz de escolher parceiros completamente inapropriados e loucamente projetar neles aquelas qualidades desejadas num objeto de amor, as quais qualquer pessoa pode constatar claramente que o escolhido não possui. A habilidade de apaixonar-se frequentemente funciona bem num confiante amante lúdico, e o desejo do amante maníaco de manipular a relação de forma a não ficar na posição mais fraca (mais amar do que ser amado) é certamente lúdico, porém o amante maníaco é necessitado demais de amor para jogar o jogo friamente. Ele pode dizer a si mesmo que é a vez do outro de ligar, mas se o outro demora alguns minutos, ele correrá para o telefone e se adiantará. O típico amante maníaco sente forte necessidade de "estar apaixonado", mas é também temeroso de que o amor vá ser doloroso e difícil. Ele não está certo de que o tipo o atrai, e frequentemente procura uma combinação de qualidades contraditórias. Ele tenta ver seu parceiro todos os dias, começa a imaginar seu futuro juntos e facilmente se irrita com atrasos ou adiamentos. As demonstrações de amor podem chegar a atos absurdos, mas essas demonstrações se alternam com momentos em que ele recua para retomar o controle de si mesmo, no que normalmente não tem sucesso. Amantes maníacos demonstram excessivo ciúme e demandam demonstrações de mais amor e comprometimento. Raramente consideram o sexo como o objeto de amor satisfatório ou reconfortante. São ainda virtualmente incapazes de terminar a relação, sendo via de regra o outro que o faz.

• *Pragma* – O amante pragmático tem um "rol" mais ou menos consciente de qualidades práticas e relativas ao cotidiano que ele deseja no ser amado, as quais podem incluir características físicas, mas não há uma ênfase especial neste detalhe, como em *eros*. Se as normas sociais em que o amante pragmático está inserido incluem prescrições relativas a aparência física na escolha de parceiros, então essas normas vão fazer parte da sua lista, mas de modo geral ele é indiferente a considerações sobre atração física. Ao invés disso, o amante pragmático está em busca de um parceiro *compatível*, no sentido que sociólogos e agências de "namoro por computador" usam o termo. O rol de características buscadas pela pessoa nesse estilo de amor pode incluir medidas sociológicas, tais como a que diz que pessoas de mesma religião, opção política e classe social, assim como interesses pessoais, tais como *hobby* ou esporte favorito, têm mais chances de serem compatíveis uma com a outra. *Pragma* é uma combinação de *ludus* e *storge*. O pragmático escolhe o parceiro como se tivesse crescido com ele e usa manipulação consciente para encontrar um. A procura é por uma parceria sensata, não por um extasiante ou excitante romance. Este processo constitui uma escolha consciente – primeiro pelas qualidades para pôr na lista e, segundo, pelos candidatos que possam ostentar tais qualidades. Cada candidato será pesado e avaliado cuidadosamente. Um candidato plausível será convidado para dividir algumas atividades com o sujeito até que este esteja convencido de que aquele faz um parceiro compatível. Ele pode frequentemente discutir a adequação de suas escolhas potenciais com amigos ou parentes. Se a relação não funciona, o pragmático vai em frente, ludicamente, em busca de outro. É o "casamento arranjado" de antigamente, com a diferença de que hoje os sujeitos fazem seus próprios arranjos, se não através de agências especializadas, associando-se a um clube, frequentando uma igreja, uma casa noturna, um grupo de caridade ou mesmo um partido político, esperando encontrar pelo menos uma pessoa compatível que possa ser um candidato para um relacionamento de amor. Porém, o pragmático usa atividades sociais e programas como um meio para um fim; tais atividades serão abandonadas se não "derem frutos", diferentemente do estórgico, que se engaja em atividades que gosta e por meio delas acaba encontrando alguém que divide aquele interesse; ele nunca escolhe um parceiro conscientemente.

Para pragmáticos típicos, encontrar um par compatível é um problema prático a ser resolvido através de esforço. Eles preferem ver o parceiro em situações de convívio social para checar como ele "realmente é", prestando muita atenção em possíveis maus sinais e restringindo discussões sobre compromisso e futuro até que esteja mais confiante de que conhece bem o parceiro. Eles geralmente desdenham demonstrações emocionais excessivas, especialmente cenas de ciúme, mas apreciam sinais recíprocos de atenção e de comprometimento crescente. Compatibilidade sexual é importante, mas esta é mais uma questão de habilidades técnicas – que podem ser melhoradas se necessário – do que alguma química especial. Para o amante nesse estilo, encontrar um par compatível é desejável para uma vida feliz, mas não essencial, e não valem a pena grandes sacrifícios por nenhum parceiro em especial. No entanto, o amor pragmático não é tão frio quanto possa parecer. Uma vez que uma boa escolha é feita, sentimentos mais intensos podem se desenvolver.

• *Agape* – É a clássica visão cristã do amor: altruísta, universalista, sempre gentil e paciente, nunca ciumento, nunca demandante de reciprocidade. Quando São Paulo escreveu aos Coríntios que o amor é um dever de cuidar de outros, e que o amor deve ser profundamente altruísta e compadecido, ele usou a palavra *agape*. É o estilo menos frequentemente encontrado na prática de relacionamentos amorosos adultos. *Agape* é despojamento, doação e altruísmo. Amantes com este estilo consideram amar um *dever*, mesmo quando não estão presentes sentimentos tipicamente chamados amor. Assim, é um estilo de amor mais guiado pela cabeça do que pelo coração, mais expressão da vontade do que da emoção. Ironicamente, em nossa sociedade, as expressões mais agápicas de amor provêm de pessoas que praticam o celibato, sem amantes nem companheiros. *Agape* é uma combinação de *eros* com *storge*, o que foi reconhecido por Santo Agostinho, que escreveu sobre a necessidade de submeter os impulsos intensos de *eros* à crença cristã de que a única união que vale a pena é a união com Deus. O comportamento requerido por esse amor despojado é aquele do bom vizinho, do servidor fiel ou do amigo devotado, o que evoca um estilo agápico, mas como uma forma genérica de ser, mais do que em relação a outra pessoa. Tais amantes sentem um intenso dever de cuidar do ser amado, que é definido como alguém que precisa desse cuidado. Assim, é provável que esse alguém seja visto como somente mais uma entre as muitas pessoas necessitadas. Se o amante agápico chega à conclusão de que o seu parceiro estaria melhor com outro, ele é capaz de abrir mão em prol de seu "rival". Aparece na classificação mais como um ideal do que como uma forma pura e concreta de ocorrência do amor.

Além desses, identificaram-se outros três estilos qualificados como terciários: *lúdico, eros estórgico* e *ludus estórgico*, compostos pela combinação de características típicas dos tipos primários e/ou secundários de que se constituem.

É importante ressaltar que, assim como as cores do arco-íris, essa tipologia admite que existem quase infinitos estilos de amor. Os estilos descritos anteriormente são aqueles encontrados em pesquisa empírica como sendo os estilos mais básicos, a partir dos quais os outros se compõem. Devem-se lembrar ainda que estilos puros dificilmente são encontrados e, obviamente, ao caracterizar cada um deles, essa taxonomia faz uma espécie de caricatura, ressaltando o que há de típico em cada estilo e enfatizando as diferenças entre eles. Além disso, como já mencionamos, o estilo de amor de uma pessoa pode variar com o passar do tempo e com as experiências, ou ainda, num mesmo momento, variar segundo o tipo de parceiro.

Em seus estudos sobre o amor, o autor partiu dos grandes romancistas de séculos passados e observadores do amor, desde Platão e Ovídio até Andreas Cappellanus e Castiglione, para então chegar aos psicólogos da atualidade. Nessa trajetória, acumulou mais de quatro mil afirmações do que cada autor considerava distinguir o *verdadeiro* amor de todos os supostos impostores, os quais classificou segundo o tema implicado em cada um deles, como, por exemplo, o papel do ciúme, da reciprocidade, da fidelidade ou do altruísmo no amor. Dessa análise, resultaram os seis tipos de amor (ou as seis ideologias de amor), que segundo o autor englobam todas as variedades de amor constantes da literatura.

Por meio de um procedimento metodológico que inclui tanto essa revisão bibliográfica da literatura científica e não científica disponível sobre o amor quanto o que pode ser considerado um tipo de entrevista semiestruturada com 120 pessoas de diferentes idades e níveis socioeconômicos, essa taxonomia teve como um de seus objetivos evitar o que o autor aponta como os dois principais problemas da pesquisa atual sobre o amor: o etnocentrismo e o a-historicismo. A ideia é que um estudo verdadeiramente científico do amor deve permitir aos respondentes reportarem relacionamentos diferentes daqueles aprioristicamente definidos como "verdadeiro amor". Isso é naturalmente difícil, pois as pessoas são muito suscetíveis a modas, especialmente nesse campo; portanto, um método verdadeiramente científico deve encorajar os sujeitos a reportarem o que quer que eles acreditem que seja uma experiência de amor. Da mesma forma, o investigador deve considerar a alternância de ideologias de amor através dos tempos, pois não é preciso que uma ideologia em particular seja corrente nos dias de hoje para que as pessoas acreditem nela. O autor argumenta que quando etnocentrismo e a-historicismo são combinados, o resultado é frequentemente uma tendência a definir uma dada expressão ideológica como a verdade em si. De acordo com o autor, esse problema pode ser resolvido "abordando-se o amor como um problema de ideologias que competem entre si acerca do arranjo ótimo das ligações adultas íntimas", o que segundo ele não é possível se a pesquisa for limitada a uma lista de afirmações atitudinais.

> Para Lee, os estilos primários de amor são o que ele denomina de *eros* (atração física), *storge* (amor baseado na amizade e na coincidência de interesses) e *ludus* (busca do prazer sem comprometimento). Daí derivam as outras formas de amor: *mania* (*eros* + *ludus*) caracterizado por ciúme e possessividade, *pragma* (*ludus* + *storge*), em que o amante procura aquele que satisfaça sua lista de qualidades práticas e, finalmente, *agape* (*eros* + *storge*), que consiste no amor altruísta, paciente e dedicado ao objeto de amor.

Comprometimento

Mas se todos esses fenômenos (amor, atração, satisfação etc.) dizem respeito ao que faz duas pessoas se unirem para formar uma relação, resta saber ainda por que algumas relações duram e outras não. Será que a manutenção de um relacionamento é dada somente pela presença de amor e satisfação, por exemplo? Como se explicariam então casos familiares a todos nós, como aqueles em que, apesar da evidente ausência desses fatores, a relação se mantém? Ou ainda situações como no caso de jovens onde o amor, a paixão e a satisfação com o parceiro são indiscutíveis, mas onde, no entanto, a estabilidade da relação é inapelavelmente precária? O que se segue baseia-se no esforço feito por Harold Kelley para responder a essas questões.

Assim, comprometimento é um fenômeno que se revela difícil de definir, porém, apesar da pouca uniformidade descritiva e conceitual que se pode observar nos trabalhos sobre comprometimento, existe um consenso de que ele se refere à *estabilidade* da associação.

O conceito de comprometimento "sumariza todos os fatores que atuam estavelmente para promover e manter a interação entre indivíduos"; é "um propósito declarado ou inferido de uma pessoa em manter uma relação"; é inversamente relacionado à probabilidade de que uma pessoa vai deixar a relação; diz respeito às instâncias nas quais a pessoa mantém sua adesão a uma relação, mesmo quando os fatores que a favorecem são fracos, ou às instâncias nas quais se mantém a adesão, mesmo quando os fatores contra ela são fortes.

Essas são algumas das conceituações de comprometimento, porém todo estudo científico de algum fenômeno relacional que pretenda ter valor preditivo e explicativo deve contar, além de uma análise descritiva das atividades interconectadas dos participantes da relação e de uma identificação de seus efeitos nas atividades de cada um individualmente, com uma análise causal que escrutinize as regularidades nos padrões de atividades interconectadas e, eventualmente, as principais mudanças nesses padrões. Essa análise deve ter em conta que as condições causais se classificam segundo três grupos principais:

• causas pessoais (características relativamente duradouras de cada um dos indivíduos, como traços de personalidade, atitudes ou habilidades);

• causas relacionais (quando uma regularidade na interação reflete uma combinação particular de disposições das duas pessoas, como no caso do marido dependente e da esposa "mãezona");

• causas ambientais (referentes às características do ambiente físico e/ou social no qual a relação está inserida, como as normas sociais, ou uma casa pequena demais).

Conclusão

Este capítulo constitui uma tentativa de mostrar ao leitor o interesse que os psicólogos sociais têm dedicado aos relacionamentos íntimos. A maioria das contribuições ao estudo da intimidade interpessoal apareceu nas últimas duas décadas. É compreensível, pois, que se verifique um certo caráter de provisoriedade nas formulações teóricas apresentadas. Não obstante, espera-se que o capítulo tenha revelado a contribuição efetiva desses esforços teóricos para um melhor entendimento dos processos psicossociais subjacentes aos relacionamentos íntimos.

As transformações sociais da segunda metade deste século colocaram a necessidade desses estudos, já que muitas das estruturas sociais que regulavam esses relacionamentos foram profundamente abaladas. Porém, contrariamente à maioria dos demais temas focalizados neste livro introdutório, a literatura sobre o tema ainda não permite o grau de consenso e generalização verificado, por exemplo, quando estão em foco fenômenos como atitude, percepção social, comportamento grupal e assim por diante. Nem por isso ele deixa de ocupar em psicologia social um lugar de destaque e de capturar o interesse e a atenção de renomados psicólogos sociais contemporâneos.

Notas suplementares ao assunto tratado neste capítulo

1 Por que terminam as relações amorosas?

Segundo estatísticas recentes nos Estados Unidos, 50% dos casamentos terminam em divórcio. Alguns demógrafos estimam que dois terços de primeiro casamento terminarão em separação ou divórcio. No Brasil, o psicólogo Bernardo Jablonski, em seu livro *Até que a vida nos separe*, apresenta dados semelhantes em relação ao estado atual dos casamentos no país. O término de uma relação amorosa é penoso e desgastante, com sérias consequências não só para os membros da relação, como também para os que dela nasceram.

Como se pode explicar a crise do casamento contemporâneo? As razões mais comumente citadas são:

a) a emancipação feminina e a consequente necessidade da mulher de realizar-se como indivíduo, rompendo assim com a antiga tradição de subserviência ao marido e exclusiva dedicação aos misteres domésticos;

b) a liberação sexual decorrente da diminuição da influência de restrições de ordem religiosa, do advento dos anticoncepcionais e do liberalismo de costumes que avassala a sociedade contemporânea;

c) uma postura egocêntrica que impede a visão do casamento como uma relação que necessita esforço constante para sua manutenção, exigindo compreensão e respeito mútuo e uma decidida vontade de reconstruir a relação amorosa.

Se considerarmos os três componentes básicos de uma relação amorosa descritos por Sternberg vistos anteriormente – ou seja, paixão, intimidade e decisão/comprometimento – vemos que os três precisam estar presentes para que a relação perdure. A paixão, sempre presente no início das relações amorosas, fator importante para o sucesso do casamento, tende a diminuir com o passar do tempo. É quando a intimidade – ou seja, a semelhança de interesses, o desejo de estar com a pessoa amada, a compreensão mútua, a consideração recíproca etc. – passa a desempenhar papel principal na relação. Finalmente, o desejo de manter a relação (comprometimento) é fundamental (mas não suficiente) à permanência do casamento. O problema é que muitos dos casamentos não reúnem esses três componentes fundamentais. Alguns se baseiam simplesmente na atração física; outros apenas no companheirismo; e outros ainda simplesmente no comprometimento de manter a relação, ou em combinações de dois desses três componentes. Tais tipos de casamento são incompletos e destinados ao fracasso. Para que a elevada incidência de divórcios diminua, é necessário que os casamentos reflitam o tipo de amor consumado ou completo descrito por Sternberg. Enquanto predominarem os demais tipos, a durabilidade da relação estará em perigo.

2 *"O amor é eterno enquanto dura": falso ou verdadeiro?*

O poeta e compositor Vinicius de Moraes disse em uma de suas composições musicais que "o amor é eterno enquanto dura". A frase parece conter uma contradição, pois eterno é algo que não tem princípio nem fim. Mesmo levando em conta o uso popular do termo, que significa apenas algo que não tem fim, o fato de condicionar a eternidade do amor ao tempo de sua duração implica o mesmo não ser eterno.

Há pelo menos duas maneiras de interpretarmos a frase de Vinicius de Moraes. Uma consiste em considerar a afirmação do ponto de vista da pessoa que está enamorada. Para ela, a intensidade de seu sentimento de amor é tal, que não é possível admitir que ele um dia terminará. Portanto, da perspectiva da pessoa loucamente apaixonada, o amor jamais terá fim e será, consequentemente, eterno. A frase, para ela, faz perfeito sentido. Outra maneira de considerar a afirmação é a da pessoa que, baseada na experiência, sabe que as grandes paixões acabam por terminar algum dia e daí considerar o amor eterno apenas enquanto dura, por mais paradoxal que isso seja.

Se levarmos em conta os diferentes tipos de amor considerados neste capítulo, vemos que a frase de Vinicius se aplica melhor a uns do que a outros. Na tipologia de Sternberg, por exemplo, os tipos de amor que não envolvem comprometimento com a permanência da relação são "eternos" apenas enquanto duram. Já as pessoas envolvidas em tipos de amor que envolvem comprometimento partem da premissa que seu amor será para sempre.

Consideremos agora as "cores do amor" apontadas por Lee. Sem dúvida uma relação baseada no amor erótico, no amor lúdico ou no amor pragmático será eterna apenas enquanto durar. Do momento que a atração sexual diminua (no amor erótico), que um dos membros da relação se canse das brincadeiras e exija comprometimento (no amor lúdico), ou os interesses das partes não estejam mais sendo satisfeitos (no amor pragmático), é claro que o amor "eterno" cessará. Tal será mais difícil de ocorrer no amor estórgico e agápico, pois o comprometimento com a relação de intimidade e de doação completa torna a relação mais provável de ser eterna. O amor maníaco é demasiado neurótico para garantir qualquer estabilidade. Em relações caracterizadas por tal tipo de amor certamente sua eternidade está confinada à sua duração.

Pode-se indagar se todos esses tipos de amor podem, de fato, serem considerados expressão verdadeira de amor, ou meramente características de atração entre duas pessoas sem os elementos necessários ao que se denomina amor consumado ou completo. Para os que acham que só existe amor na relação caracterizada pela existência de um amor completo (paixão + intimidade + comprometimento), a afirmação de Vinicius de Moraes, se tomada no sentido da limitação temporal do amor, não seria adequada.

Ensinamentos a serem retidos

1) O estudo dos relacionamentos íntimos é relativamente recente em psicologia social.

2) Existe um relacionamento íntimo quando duas pessoas estão numa relação de alta interdependência.

3) A psicologia social identifica vários fatores capazes de induzir as pessoas a uma relação de atração interpessoal.

4) Apenas recentemente o amor tem sido objeto de estudo científico. O amor implica atração interpessoal, mas com ela não se confunde.

5) Como ilustrado nos cenários fictícios no início deste capítulo, o amor pode manifestar-se de diferentes maneiras. Os estudiosos do assunto apresentam vários modelos ou tipos de amor, tais como: amor passional, amor pragmático, amor altruísta; outros distinguem entre *eros, storge, ludus, mania, pragma* e *agape*. E outros ainda preferem considerar o amor à luz de três componentes fundamentais: intimidade, paixão e decisão/comprometimento, os quais podem combinar-se entre si.

6) O comprometimento é um componente complexo, mas fundamental à questão da *estabilidade* da relação amorosa.

Teste seu conhecimento do assunto
tratado neste capítulo

A) Indique a alternativa que melhor responde à pergunta

1) Uma relação íntima entre duas pessoas requer:

    a) ampla e longa interdependência;

    b) amizade;

    c) interação frequente;

    d) vida em comum;

    e) letras a) e c).

2) A teoria que enfatiza primordialmente a relação custo-benefício de uma interação social é a:

    a) teoria da dissonância cognitiva;

    b) teoria da troca;

    c) teoria da equidade;

    d) teoria do equilíbrio;

    e) letras b) e c).

3) Para a teoria triangular do amor, o "amor consumado" requer:

    a) intimidade;

    b) paixão;

    c) comprometimento;

    d) todos esses fatores;

    e) nenhum desses fatores.

4) As "cores do amor" de John Lee chama de *storge* o amor que se caracteriza por:

   a) busca do prazer sem compromisso;
   b) atração física;
   c) amizade e coincidência de interesses;
   d) prazer sem compromisso;
   e) ciúme e possessividade.

5) O fator essencial à estabilidade de uma relação amorosa é:

   a) a paixão;
   b) a amizade;
   c) o investimento;
   d) o compromisso;
   e) a atração.

B) Indique se a afirmação é falsa ou verdadeira

6) O amor é simplesmente uma amizade intensa: (F) (V).

7) Para Rubin, há três tipos de amor: o passional, o pragmático e o altruísta: (F) (V).

8) Satisfação em estar com o outro, compreensão mútua e promoção de apoio emocional constitui o componente "comprometimento" da teoria triangular do amor: (F) (V).

9) *Ludus* consiste em busca de prazer sem compromisso: (F) (V).

10) *Pragma* se caracteriza por ciúme e possessividade: (F) (V).

• •

Respostas no Apêndice, ao fim do livro.

8

Por que, e quando, somos agressivos?

A sociedade civilizada está permanentemente ameaçada de destruição devido à hostilidade primitiva dos homens contra si mesmos.
Sigmund Freud

– Você viu como Carmem agrediu verbalmente Sofia?

– Vi, mas o que ela poderia fazer diante daquela provocação? Além disso, Carmem acaba de ter uma grande decepção, pois seus planos de viajar ao exterior foram por água abaixo quando tudo indicava que ela iria realizar o sonho de sua vida. Enfim, acho que ela exagerou na agressão, mas houve motivos para que explodisse assim.

Latimer: – O Sr. foi informado dos princípios reguladores das atividades de guerra?

Calley: – Que todas as ordens deveriam ser tidas como legais e que a tarefa do soldado era levar a cabo, da melhor maneira possível, a ordem recebida.

Latimer: – O que poderia acontecer se um soldado desobedecesse à ordem de um oficial superior?

Calley: – O soldado poderia ser submetido à corte marcial por se recusar a cumprir uma ordem, uma ordem frente a um inimigo, e ele poderia ser condenado à morte.

(Diálogo entre o advogado de defesa e o Tenente Calley, acusado de ter cometido atrocidades na guerra contra o Vietnã.)

Embora o fenômeno agressivo seja decorrente de múltiplas causas, a psicologia social tem sido capaz de especificar alguns fatores situacionais que facilitam a emergência da agressão nos seres humanos. Dentre eles se encontram os seguintes: provocação, frustração (cf. o primeiro diálogo acima), obediência à autoridade (cf. o segundo diálogo acima), presença de instrumentos contundentes (armas, facas etc.), de-individuação, atitude inadequada dos pais, normas sociais (como nas *gangs*, p. ex.), ambiente superpopuloso, calor intenso, pornografia.

Veremos a seguir algumas das contribuições da psicologia social ao entendimento do comportamento agressivo entre seres humanos.

Definição de comportamento agressivo

Uma definição aceitável de agressão é a que a caracteriza como sendo *qualquer comportamento cuja finalidade é causar dano a outrem.*

O conceito de causalidade pessoal e impessoal (visto anteriormente) desempenha aqui um papel bastante importante.

Se um ato perpetrado por uma pessoa causa dano à outra, é preciso que se estabeleça se tal ato foi intencional (causalidade pessoal), ou devido a fatores que escapam à vontade do agente (causalidade impessoal). Se houver a característica de causalidade pessoal na ação causadora de dano a outrem, tratar-se de ato agressivo; caso contrário, o ato não será considerado como agressivo segundo a definição anterior.

Para que se torne realmente útil a definição de agressão aqui proposta, ela precisa ser clarificada e seu campo de aplicação bem definido. Essa definição só se aplica a fenômenos de interação social nos quais uma pessoa exibe determinado comportamento e este tem consequências nocivas para uma ou mais pessoas. Sendo assim, fantasias de agressão como, por exemplo, as que se manifestam em sonhos ou que ficam apenas no desejo, não se enquadram nessa definição. Um psicólogo clínico certamente levaria isso em conta como indicador do potencial agressivo da pessoa que entretém tais fantasias, mas isto não se enquadraria na definição que adotamos de comportamento agressivo em psicologia social. Por outro lado, digamos que uma pessoa iniciou uma série de atos que tinham por finalidade causar dano a outrem; antes que esse dano se consumasse, algo aconteceu que interrompeu a sequência de atos que conduziriam ao dano desejado. Neste caso, não houve dano concreto, mas o comportamento seria considerado agressivo à luz da definição exposta antes, pois vários comportamentos conducentes à efetivação de dano a outrem foram intencionalmente perpetrados pelo potencial agressor que, por motivos alheios à sua vontade, não logrou consumar seu ato de violência.

Tais casos não apresentam dificuldade. Que dizer, entretanto, do comportamento de um soldado numa guerra ou dos carrascos nos países onde se aplica a pena de morte? Não há dúvida de que seus atos são intencionalmente dirigidos para a causação de danos em outra pessoa. Acontece, porém, que eles o exibem por obediência a ordens superiores ou em decorrência do papel que sua profissão lhes prescreve. Serão esses atos considerados agressivos de acordo com a definição anterior? Para responder a essa pergunta, é preciso estabelecer-se o grau de causalidade pessoal contido nos comportamentos considerados. Se um soldado vai para uma guerra apenas por dever cívico, ou medo das consequências de sua recusa, e pratica atos de guerra em cumprimento a um papel que lhe foi imposto por pessoas de maior poder, então seus atos causadores de dano a outrem serão destituídos de causalidade pessoal. Tal circunstância faz com que seu comportamento agressivo seja visto como causado por fator externo (ordens superiores). Embora o ato se caracterize como agressivo, a responsabilidade por ele é atribuída a quem deu as ordens destinadas a causar dano a outrem. Se, porém, existe uma parcela de causalidade pessoal, quer no comportamento de um soldado numa guerra, de um policial no combate ao crime, ou de um carrasco na execução de um condenado, seus comportamentos seriam definidos como agressivos e seus autores responsabilizados por eles. A definição aqui apresentada, portanto, é aplicada mais precisamente ao comportamento de pessoas que causam dano a outras e o fazem deliberadamente, sem circunstâncias atenuantes.

A psicologia social tem dedicado atenção ao que se convencionou chamar de *crimes de obediência* e que se caracterizam por serem atos condenáveis perpetrados por pessoas em cumprimento a ordens superiores. C.P. Snow disse certa vez que "maior número de crimes, e muito mais horrendos, foram cometidos em nome da obediência do que em nome da rebeldia". O segundo diálogo no início do capítulo alude a um caso de crime por obediência, cometido pelo Tenente Calley contra mulheres e crianças numa pequena cidade do Vietnã durante a guerra entre os Estados Unidos e aquele país. A alegação da defesa quando o tenente foi submetido a processo judicial foi a de que ele apenas cumpriu ordens superiores e, como soldado, era obrigado a fazê-lo. Casos como esse são chamados de *agressão legitimada*, embora não haja acordo acerca de se os perpetradores de atos violentos em cumprimento a ordens superiores devam ou não ser punidos. Para a psicologia social, o que importa é que as pessoas se julgam menos responsáveis em tais circunstâncias. Stanley Milgram, um psicólogo social da Universidade de Harvard, mostrou que a maioria das pessoas é capaz de ministrar choques de até 450 volts em outras pessoas, quando assim instruídas por uma autoridade. Esses choques não eram reais nas pesquisas de Milgram, mas as pessoas que os aplicavam pensavam que o eram. O uso do poder legítimo, de que falamos no capítulo 4, pode conduzir a pessoa que é influenciada por esse tipo de poder a se sentir não responsável pelos atos que pratica em obediência a uma ordem proveniente de uma pessoa investida de autoridade legítima. Parece que a legitimidade do influenciador de prescrever certos comportamentos transfere para ele a responsabilidade pelo ato praticado pela pessoa que obedece. Também o poder de conhecimento visto anteriormente pode levar a isso. Uma enfermeira, por exemplo, pode ministrar uma dose de remédio que ela julga exagerada e perigosa a um doente apenas em obediência à recomendação do médico que, supostamente, "sabe mais". Tais situações suscitam problemas de natureza ética, jurídica e psicológica, estando a exigir bastante atenção por parte dos especialistas.

> O comportamento agressivo se caracteriza pelo ato de intencionalmente causar dano a outrem. Se os danos causados a outrem são inesperados e incontroláveis, eles não são definidos como atos agressivos em psicologia social.

Causas do comportamento agressivo

Tanto psicólogos como filósofos admitiram, em certa época, a natureza puramente instintiva da agressão. Essa posição, muito em voga no passado, não é mais aceita hoje em dia. Atualmente, a tendência é considerar o comportamento agressivo como resultante de várias causas de natureza psicológica, neurológica, sociológica, ambiental etc.

Do ponto de vista psicológico, parece plausível e bem documentada a posição de que o comportamento agressivo é fruto de aprendizagem e de fatores situacionais desencadeantes. Acredita-se que a educação dada pelos pais desempenha relevante papel na formação de uma personalidade mais ou menos agressiva e que fatores situacionais (por exemplo: frustração, provocação) funcionam como facilitadores de comportamentos agressivos.

No diálogo fictício que inicia este capítulo, o comportamento agressivo de Carmem foi facilitado pela provocação de Sofia e pela recente frustração que ela experimentou ao não poder concretizar sua desejada viagem. É possível, todavia, que Carmem tenda a emitir comportamentos agressivos por modelagem social ou por aprendizagem em seu processo de socialização. O fator aprendizagem funciona como responsável pela formação de uma personalidade agressiva – ou seja, mais ou menos disposta a reagir agressivamente diante de determinados fatores situacionais; estes, por seu turno, seriam os verdadeiros desencadeantes do comportamento agressivo numa determinada situação.

Os processos tradicionais de aprendizagem explicam grande parte dos comportamentos agressivos exibidos pelas pessoas. De fato, se uma criança consegue o que quer por meio da manifestação de comportamento agressivo, é provável que este comportamento tenda a repetir-se com mais frequência nessa criança do que em uma outra, cujo comportamento agressivo foi coibido por seus educadores. Daí a grande responsabilidade de pais e educadores em relação à maneira pela qual lidam com as manifestações de agressividade das crianças. Seu comportamento não só influirá no aprendizado da criança, mas também servirá de modelo a ser imitado pela criança. Um estudo conduzido por Albert Bandura demonstrou isto: crianças que observaram um adulto brincar com um brinquedo de armar e, após algum tempo, começar a agredir um boneco de cerca de um metro e meio, mostraram-se muito mais agressivas quando colocadas em situação idêntica do que crianças que observaram um adulto brincar com o brinquedo de armar e ignorar o boneco de plástico. Outra descoberta feita pelos psicólogos sociais é que pais muito permissivos e, ao mesmo tempo, muito agressivos quando "estouram", fazem com que seus filhos sejam mais agressivos do que outros pais que coíbem com firmeza o comportamento de seus filhos, mas o fazem sem manifestações agressivas.

É justamente a possibilidade de comportamento agressivo por modelagem ou imitação que suscita, em vários países, o debate sobre o possível efeito nocivo de filmes e programas de televisão em que aparecem cenas de violência. O assunto tem sido bastante discutido e há opiniões ponderáveis de ambos os lados da questão. Os argumentos contra a exibição de filmes e programas violentos podem ser assim resumidos: a criança, ao ver com frequência cenas de violência, fica pouco sensível às mesmas e passa a encarar com naturalidade as maiores atrocidades; a criança tende a imitar o modelo de adultos significantes (e os heróis dos filmes são, em geral, pessoas com quem a criança se identifica) e estes muitas vezes usam de violência nos filmes em que atuam; a criança aprende a reagir violentamente às frustrações e espera que os outros assim o façam, pois essa é a maneira pela qual ela representa o mundo em que vive; isto é, um mundo agressivo, violento, ameaçador e competitivo.

Por outro lado, há os que apresentam argumentos favoráveis à exibição de filmes e programas violentos no cinema e na televisão. Dizem os defensores dessa posição que as crianças e adolescentes estão constantemente expostos às cenas que eles veem na tela. Basta abrir um jornal ou ver os noticiários na televisão em que essas cenas são apresentadas. Consequentemente, a criança e o adolescente estão de tal forma imbuídos de que a violência é um componente intimamente ligado à sociedade em que vivem, que a violência na tela não chama atenção especial. Ademais, dizem os defensores dessa linha de pensamento, os programas violentos podem desempenhar papel catártico; isto é, podem facilitar a expressão de sentimentos agressivos, evitando que as pessoas se comportem agressivamente na vida real.

Os dados experimentais, todavia, nos levam a favorecer a afirmação de que ""violência gera violência" e estudos conduzidos por Albert Bandura, psicólogo da Universidade de Stanford, mostraram claramente o que acaba de ser dito. Suas pesquisas mostraram que:

a) a presença de objetos agressivos (pistolas, facas) aumentam a agressividade das pessoas, pelo menos daquelas que estão emocionalmente excitadas por um estado de raiva;

b) o fato de assistir a um filme violento (luta de box, filme de cowboy etc.) aumenta a agressividade das pessoas.

> Revendo-se os estudos conduzidos sobre o assunto, não podemos chegar a uma conclusão definitiva sobre o papel de filmes violentos na agressividade das pessoas. Enquanto alguns estudos indicam que tais filmes aumentam a agressividade dos que a eles assistem, outros os contradizem, como, por exemplo, os que mostram que a agressividade de crianças diminui quando elas assistem a filmes violentos e um adulto mostra desaprovação ao comportamento exibido no filme. Apesar de não estar totalmente esclarecida essa questão, a maior parte das pesquisas indicam que a exposição a cenas violentas aumenta a agressividade.

Resumindo os resultados de pesquisas planejadas para tentar descobrir os fatores que conduzem à agressividade humana, tanto através de experimentos de laboratório como em observação de comportamento agressivo no mundo real, apontam como fatores preditivos de maior violência nas pessoas os seguintes:

- Serem do sexo masculino;
- estarem sob a influência de drogas;
- terem sido alvo de provocação;
- estarem na presença de armas;
- terem sido expostas com frequência a cenas de violência;
- sofrerem pressão grupal (como nas gangs e nos cultos);
- terem características de personalidade conducentes à expressão de raiva.

Além dos fatores psicológicos, não há dúvida de que o comportamento agressivo pode ser provocado por distúrbios neurológicos e por estados psicóticos. A autópsia realizada num indivíduo que subiu na torre mais alta do campus da Universidade do Texas e começou a atirar nas pessoas que passavam, matando várias e só parando quando foi morto, revelou que ele padecia de grave lesão cerebral capaz de suscitar comportamentos agressivos.

A gênese do comportamento agressivo pode também ser procurada em fatores de natureza sociológica (pobreza, opressão, cultura delinquente, injustiça social etc.). Embora em nossos dias esses fatores sejam apontados por muitos como os únicos, ou os principais responsáveis pelo comportamento de pivetes e pelos vários assaltos e sequestros comuns em nossa sociedade, não me parece que isso seja verdadeiro. Há casos, inclusive, em que eles não desempenham qualquer papel relevante. O crime organizado, altamente violento e cruel, não é integrado por pessoas carentes e oprimidas. O requinte intelectual e material nos grandes assaltos, nos grandes sequestros e nos atos terroristas evidenciam que seus planejadores e executores não padecem das privações materiais que aqueles que tendem a supervalorizar o papel dos fatores sociológicos no comportamento agressivo lhes atribuem. E, depois do ataque terrorista nos Estados Unidos ao World Trade Center e ao Pentágono, parece que o século XXI será marcado pelo terrorismo e pelas tentativas de eliminá-lo. Pelo que se sabe até agora, a atividade terrorista é política e financiada por pessoas muito ricas, e o volume de dinheiro utilizado na preparação e execução de tais atos atinge a casa dos milhões de dólares. As atividades da máfia e do terrorismo internacional mostram claramente que não é apenas a situação de pobreza e privação das necessidades básicas o único fator capaz de deflagrar o comportamento agressivo. O fanatismo religioso, infelizmente, pode também incitar à violência, como vimos nos depoimentos de terroristas.

Outros resultados de pesquisas destinadas a descobrir os fatores que conduzem à agressividade, tanto por meio de pesquisas experimentais no ambiente artificial do laboratório como em observação de comportamento agressivo no mundo real, apontam como preditores de maior violência os seguintes:

- ser do sexo masculino;
- estar sob a influência de álcool ou de drogas;
- ser frequentemente exposto a cenas de violência;

- ser vítima de provocação;

- estar na presença de armas ou outros objetos contundentes;

- estar sujeito à pressão grupal (como em gangs e cultos, p. ex.);

- ter características de personalidade conducentes a manifestações de raiva.

> Várias são as causas do comportamento agressivo. Fatores psicológicos, sociológicos, culturais, políticos, patológicos e fanatismo religioso podem provocar tal comportamento. O conhecimento desses fatores nos ajuda a desenvolver meios e modos de coibir ou diminuir a agressividade na sociedade.

Como visto no capítulo 1, a psicologia social estuda os fatores situacionais que influem no comportamento das pessoas em interação com outras. Com relação ao comportamento agressivo, os principais *fatores situacionais* capazes de promovê-lo são:

a) quando uma pessoa nos provoca ou nos impede de obter um objetivo desejado (frustração);

b) quando existem objetos que sugerem comportamento agressivo, tais como armas, facas, cassetetes etc.;

c) quando os pais são muito permissivos, mas também muito agressivos quando perdem a paciência com seus filhos;

d) quando a situação social é de forma a provocar a perda da individualidade, como no caso de guardas numa prisão ou soldados numa guerra; a preocupação em desempenhar o papel a eles imposto leva essas pessoas a um estado de de-individuação, tornando mais fácil a perpetração de atos violentos;

e) normas sociais de grupos violentos, tais como *gangs* e grupos terroristas, em que a violência é não apenas esperada, mas até mesmo estimulada;

f) ambientes quentes e superpopulosos;

g) pornografia tendente a aviltar a mulher, o que pode instigar a prática do estupro.

Como reduzir o comportamento agressivo

Não é fácil reduzir a propensão humana à agressão. Como vimos numa das epígrafes deste capítulo, Freud o considerava impossível. O filósofo brasileiro Tarcísio M. Padilha lembra que a "violência é contemporânea do homem". As várias guerras através da história, as contínuas agressões causadas por diferenças de religião, de etnia e de valores parecem dar razão aos que acreditam na inevitabilidade da violência no cotidiano de nossas vidas. A barbaridade dos atentados terroristas recentes choca até mesmo aqueles mais habituados à violência e menos crentes na possibilidade de sua erradicação. O longo conflito entre israelenses e palestinos, a cruel e arbitrária invasão da Ucrânia pela Rússia, os repetidos assassinatos de inocentes nos Estados Unidos, as continuadas violências atrozes no domínio do tráfico e das drogas, são outros acontecimentos lamentáveis desse novo século.

Não obstante essa realidade, não se pode deixar de continuar envidando esforços para que o mundo se torne menos perigoso, mais humano e mais fraterno. Alguns ensinamentos nesse sentido derivam de pesquisas em psicologia social. Eles constituem apenas uma modesta contribuição à solução do problema, mas espera-se que novas descobertas se somem a estas em busca do objetivo final de, se não erradicar, pelo menos diminuir significativamente a violência no mundo.

Pesquisas demonstram que o desenvolvimento de uma atmosfera cooperativa, com prestação de apoio social, bem como o melhoramento das condições de vida, da satisfação das necessidades básicas do ser humano e da repressão firme, mas não violenta, ao crime e às cenas de vandalismo e destruição, tudo isso concorre para a diminuição da incidência de manifestações agressivas. Ademais, a educação para a paz e harmonia entre as pessoas, o exemplo, a diminuição das cenas de violência no cinema e na televisão, o controle no acesso a armas são também fatores capazes de reduzir o comportamento agressivo.

Uma das formas mais eficazes de reduzir ou mesmo eliminar o comportamento agressivo entre pessoas ou países em litígio, mas, infelizmente uma das mais difíceis, é reagir à agressão não com uma retaliação, mas sim com um gesto de busca de entendimento e cooperação. Conflitos tendem a seguir um ciclo de escalonamento em espiral, em que um comportamento agressivo é respondido com agressão ainda maior que, por sua vez, provoca retaliação ainda mais violenta, e assim por diante. O grande pacifista indiano Mahatma Ghandi disse certa vez que a adoção da política de olho por olho acaba por tornar o mundo cego... A Guerra Fria da segunda metade do século passado só chegou ao fim quando Reagan e Gorbachev, ao invés de agredirem-se mutuamente, optaram pela via da cooperação recíproca. O conflito árabe--israelense teve seus momentos de maior tranquilidade e esperança quando Sadat, presidente egípcio, ofereceu-se a ir a Tel Aviv, onde nunca um árabe havia pisado antes, para procurar dialogar com seu colega israelense Begin. Também nos conflitos familiares ou profissionais, se uma das partes não reage a uma agressão e mostra-se disposta a buscar cooperação, o conflito entra em espiral descendente. Parece, pois, que a recomendação cristã de *oferecer a outra face* ou, pelo menos, não reagir com agressividade ao comportamento de outrem, é uma forma eficaz de evitar o escalonamento dos conflitos. Pena que seja tão difícil de ser posta em prática, devido aos impulsos de retaliação e dominância prevalentes em nossa sociedade.

Notas suplementares ao assunto tratado neste capítulo

1 O terrorismo e outros comportamentos geradores de conflitos no século XXI

Uma das manifestações mais eloquentes da agressividade humana é o terrorismo. Inferiorizados em termos de poderio militar, os terroristas lançam mão dos meios mais violentos e mais inesperados a fim de causar dano a seus inimigos. Apesar de considerarmos o mundo em que vivemos como um lugar civilizado, as cenas de barbárie diferem apenas em sofisticação quando comparadas às de épocas remotas. Nos primeiros anos do século atual, milhares de pessoas inocentes foram assassinadas, vítimas de golpes traiçoeiros dos terroristas (cerca de três mil em 11/09/2001 nos Estados Unidos e cerca de duzentos em 11/03/2004 na Espanha, para mencionarmos apenas os mais audaciosos). Ao lado dos assassinados, milhares de pessoas gravemente feridas sobreviveram aos atentados e hoje estão traumatizadas, mutiladas e incapacitadas. Ademais, no conflito entre israelenses e palestinos, frequentemente várias pessoas de ambos os lados são friamente assassinadas e centenas são feridas. No Iraque, barbaridades foram perpetradas por ambas as partes em litígio.

No momento em que escrevo este capítulo, o mundo ingressa em nova guerra fria, com as três maiores potências militares caminhando perigosamente para uma Terceira Guerra Mundial. Sem dúvida, este início de século nos apresenta um quadro que envergonha nossa civilização e nos faz temer pela sorte das gerações futuras.

Que tem a psicologia social a dizer acerca desse quadro dramático? Baseados nas descobertas da psicologia social, a situação em que nos encontramos atualmente é extremamente preocupante. Numerosos estudos em psicologia social mostraram que toda situação de conflito tende a seguir uma espiral ascendente de intensidade, a não ser que uma das partes em conflito manifeste uma clara disposição de interromper a progressão crescente do conflito optando por negociar e mostrar cooperação. Como vimos anteriormente neste capítulo, foi a disposição de cooperar e de cessar as hostilidades entre Reagan e Gorbachev que possibilitou o fim da Guerra Fria na segunda metade do século passado; foi a disposição de Sadat de ir a Tel Aviv negociar com Israel que suscitou o período mais promissor das relações entre árabes e israelenses. Lamentavelmente, porém, não se vê no quadro atual qualquer sinal das partes em conflito no sentido de negociarem seus pontos divergentes e assumir uma atitude de cooperação que possa vir a terminá-lo. Ao contrário, as posições são as mais radicais possíveis. Para os terroristas islâmicos, o mundo ocidental (e os Estados Unidos e Israel principalmente) constituem uma ameaça constante a seu estilo de vida, às suas tradições, à sua religião e à sua própria sobrevivência e devem ser destruídos; Rússia, China e Estados Unidos parecem incapazes de conviverem sem tensão e ameaça de destruição mútua. O mesmo ocorre nas relações entre israelenses e palestinos. As partes em conflito acreditam que só a destruição total do adversário, ou sua completa capitulação, poderá terminar o conflito. Os terroristas não dispõem de capacidade bélica para fazer frente a seus inimigos; assim, a revoltante tática de ataques traiçoeiros e o constante uso de vidas humanas como bombas assassinas de inocentes continua a ser o único meio à disposição de seus líderes para causar dano a seus inimigos. E as atrocidades se sucedem. O massacre anglo-americano no Iraque, bem como os assassinatos perpetrados por Israel contra os palestinos nada mais fazem do que incentivar suas vítimas a engendrar mais ataques terroristas. E estes, por sua vez, suscitam maior retaliação militar por parte dos Estados Unidos, Inglaterra e Israel. A Rússia, ao violar o tratado vigente há décadas de não agressão para fins de tomada de território de outro país, invadiu criminosamente a Ucrânia para conquistar seu território o que, por sua vez, gerou reação dos Estados Unidos e de toda a Otan. Sendo assim, a espiral ascendente de manifestações de agressividade, confirmada por vários estudos experimentais em psicologia social, repete-se agora na vida real, causando sofrimento e apreensão em todo o mundo. No início deste século, os Estados Unidos romperam com séculos de tradição de não agredir outro país, a não ser em legítima defesa, e invadiu um país que não os provocou, não os ameaçava e que não queria guerra contra eles. Diante disso, outros países, sentindo-se ameaçados pelo poderio americano e pela decisão do governo Bush de atacar países "preventivamente", redobraram seus esforços no sentido de tornarem-se potências nucleares. Coreia do Norte e Irã são dois exemplos. E a espiral de violência segue implacavelmente seu curso ascendente.

A inflexibilidade dos protagonistas desses conflitos nos torna céticos quanto ao que nos espera. Será possível uma vitória militar dos que combatem o terrorismo? Há décadas Israel vem tentando, sem sucesso, extinguir o terrorismo por meio de seu poderio militar, incomparavelmente superior ao dos palestinos. Os Estados Unidos declararam ao fim das três semanas de guerra contra o Iraque que a sua *missão estava cumprida*. O que se viu foi uma proliferação da violência naquele país, com mais mortes de soldados americanos no período pós-guerra que no período da guerra propriamente dita. Durante aquela guerra, a divulgação da tortura de prisioneiros iraquianos pelo exército americano suscitou uma pronta retaliação por parte dos que lutavam contra a invasão do Iraque (a execução documentada em vídeo de um cidadão americano sendo decapitado). E a espiral ascendente da violência segue seu curso trágico e inexorável.

Tudo isso não constitui surpresa aos que são conhecedores dos achados da psicologia social no que diz respeito a situações de conflito. Deutsch e Krauss, assim como Mintz, mostraram em seus experimentos como as pessoas preferem competir a cooperar, apesar de uma posição cooperativa ser a que traria mais ganhos aos participantes da relação. Aronson provou que uma atitude cooperativa nas escolas diminui o preconceito racial, aumenta a autoestima dos estudantes e promove a manifestação de maior coleguismo (cf. Nota suplementar n. 1, ao fim do capítulo 11).

É com tristeza que concluo este tópico manifestando meu ceticismo quanto à resolução dos graves problemas que avassalam o mundo contemporâneo, pois as partes em litígio teimam em continuar competindo, excluem qualquer possibilidade de diálogo e cooperação para resolver suas diferenças, insistem na solução pela força militar ou suicida e, como vimos anteriormente, os achados da psicologia social são inequívocos quanto ao desfecho de situações desse tipo. Mais vidas inocentes serão sacrificadas, mais sofrimento atingirá seus parentes e amigos, mais dinheiro será gasto em armamentos, mais tensão existirá em todo o mundo até que judeus e palestinos entendam que só uma solução negociada garantirá a segurança de Israel e a existência de um estado palestino soberano, até que as potências nucleares entendam que poderio militar apenas não é suficiente para acabar com o terrorismo nem resolver suas divergências, e até que os terroristas aprendam a dar mais valor à vida humana e a aceitar a existência de outras civilizações com valores diferentes dos seus.

2 O poder da situação e o comportamento agressivo

Já me referi anteriormente aos clássicos estudos de Milgram e de Zimbardo. Como eles ilustram muito bem o poder da situação como capaz de gerar comportamento agressivo, volto a dedicar-lhes alguns comentários adicionais.

a) Os experimentos de Stanley Milgran sobe obediência forçada

Num dos Comentários e exemplos ilustrativos apresentados ao capítulo 1, foi descrito o experimento básico conduzido por Stanley Milgram (se o leitor não o recorda, deverá reler o item 1 desta seção daquele capítulo). Milgram fez variações no paradigma básico de seu experimento inicial. Uma dessas variações mostrou que, embora a perpetração de dano a outrem por obediência a ordens de uma autoridade ocorra em todos os experimentos, se dois experimentadores, ao invés de apenas um, estão presentes e, a um certo ponto da sequência de aumento de intensidade de choques eles discordam entre si sobre a continuação ou não do experimento, os participantes do estudo se recusam a continuar perpetrando o ato agressivo de causar dano a outrem. Tal achado constitui mais um exemplo do *poder da situação* e de sua influência no comportamento agressivo. Se há uma autoridade incontestada, tal situação induz obediência, mesmo quando essa obediência leva à perpetração de atos violentos; se a autoridade se fragmenta, seu poder de influenciar o comportamento agressivo é drasticamente diminuído. Outras variações capazes de diminuir o comportamento agressivo foram: a) aumento da intensidade das reclamações da "vítima"; b) proximidade física entre o aplicador dos choques e a "vítima". Finalmente, uma outra variação do paradigma básico revelou resultados interessantes. Nessa variação, o participante que era solicitado pela autoridade a punir o "aprendiz" cada vez que este cometesse um erro por meio do aumento da intensidade do choque, não apertava o botão que dispensaria o choque, mas apenas dizia a uma outra pessoa que apertasse o botão. Nessa situação, a quase totalidade dos participantes (37 em 40) assistiram sem reclamar à aplicação da sequência progressiva de choques até o máximo de 450 volts. Parece que o fato de não ser a pessoa a apertar o botão fez com que os participantes dessa variação do estudo inicial se sentissem menos responsáveis pela violência perpetrada. Vê-se nesses resultados adicionais do estudo de Milgram que, mais uma vez, as características da situação social se mostram capazes de influir no comportamento agressivo.

b) O estudo de Philip Zimbardo sobre o comportamento de guardas numa prisão simulada

Zimbardo construiu uma prisão simulada no subsolo do departamento de psicologia da Universidade de Stanford e alocou, aleatoriamente, um grupo de estudantes universitários para desempenhar o papel de "guardas" e outro para fazer o papel de "presos". Tais estudantes foram submetidos a testes de personalidade e mostraram ser pessoas normais, sem qualquer distúrbio de personalidade significativo. O estudo foi planejado para durar duas semanas. Ao fim do sexto dia os pesquisadores interromperam o estudo, pois a violência dos "guardas" contra os "presos" atingiu níveis intoleráveis. A situação de desempenhar o papel de disciplinadores na prisão levou os membros do grupo dos "guardas" a uma perda de sua individualidade, uma vez que foram totalmente dominados pelas características do papel que lhes foi dado. Daí a perpetração de atos violentos que, em situação diferente, não seriam capazes de perpetrar. As torturas cometidas por soldados americanos na prisão iraquiana de Abu Grahib reproduz, na vida real, o que Zimbardo verificou em seu estudo com uma prisão simulada. Outros exemplos do poder da situação como origem de comportamento agressivo pode ser visto nas tragédias verificadas entre pessoas que obedecem cegamente aos ditames de chefes de seitas extravagantes, tal como aconteceu em Georgetown, na Guiana Inglesa, onde muitos dos adeptos do líder carismático da seita *Heaven's Gate* cometeram suicídio.

3 O documento de Sevilha sobre a origem da violência

Em 1986, para comemorar o Ano Internacional da Paz, reuniram-se em Sevilha, Espanha, vinte cientistas de várias partes do mundo. O encontro foi patrocinado pela Comissão Espanhola da Unesco. Esses vinte cientistas produziram um documento sobre violência que foi adotado pela Unesco em sua reunião em Paris, em 1989. O documento produzido afirma os seguintes cinco pontos:

- é cientificamente incorreto afirmar que nós herdamos de nossos ancestrais a tendência a fazer guerra;
- é cientificamente incorreto dizer que a guerra ou qualquer outro comportamento violento é geneticamente programado no ser humano pela natureza;
- é cientificamente incorreto afirmar que no curso da evolução humana houve uma seleção para o comportamento agressivo mais do que para outros tipos de comportamentos;
- é cientificamente incorreto dizer que os seres humanos possuem um "cérebro violento";
- é cientificamente incorreto dizer que a guerra é causada por "instinto" ou qualquer outra motivação única.

> **Ensinamentos a serem retidos**
>
> 1) Entende-se por agressão qualquer comportamento cuja finalidade (ato intencional) é causar dano a outrem.
>
> 2) Várias são as causas do comportamento agressivo. Fatores psicológicos, sociológicos, culturais e patológicos podem provocar tal comportamento.
>
> 3) Apesar de ser muito difícil erradicar a violência entre seres humanos, descobertas das ciências sociais têm apontado caminhos no sentido de diminuir a agressividade entre as pessoas, sendo a criação de um ambiente cooperativo entre as partes envolvidas na relação social um dos mais eficazes.

Teste seu conhecimento do assunto tratado neste capítulo

A) Indique a alternativa que melhor responde à pergunta

1) Em psicologia social, para que um comportamento seja considerado agressivo, é necessário que seu autor:

a) cause dano a outrem;

b) assuma responsabilidade pelo ato agressivo;

c) tenha intenção de causar dano a outrem;

d) cause um dano de grande magnitude;

e) todas as alternativas anteriores.

2) O comportamento agressivo pode ser causado por:

a) um instinto agressivo;

b) modelagem;

c) distúrbios cerebrais;

d) frustração;

e) todas as alternativas anteriores, menos a letra a).

3) Quais dos seguintes fatores são capazes de aumentar a agressividade infantil:

   a) conduta paterna;

   b) violência na TV;

   c) contato com modelos agressivos;

   d) todos esses fatores;

   e) somente as letras a) e c).

4) O comportamento agressivo pode ser diminuído por meio de:

   a) estímulo à cooperação;

   b) punição severa por parte dos pais;

   c) permissividade acentuada por parte dos pais;

   d) todos esses fatores;

   e) nenhum desses fatores.

5) As desigualdades e injustiças sociais são:

   a) a principal causa da violência;

   b) uma das causas da violência;

   c) não são possíveis causas de violência;

   d) responsáveis pelas guerras de hoje em dia;

   e) letras a) e d).

B) Indique se a afirmação é falsa ou verdadeira

6) Todo comportamento agressivo deriva do instinto agressivo que todos possuímos: (F) (V).

7) Provocação, frustração, atitudes paternas, de individuação e ambientes superpopulosos facilitam a emissão de comportamento agressivo: (F) (V).

8) As pesquisas relativas à influência de filmes de conteúdo agressivo na agressividade infantil tendem a reconhecer a correlação entre exposição a filmes violentos e aumento da agressividade infantil: (F) (V).

9) Uma atitude de cooperação é importante para interromper a espiral crescente de violência entre países

10) A causa pela qual o agente do comportamento resultante em dano a outra pessoa é importante na caracterização de um ato como agressivo em psicologia social: (F) (V).

• •

Respostas no Apêndice, ao fim do livro.

9

Por que, e quando, ajudamos as pessoas?

...mas, um certo samaritano que viajava chegou junto dele e, quando o viu, encheu-se de compaixão. Aproximou-se, cuidou de suas chagas com óleo e vinho, depois o colocou em seu próprio animal, conduziu-o a uma hospedaria e dispensou-lhe cuidados.

Lc 10,30-35

– Você viu, Sérgio, aquele grupo de rapazes olhando para aquele senhor estendido na rua, sem que esboçassem qualquer tentativa de ajuda? Ficaram lá olhando como se estivessem assistindo a um filme! E várias outras pessoas passaram sem prestar ajuda. Como as pessoas são egoístas!

– É, Norma. Realmente é impressionante a indiferença das pessoas pelo bem-estar dos outros. Será que o fato de estarem em grupo contribuiu para essa indiferença em relação à pessoa que necessitava de ajuda?

Conceito de comportamento pró-social

Como vimos ao conceituar ato agressivo, considera-se em psicologia social como sendo um comportamento pró-social qualquer ato de uma pessoa que resulte num bem para outra, e esse comportamento decorra da intenção de seu autor em perpetrá-lo. Não é necessário que o comportamento pró-social seja um comportamento verdadeiramente altruísta. É suficiente que ele resulte em algo que seja bom para alguém.

Quando emitimos um comportamento favorável a uma outra pessoa, esse comportamento pode ou não se caracterizar como um comportamento altruísta. Considera-se altruísta qualquer comportamento cuja finalidade seja causar um bem a outrem sem expectativa de retribuição e, em muitos casos, requerendo que a pessoa altruísta incorra em custos pessoais ao emitir tal comportamento. Neste capítulo consideraremos as causas psicossociais do comportamento positivo em relação aos outros, mesmo que esse comportamento não seja caracterizado por ser um comportamento altruísta. Por exemplo: quando um médico trata de um doente seu comportamento é, sem dúvida, pró-social, mas não necessariamente altruísta. Tal como no caso da definição de comportamento agressivo, é importante levar-se em conta a característica de causalidade pessoal ou impessoal do comportamento. Não seria considerado comportamento altruísta uma ação que resultasse em um bem para outra pessoa, mas que fosse independente da vontade de seu agente.

Causas do comportamento de ajuda

Assim como no caso do comportamento agressivo, o comportamento de ajuda aos outros pode decorrer de várias causas. Há pessoas que possuem características de personalidade que as predispõem mais do que outras a ajudar os outros. Há também as que o fazem por possuírem valores que as induzem a ajudar ao próximo. Madre Tereza constitui um exemplo do que acaba de ser dito. A aprendizagem também desempenha papel importante nesse contexto. Muitos comportamentos de ajuda podem ser aprendidos por meio de modelagem ou condicionamento. Fatores ambientais podem influir na maior ou menor disposição das pessoas em ajudar aos outros. Robert Levine, um psicólogo social da Universidade Estadual da Califórnia em Fresno, mostrou que em cidades de alta densidade populacional e de custo de vida elevado se verificam menos atos de ajuda ao próximo que em cidades de baixa densidade populacional e de baixo custo de vida (cf. Nota suplementar n. 2, ao fim do capítulo). Note-se que os achados de Levine não se referem à quantidade numérica da população de uma cidade, mas sim à sua densidade. Cidades menores, mas de alta densidade populacional (habitantes por quilômetro quadrado), apresentam menor incidência de comportamento de ajuda do que as maiores, porém de menor densidade populacional. Outros estudos mostram que habitantes de cidades localizadas em zonas rurais exibem mais comportamento de ajuda do que habitantes dos grandes centros urbanos.

> Considera-se comportamento de ajuda todo comportamento que resulta em benefício a outrem. Características de personalidade, aprendizagem, sistema de valores e características da situação social e do ambiente natural são alguns dos fatores que podem levar ao comportamento de ajuda.

Outros fatores capazes de suscitar o comportamento de ajuda a outrem

Como a psicologia social se interessa pela influência de fatores situacionais no comportamento humano, é sob esse prisma que as contribuições dessa disciplina ao entendimento do comportamento de ajuda devem ser encaradas. Que fatores situacionais, além dos ambientais apontados por Levine e mencionados no parágrafo anterior, podem ser considerados instigadores do comportamento de ajuda? Vejamos a seguir o que tem sido descoberto acerca disso.

Dois psicólogos sociais, Bibb Latané e John Darley, realizaram estudos interessantes sobre o assunto. Chamou a atenção desses psicólogos um fato ocorrido na cidade de Nova York. Uma jovem chamada Kitty Genovese foi brutalmente assassinada e, apesar de ter gritado por socorro por quase meia hora num local populoso, ninguém lhe prestou auxílio, nem mesmo por meio de um simples telefonema chamando a polícia. As pessoas abriam suas janelas para ver o que se passava, ouviam os gritos, viam que a moça estava em apuros e nada faziam. Diante da observação de fato tão chocante, ocorreu a esses psicólogos conduzir experimentos controlados de laboratório para investigar o comportamento de ajuda. Verificaram eles que a ajuda é muito mais rápida e muito mais frequente quando uma pessoa está só, do que quando há outras pessoas presentes. Uma das possíveis causas apontadas por eles para explicar esse fato é o que chamaram de *difusão de responsabilidade* que a presença de outras pessoas possibilita. É por isso que frequentemente vemos carros passando e ignorando alguém que precisa de ajuda e mesmo transeuntes deixando de ajudar uma pessoa necessitada numa rua movimentada. Isso mostra como fatores situacionais podem influir no comportamento de prestar ou não ajuda. O diálogo que inicia este capítulo ilustra o que acabamos de dizer. Muito provavelmente cada um dos rapazes que estava no grupo que mostrou indiferença pela pessoa necessitada, caso estivesse sozinho e não em grupo, tivesse feito algo para ajudar o senhor estendido na rua. O fato de estarem em grupo *difundiu a responsabilidade* pelo comportamento de ajuda, e ninguém se julgou pessoalmente responsável por fazê-lo.

Latané e Darley consideram o comportamento de ajuda como decorrentes de uma sequência de decisões. Supondo que a pessoa tenha notado que alguém precisa de ajuda, a primeira decisão a ser tomada consiste em certificar-se de que a situação foi interpretada corretamente e decidir se a pessoa de fato precisa ser ajudada ou não; se a decisão é no sentido de que a ajuda se faz necessária, a etapa seguinte é decidir se se quer ou não prestar a ajuda necessária; caso se queira, deve-se decidir qual o tipo de ajuda que cabe na situação; segue-se a decisão de engajar-se na prestação da ajuda que se julga cabível. O comportamento de ajuda ocorrerá se a pessoa que o emite percebe que alguém necessita de ajuda, acredita que sua interpretação da situação é correta, decide assumir responsabilidade por prestar ajuda, decide qual o tipo de ajuda necessário e finalmente acredita que pode fazer o que é necessário para ajudar a quem precisa.

Outro fator situacional importante na emissão ou não de comportamento positivo em relação a outra pessoa se refere às atribuições feitas, pelo potencial benfeitor, da causa responsável pelo estado da pessoa que precisa de ajuda. Estudos inspirados pela teoria atribuicional de Bernard Weiner, referida no capítulo 3, mostram que, quando a pessoa que precisa de ajuda é responsável pela situação em que se encontra, as probabilidades de que alguém a ajude são menores do que quando ela não é responsável. Assim, por exemplo, é mais provável que uma pessoa que contraiu aids por transfusão de sangue (uma causa incontrolável pela pessoa) receba mais ajuda do que uma outra que tenha contraído a doença devido a promiscuidade sexual (uma causa controlável). Da mesma forma, pessoas obesas devido a distúrbios gandulares, cardíacos por problemas hereditários, acidentados por culpa de outrem etc. são mais propensos a receber ajuda do que obesos por indisciplina alimentar, cardíacos por excesso de fumo, ou acidentados na prática de esportes perigosos. O princípio genérico que governa a prestação ou não de ajuda é a natureza da causa do infortúnio. Se ela é interna e controlável, a pessoa tem menores possibilidades de receber ajuda do que se ela é externa e incontrolável, como vimos nos exemplos anteriores.

1) Fatores situacionais são muito relevantes no que tange ao comportamento de ajuda. Uma pessoa sozinha é mais capaz de prestar ajuda a outrem do que quando na presença de várias outras pessoas capazes também de ajudar.

2) A causa do infortúnio influi na prestação ou não de ajuda: se ele deriva de causas externas e incontroláveis, a prestação de ajuda é muito mais provável do que se ele resulta de causas internas e controláveis.

Ao apresentar os fatores situacionais capazes de influir no comportamento humano, a psicologia social está apenas demonstrando um fato – *o poder da situação* – como fator motivador do comportamento de ajuda. Nenhum julgamento ético, entretanto, é por ela feito. Para avaliar-se a conduta de uma pessoa do ponto de vista ético, é preciso que vários outros fatores, além dos situacionais, sejam levados em conta.

Notas suplementares ao assunto tratado neste capítulo

1 A decisão de ajudar a uma pessoa necessitada

Vimos neste capítulo que a decisão de ajudar a uma pessoa em apuros passa por várias etapas. Em primeiro lugar, é preciso que a pessoa capaz de prestar ajuda interprete a situação como uma situação de emergência; em seguida, é importante que a pessoa assuma a responsabilidade de intervir em benefício do necessitado; ademais, faz-se mister que a pessoa se julgue capaz de prestar a ajuda necessária; finalmente, a pessoa precisa tomar a decisão de prestar a ajuda.

Muito tempo atrás me deparei com uma situação em que passei pelas etapas resumidas anteriormente antes de tomar uma decisão. Estava eu jogando futebol na Praia de São Conrado com dois de meus filhos que, na ocasião, eram crianças de 6 e 12 anos. Eram antes de 7 horas da manhã e a praia estava, obviamente, vazia. O mar estava revolto, com muitas valas, mas as ondas não eram muito grandes. A um dado momento eu percebi que uma pessoa estava tendo dificuldades de sair de uma vala localizada pouco antes da arrebentação das ondas. Parei o jogo de bola e comecei a prestar atenção no que estava acontecendo. Cada vez mais a situação me parecia uma situação de emergência e a pessoa em dificuldades fazia sinais de pedido de ajuda. Se a praia estivesse cheia, a probabilidade de eu não tentar fazer nada seria muito grande. Acontece, porém, que a praia estava com muito pouca gente, meus filhos eram crianças incapazes de prestar a ajuda necessária e lá estava um ser humano em sérias dificuldades. Seria eu capaz de ajudá-lo? Como disse antes, as ondas não eram muito grandes, mas o mar estava visivelmente traiçoeiro. Senti uma tremenda responsabilidade de fazer algo para ajudar e, depois de alguma hesitação, decidi ir em socorro do banhista necessitado, pois não poderia tolerar a culpa de não ter tentado ajudar a alguém que poderia muito bem morrer afogado caso ninguém lhe ajudasse. Felizmente para mim (e para meus ansiosos filhos), quando eu me aproximava da água, eis que dois surfistas apareceram com suas pranchas de surf, ajudaram a pessoa em apuros a sair da vala e a conduziram de volta à praia. Um final feliz para uma situação muito angustiante para mim.

Vemos claramente nesse episódio as etapas que percorremos quando nos confrontamos com situações desse tipo e que foram mencionadas neste capítulo. É importante notar que os fatores que me levaram a tomar a decisão de ajudar foram o fato de a praia estar praticamente deserta (não sendo possível, portanto, "dividir a responsabilidade da ajuda com outros"), o fato de o mar não estar de ressaca com ondas de dois metros (pois, nesse caso, eu não veria possibilidade de êxito em minha tentativa de ajuda), e também o não querer arcar com a culpa de não ter pelo menos tentado ajudar alguém que corria risco de vida.

Mas há pessoas capazes de atos altruístas muito mais meritórios do que minha tímida e relutante tentativa de ajuda aqui narrada. No início da década de 1980, um avião que decolara do aeroporto da cidade de Washington D.C. caiu no Rio Potomac logo após a decolagem. O rio se encontrava semicongelado e alguns passageiros lograram sair do avião. Um expectador não hesitou em lançar-se ao rio para ajudar os sobreviventes não obstante as terríveis circunstâncias. Após ajudar a várias pessoas, essa pessoa veio a falecer por hipotermia aguda, não resistindo ao tempo que passou nas águas geladas do rio. E a história está repleta de atos heroicos (e de atos de covardia também...). Não há dúvida de que fatores de personalidade são determinantes do ato de prestar ou não ajuda, mas a psicologia social nos ensina que fatores situacionais são também muito relevantes. Por exemplo, a interpretação da situação em que se encontra a pessoa necessitada influi na maior ou menor probabilidade de ela receber ajuda. Se a pessoa que eu vi em dificuldades no mar tivesse sido repetidamente alertada para o perigo que o mar oferecia e, apesar disso, decidisse correr o risco sem fazer caso das advertências em contrário, é provável que eu me sentisse menos disposto a ajudá-la, pois a dificuldade em que se encontrava foi causada por sua imprudência e leviandade. Portanto, não só fatores de personalidade, mas também fatores situacionais, são capazes de determinar a exibição ou não de um comportamento de ajuda.

2 Comportamento de ajuda em 31 cidades

Robert Levine conduziu interessante estudo em 31 cidades de vários países. Nesse estudo, pessoas foram treinadas em cada uma dessas 31 cidades espalhadas pelo mundo inteiro para dirigirem-se a uma zona movimentada do centro urbano e representar cada um dos seguintes três papéis: 1) a pessoa atravessava uma rua e, acidentalmente, deixava cair uma caneta no chão; 2) a pessoa, usando uma bengala e mancando, deixava cair no chão umas tantas revistas que levava e tentava apanhá-las; e 3) a pessoa fingindo ser cega e usando uma bengala e óculos escuros se posicionava numa interseção à espera de o sinal abrir e, quando o sinal ficava verde, começava a atravessar a rua.

O que Levine estava interessado era no número de pessoas que prestavam ajuda à pessoa necessitada. As situações foram repetidas várias vezes, sempre no mesmo local e na mesma hora do dia.

A cidade do Rio de Janeiro foi onde se verificou maior porcentagem de pessoas que ajudaram o necessitado. Em relação à situação de ajuda à pessoa que deixou cair a caneta, por exemplo, a porcentagem de pessoas que prestaram ajuda no Rio foi quatro vezes maior do que a encontrada em Nova York! Considerando-se a média de ajuda prestada nas três situações, o Rio de Janeiro classificou-se em primeiro lugar e Kuala Lampur, na Malásia, em último; São José (Costa Rica) ficou em segundo lugar e Nova York ficou em penúltimo.

Levine conclui dizendo que a diferença entre comportamento de ajuda entre as várias cidades estudadas não significa que as pessoas das cidades onde menores índices de ajuda foram encontrados são piores que as das cidades onde esses índices foram mais elevados. Ele atribui as diferenças encontradas aos diferentes ambientes em que as pessoas vivem, uns sendo mais estressantes e provocando um ritmo de vida mais acelerado do que outros. Uma vez mais, o *poder da situação* parece explicar por que as pessoas se comportam de maneira diferente, dependendo da *situação social* em que se encontram.

Ensinamentos a serem retidos

1) A psicologia social estuda tanto o altruísmo como o mero comportamento de ajuda sem características altruístas.

2) Tipo de personalidade, sistema de valores e fatores ambientais desempenham o papel de facilitadores ou inibidores do comportamento de ajuda.

3) Um comportamento é denominado altruísta *quando a intenção de quem o emite é beneficiar a outrem, sem expectativa de retribuição.*

4) Quando estamos a sós, somos mais propensos a prestar ajuda a uma pessoa necessitada do que quando somos parte de um grupo de pessoas capazes de prestá-la.

5) O comportamento de ajuda a uma pessoa necessitada é influenciado pela percepção de se a pessoa necessitada é ou não responsável pelo estado em que se encontra. É mais provável que se preste ajuda a uma pessoa que não é responsável pela situação difícil em que se encontra, do que a uma que poderia evitar a situação e não o fez.

Teste seu conhecimento do assunto tratado neste capítulo

A) Indique a alternativa que contém a afirmação mais correta

1) O comportamento de ajuda aos outros é:

    a) sempre um comportamento altruísta;

    b) nunca um comportamento altruísta;

    c) pode ser ou não um comportamento altruísta;

    d) só é um comportamento altruísta se a pessoa que presta a ajuda incorre em custos pessoais ao fazê-lo;

    e) as letras c) e d) são as alternativas corretas.

2) A prestação de ajuda a uma pessoa necessitada ocorre com menos frequência quando há:

    a) muitas pessoas perto da pessoa necessitada;

    b) muitas pessoas longe da pessoa necessitada;

c) poucas pessoas perto da pessoa necessitada;

d) poucas pessoas longe da pessoa necessitada;

e) apenas uma pessoa perto da pessoa necessitada.

3) A prestação de ajuda a uma pessoa necessitada ocorre com mais frequência e com mais rapidez quando:

a) a pessoa necessitada é percebida como responsável pela situação em que se encontra;

b) a pessoa necessitada é percebida como não responsável pela situação em que se encontra;

c) a percepção de responsabilidade ou não pela situação é irrelevante no que tange à prestação de ajuda;

d) a percepção de responsabilidade só é importante na prestação de ajuda quando a necessidade é muito grave;

e) as letras b) e d) são as alternativas corretas.

4) Para que o comportamento de ajuda ocorra é necessário que a pessoa que presta a ajuda:

a) perceba que alguém necessita de ajuda;

b) acredite que sua interpretação da situação é correta;

c) decida assumir responsabilidade por prestar ajuda;

d) decida qual o tipo de ajuda necessário e acredita que pode fazer o que é necessário para ajudar a quem precisa;

e) todos esses fatores são necessários.

5) O comportamento de ajuda pode ser causado por:

a) características de personalidade;

b) fatores inerentes à situação interpessoal;

c) fatores ambientais;

d) as letras a), b) e c) são as alternativas corretas;

e) somente as letras a) e b) são as alternativas corretas.

B) Indique se a afirmação é falsa ou verdadeira

6) Somente pessoas com certas características específicas de personalidade são capazes de prestar ajuda aos outros: (F) (V).

7) A percepção de que a pessoa necessitada de ajuda poderia ter evitado a situação em que se encontra influi na decisão de ajudar ou não a essa pessoa: (F) (V).

8) Robert Levine verificou que o Rio de Janeiro é a cidade em que maior frequência de ajuda ocorreu em seu estudo em 31 cidades do mundo: (F) (V).

9) O comportamento de ajuda supõe um processo decisório que a ele precede: (F) (V).

10) Cabe à psicologia social especificar quais os fatores de personalidade que facilitam ou dificultam o comportamento de prestação de ajuda: (F) (V).

* * *

Respostas no Apêndice, ao fim do livro.

10

Quais as características e os fenômenos típicos dos grupos sociais?

Atualmente é reconhecido que o grupo é mais do que a soma ou, mais exatamente, diferente da soma de seus membros. Ele tem sua própria estrutura, seus próprios objetivos e suas próprias relações com outros grupos.

Kurt Lewin

a) Miguel é conhecido por sua timidez e é tido como uma pessoa introvertida e reservada. Entretanto, quando reunido com sua família, Miguel se transforma numa das pessoas mais animadas, alegres e expansivas.

b) Cecília conseguiu, em três meses, mudar totalmente o perfil da seção em que trabalha. Tal seção, que apresentava baixa produtividade, grande *turnover* e falta de motivação entre os funcionários, passou a ser coesa, estável e produtiva. A todos impressionou como a simples mudança de uma chefe de seção tenha operado transformações tão significativas.

Vimos no primeiro capítulo deste livro introdutório que a psicologia social estuda as relações interpessoais. Estas relações podem cingir-se a duas pessoas ou a um grupo de pessoas. O estudo da dinâmica social dos grupos psicológicos atingiu um tal estado de desenvolvimento que, hoje em dia, ela pode ser considerada como uma área autônoma da psicologia. Entretanto, como ela surgiu da psicologia social e utiliza vários conceitos e teorias oriundos da psicologia social, é praxe os livros de psicologia social apresentarem os conceitos principais de dinâmica dos grupos.

O que é um grupo social?

Em psicologia social considera-se como existindo um grupo social quando as pessoas que o integram a) possuem objetivos comuns, b) interagem com frequência, c) exibem valores bastante semelhantes e d) têm consciência de pertencerem a um grupo específico. Portanto, não é qualquer situação em que várias pessoas estão juntas que pode ser caracterizada como um grupo social em psicologia social. Passageiros num vagão do metrô, pessoas assistindo a uma cerimônia religiosa, os assistentes de uma peça teatral num pequeno teatro, nada disso reúne as condições acima descritas para que tais aglomerados de pessoas constituam um grupo social, pois não reúnem as quatro condições exigidas para a sua existência.

Quando um grupo social atende aos quatro requisitos anteriores, forma-se uma atmosfera grupal que, como diz a epígrafe do capítulo, é emergente e é mais do que a soma das características individuais das pessoas que o integram.

> 1) Um grupo social se caracteriza pela frequente interação entre seus membros, pela semelhança de valores, existência de objetivos comuns e consciência de pertencerem a um grupo.
>
> 2) Quanto mais os grupos se aproximam dessas características, mais claramente se enquadram na definição de grupo em psicologia social.
>
> 3) Os grupos assim constituídos possuem características próprias, distintas da mera soma das características de seus membros.

Alguns fenômenos grupais

Vários fenômenos tipicamente grupais podem ser notados quando observamos o funcionamento dos grupos sociais. Veremos a seguir os principais.

Coesão

Grupos psicológicos diferem entre si no que tange à coesão existente entre seus membros. Coesão grupal pode ser definida como a quantidade de pressão exercida sobre os membros do grupo para que nele permaneçam. É a resultante das forças que agem sobre um membro para que ele permaneça no grupo. Há várias razões capazes de levar uma pessoa a pertencer a um determinado grupo. Atração pelo grupo ou por seus membros é uma delas; outra pode ser o fato de a filiação ao grupo permitir o atingimento de certos objetivos. Seja qual for a razão pela qual uma pessoa resolve integrar um grupo social, a maior ou menor coesão existente entre seus membros suscita comportamentos semelhantes. O importante, pois, não é por que o grupo exerce atração sobre seus membros, mas sim que, uma vez existindo coesão num grupo, o comportamento de seus membros assume peculiaridades próprias, decorrentes da coesão existente. Estudos sobre coesão grupal têm conduzido a conclusões relativamente óbvias, tais como:

a) quanto maior a coesão do grupo, maior a satisfação experimentada por seus membros;

b) quanto maior a coesão do grupo, maior a quantidade de comunicação entre os membros;

c) quanto maior a coesão do grupo, maior a quantidade de influência exercida pelo grupo em seus membros;

d) quanto maior a coesão do grupo, maior a sua produtividade.

Nem só vantagens, todavia, decorrem da existência de alta coesão grupal. Grupos altamente coesos são sujeitos ao fenômeno descrito por Irving Janis como *groupthink* (ou pensamento grupal), podendo levar o grupo a tomar decisões calamitosas. Como diz Janis, o termo *groupthink* é utilizado para significar o que acontece com grupos altamente coesos, "onde o desejo de manter a coesão através do consenso e da unanimidade se sobrepõe à motivação para considerar realisticamente cursos de ação alternativos". É tal a união entre seus membros, que eles se mostram pouco críticos, incapazes de questionarem-se, tornando-se presa fácil de sérias distorções da realidade.

1) Via de regra, grupos que apresentam coesão alta são mais agradáveis, suscitam maior comunicação entre seus membros e são mais produtivos do que grupos de coesão baixa.

2) Tais grupos, porém, quando têm que tomar decisões, devem acautelar-se contra possíveis distorções da realidade causadas pelo desejo de seus membros de evitar discordâncias. Esse fator (pensamento grupal) afeta a capacidade de crítica construtiva entre os membros do grupo.

Normas

Todo grupo, para funcionar adequadamente, necessita estabelecer normas a serem seguidas por seus membros. De uma maneira geral, podemos definir normas sociais como sendo padrões ou expectativas de comportamento partilhados pelos membros de um grupo. Estes membros utilizam esses padrões para julgar a propriedade ou adequação de suas percepções, sentimentos e comportamentos. Normas existem em grupos de qualquer tamanho e até mesmo numa relação entre duas pessoas que interagem constantemente. Por exemplo, um casal não raro estabelece normas a serem seguidas por ambos, a fim de evitar atritos e propiciar um relacionamento mais harmonioso.

Há várias décadas, Muzafer Sherif realizou um estudo que se tornou clássico em psicologia social e que ilustra como se formam as normas num grupo. Sherif conduziu vários experimentos que possuíam um arranjo experimental básico em que os participantes eram solicitados a estimar a distância percorrida por um ponto de luz projetado num ambiente totalmente desprovido de iluminação. Na realidade o ponto de luz era estacionário; entretanto, devido a uma ilusão perceptiva conhecido como *efeito autocinético*, ao contemplarmos um ponto luminoso num ambiente totalmente escuro, temos a ilusão de que esse ponto luminoso se move em várias direções. O fenômeno ocorre invariavelmente com todas as pessoas, porém as estimativas da "distância percorrida" pelo foco luminoso variam de pessoa a pessoa.

Em um de seus experimentos, Sherif obteve as estimativas de pessoas colocadas a sós numa sala escura onde um ponto fixo de luz era projetado. No dia seguinte, três pessoas com estimativas bem diferentes da distância percorrida pelo ponto luminoso, eram colocadas juntas e novamente solicitadas a dizer em voz alta sua estimativa da distância percorrida pelo ponto luminoso. Após quatro dias seguidos, essas três pessoas chegaram a um consenso acerca da estimativa da distância percorrida pelo ponto luminoso. Cada participante do experimento cedeu um pouco e no final verificou-se uma convergência de estimativas em torno de uma estimativa comum (norma social) aceita por todos.

O estabelecimento de normas grupais constitui-se num excelente substituto para o uso do poder que, muitas vezes, provoca tensão e ônus nos membros do grupo. Em vez de o líder estar constantemente utilizando sua capacidade de influenciar seus liderados, a existência de normas facilita seu trabalho e dispensa o constante exercício e demonstração de poder. Os membros do grupo, ao nele ingressarem, sabem que têm que obedecer às normas ali prevalentes. Em grupos de pouca coesão, pode haver dificuldade em estabelecerem-se normas devido a idiossincrasias individuais e preferências por pontos de vista distintos. Nessas circunstâncias, para que se formem normas, é necessária, via de regra, a seguinte sequência de acontecimentos:

a) especificação das atitudes ou comportamentos desejados;

b) fiscalização pelos membros do grupo da obediência a essas especificações;

c) aplicação de sanções aos não conformistas.

Em suma, as normas sociais facilitam a vida em grupo. Imagine-se como seria desgastante e conflitivo se uma família, a cada dia, tivesse que decidir, por consenso ou imposição da pessoa de maior poder, quais seriam as horas das refeições, quando e quem poderia ligar a televisão etc. A existência de normas partilhadas por todos os membros dispensa esse esforço. Essas normas não são necessariamente explícitas; muitas delas são implícitas. O que as caracteriza, entretanto, é o fato de serem partilhadas, conhecidas e seguidas pelos membros do grupo. Via de regra, o não conformista é expelido do grupo pelos demais membros. A existência de normas é uma condição necessária ao convívio numa sociedade civilizada.

---

1) Os grupos possuem normas que são padrões de comportamento partilhados por seus membros.

2) A existência de normas facilita a vida em grupo e sua observância mantém a coesão do grupo.

3) Membros que não se conformam às normas do grupo tendem a abandoná-lo ou a serem dele expelidos pelos demais membros.

Liderança

Liderança é um dos fenômenos grupais mais conhecidos e estudados. Durante muito tempo, acreditou-se na existência do líder nato. Características tais como inteligência, autoconfiança, sociabilidade, persistência, extroversão, criatividade, otimismo e outras eram consideradas como indicativas de líderes em potencial. Não há dúvida de que muitas dessas características ajudam a pessoa a tornar-se um líder, mas não se pode dizer que uma pessoa será necessariamente um líder pelo simples fato de possuir todas ou algumas dessas características. Faz-se mister que essas (ou outras) características se harmonizem com as finalidades do grupo e com a atmosfera nele prevalente. Os galãs do cinema antigo, verdadeiros ídolos de tantas pessoas, passam despercebidos pela nova geração, cujos padrões de beleza são bem distintos.

Três tipos de liderança são comumente identificados pelos estudiosos do fenômeno: lideranças autocrática, democrática e permissiva (*laissez-faire)*. Na liderança autocrática, verifica-se total centralização do poder e este poder é exercido coercitivamente; na liderança democrática, as decisões são tomadas por maioria e o líder é apenas um catalisador da expressão da vontade de seus liderados; no terceiro tipo, não há propriamente uma ação de liderança, sendo permitido que cada membro do grupo faça o que queira. Estudos levando em conta estes três tipos de atmosferas grupais demonstraram que a liderança democrática torna os liderados menos dependentes do líder; a atmosfera autocrática gera maior produtividade, porém torna seus membros extremamente dependentes do líder e incapazes de funcionar adequadamente sem sua presença; a liderança do tipo *laissez-faire* produziu os piores resultados em termos de produtividade, satisfação do grupo e atividade construtiva.

Uma característica essencial ao exercício de uma boa liderança é o reconhecimento de sua legitimidade pelos liderados.

É por isso que, via de regra, a tentativa de impor, à força, um líder a um grupo resulta em efeitos desastrosos e na impossibilidade de manter-se a coesão grupal.

---

1) Não há dúvidas hoje em dia de que a liderança é um processo interacional entre líder e liderados, com características que emergem da situação de interação, sendo impossível estabelecer-se de antemão, com absoluta segurança, qual a pessoa mais indicada para liderar um determinado grupo.

2) O líder terá que emergir do grupo durante o processo de interação com seus membros.

3) No caso de líderes que assumem essa função em virtude de seu *status* no grupo, sua eficácia dependerá de sua capacidade de adequar sua liderança às reais necessidades e anseios dos membros do grupo.

Status

Em qualquer grupo social é possível estabelecer-se o *status* de cada membro, bem como o papel que lhe cabe desempenhar no grupo. Em sociologia, *status* refere-se à posição de uma pessoa no sistema social. Em psicologia social *status* se refere ao prestígio desfrutado por um membro do grupo. Esse prestígio pode ser tal como a pessoa o percebe (*status* subjetivo) ou pode resultar do consenso do grupo acerca dessa pessoa (*status* social). O *status* subjetivo pode ou não corresponder ao *status* social. Se, em relação aos resultados obtidos pelos demais membros do grupo, um dos membros se considera recebedor de resultados mais gratificantes, isto produzirá nele a sensação de *status* subjetivo elevado. Se os demais membros do grupo consideram essa pessoa como necessária e capaz de mediar benefícios conducentes à satisfação geral do grupo, essa pessoa terá também *status* social elevado. Obviamente, o *status* subjetivo pode ou não corresponder ao *status* social. Quando isso acontece, estamos diante do fenômeno conhecido como "incongruência de *status*". Dependendo da natureza do grupo, determinados atributos pessoais serão ou não significativos para a conferição de *status* social. Por exemplo: se num grupo de professores universitários um desses professores joga muito bem futebol, tal predicado terá pouca ou nenhuma relevância para o estabelecimento de seu *status* social; já se ele possui muitas publicações, títulos acadêmicos importantes etc., isto lhe conferirá não só *status* subjetivo elevado, como também deverá proporcionar-lhe *status* social elevado no meio acadêmico. A não congruência entre *status* subjetivo e *status* social pode causar problemas de adaptação da pessoa ao grupo. Se ela tem alto *status* subjetivo e baixo *status* social ela deverá sentir-se inconfortável no grupo e é razoável que dele se desvincule; se ela possui baixo *status* subjetivo e alto *status* social (situação menos frequente, mas possível), ela deverá sentir-se bajulada e não merecedora do que o grupo lhe proporciona. Isso também produzirá desajustamento e dificuldade para seu funcionamento no grupo. O *status* subjetivo elevado faz com que a pessoa espere receber do grupo determinadas recompensas. Quando não há congruência entre essas expectativas e o que ocorre na realidade, surgem necessariamente problemas de adaptação da pessoa ao grupo. Vejamos, como exemplo, o que ocorre com frequência no grupo familiar hoje. Até há algumas décadas, a estrutura familiar era organizada tendo o homem como a pessoa de maior *status* social. Tradicionalmente, cabia a ele prover as necessidades materiais da família, resolver os problemas que envolvessem patrimônio, estabelecer as diretrizes básicas que norteariam o comportamento familiar, seus costumes e valores. Era sem dúvida a figura central, mais importante e com maior poder. Com o aumento crescente do poder da mulher, reivindicando para si grande parte das prerrogativas até então reservadas aos homens, a mulher passou a esperar outras recompensas do grupo familiar de vez que seu *status* subjetivo aumentou consideravelmente. Entre outras razões, o fato de investir mais por meio da obtenção de grau universitário e contribuir para a receita familiar, a mulher adquiriu na sociedade contemporânea um *status* subjetivo que está exigindo recompensas coerentes com ele. A mudança da situação familiar tem suscitado conflitos e problemas que, por vezes, resultam na dissolução do vínculo matrimonial. A discrepância entre expectativas e resultados é importante, pois a percepção dessa discrepância leva a pessoa que a percebe a sentir-se injustiçada e insatisfeita no grupo a que pertence.

---

1) A congruência entre expectativas e resultados obtidos pelos integrantes de um grupo é fundamental para a harmonia e a coesão do grupo.

2) A inexistência de tal congruência gera sentimentos de insatisfação e injustiça e podem levar à dissolução do grupo.

Cooperação, competição e conflito

Diferentes grupos sociais podem viver em harmonia ou em conflito. Muitas vezes, após uma fase de conflito, as partes litigantes chegam a um acordo e a harmonia é restaurada. Conflito entre patrões e empregados, por exemplo, muitas vezes são intensos, mas no final da barganha, um compromisso entre as partes é feito e uma solução é aceita por ambos os grupos litigantes. Outras vezes, porém, como no conflito árabe-israelense, o conflito se perpetua, a violência se alimenta na competição, e um conflito altamente destrutivo se instala.

A psicologia social tem estudado a fundo o problema do conflito entre grupos com interesses opostos. Embora o dilema do prisioneiro considere o comportamento interindividual, seus achados se mostraram facilmente aplicáveis a situações intergrupais. A maioria dos primeiros estudos nesse sentido utilizou o que ficou conhecido como o dilema do prisioneiro. O dilema do prisioneiro consiste no seguinte: dois suspeitos de crime são presos pela polícia. Embora a polícia esteja convencida de que ambos perpetraram um crime grave, ela possui apenas provas capazes de condená-los por uma pequena transgressão. Para condená-los pelo crime cometido, a polícia necessita de uma confissão dos mesmos. Interrogando-os separadamente, a seguinte proposta é feita a cada um: se nenhum confessar, ambos recebem apenas uma pequena punição decorrente das provas existentes; se ambos confessarem o crime, ambos recebem uma punição maior, porém menor do que a correspondente ao crime cometido; se um deles confessar e o outro não, o que confessar é liberado e o outro recebe a pena máxima correspondente a seu crime. Atribuindo um número arbitrário de anos de prisão, o dilema seria o seguinte: se nenhum confessa, ambos recebem um ano de prisão; se ambos confessam, ambos recebem cinco anos de prisão; se um confessa e o outro não, o que não confessar recebe dez anos de prisão e o que confessou vai em liberdade. Portanto, se os prisioneiros cooperarem entre si, a pena a ser-lhes aplicada é menor; se procurarem competir e levar vantagem, correm o risco de receber uma pena severa.

Inúmeros experimentos que utilizam esse paradigma indicam que, via de regra, as pessoas preferem competir a cooperar. Deutsch e Krauss, psicólogos sociais da Universidade de Colúmbia, utilizaram um jogo no qual duas firmas transportadoras eram solicitadas a transportar uma mercadoria perecível. Havia duas rotas que os caminhões poderiam utilizar, partindo de pontos geograficamente opostos. Uma era tortuosa e longa e, a outra, reta e curta. Acontece, porém, que a via reta e curta só permitia a passagem de um caminhão. Sendo assim, o primeiro que nela chegasse impediria o outro de se utilizar dela, já que seus pontos de destino eram geograficamente opostos. A solução conducente a maiores lucros (os participantes eram remunerados baseado no tempo gasto para entregar a mercadoria) seria para os participantes assumirem uma postura cooperativa em função da qual eles alternariam o uso da via mais rápida através das várias repetições do experimento. Entretanto, os resultados mostraram que os participantes optam por competir pela via mais rápida, não obstante tal decisão resulta em maiores perdas para ambas as partes.

Na vida diária nos deparamos constantemente com motoristas tentando beneficiar-se utilizando a contramão ou a lateral das estradas para passar na frente dos veículos parados. A consequência dessa atitude egoísta e competitiva é que o trânsito na região fica ainda pior, fazendo com que todos sejam prejudicados. Uma postura cooperativa seria a de não tentar levar vantagem, obedecer às regras do trânsito e, com isso, diminuir o tempo de espera no tráfego congestionado.

Conflitos podem ser construtivos ou destrutivos. Nos conflitos construtivos prevalece a postura cooperativa, ambas as partes litigantes estando dispostas a negociar no intuito de atingirem uma solução justa e satisfatória. No conflito destrutivo, prevalece a postura competitiva, na qual a finalidade é levar vantagem sobre o adversário.

Outra situação da vida real, na qual se pode claramente verificar a prevalência de uma postura egoísta em detrimento de uma atitude cooperativa, é o conflito entre os defensores do meio ambiente e os que a eles se opõem. Uma atitude individualista não se preocupa com a poluição dos rios, dos mares e do ar, visando apenas maiores lucros para suas atividades industriais. Já uma postura cooperativa faz com que as pessoas estejam dispostas a sofrer inconveniências a fim de preservarem a natureza para o bem da humanidade.

Infelizmente, o que os estudos de psicologia social nos mostram é que a natureza humana é mais competitiva que cooperativa, principalmente nas culturas individualistas. Fatores culturais e de personalidade sem dúvida influem no tipo de conflito que se desenrola entre as partes, mas aspectos situacionais (sucesso anterior no manejo de conflitos, comportamento cooperativo, mostra de disposição a negociar) desempenham papel fundamental no tipo de conflito que se estabelecerá entre grupos em conflitos.

> 1) Pessoas e grupos com interesses opostos envolvem-se em conflitos que podem ser construtivos (os que visam uma solução negociada) ou destrutivos (os que visam apenas a prevalência dos interesses de uma das partes).
>
> 2) A psicologia social tem mostrado que as pessoas preferem competir a cooperar, mesmo quando uma postura cooperativa traz mais benefícios para as partes.
>
> 3) Sem cooperação e disposição a negociar, os conflitos tendem a seguir uma crescente espiral de violência, levando ao impasse e à busca intransigente da vitória de uma parte e a derrota da outra.

Presença ou ausência de outras pessoas e rendimento individual

Uma pergunta que se faz constantemente é a seguinte: as pessoas em grupo funcionam melhor ou pior do que quando estão a sós? Este problema tem interessado os psicólogos sociais desde os primórdios do desenvolvimento dessa disciplina. Em 1897, Triplett verificou que pessoas, quando na presença de outros ou em competição com outras, desempenhavam-se melhor nas tarefas que lhes eram confiadas do que quando a sós. Vários estudos se seguiram ao de Triplett e os resultados foram bastante contraditórios: ora se verificava melhor desempenho quando a pessoa estava com outras do que quando estava a sós, e ora se verificava o contrário. Finalmente, Zajonc, em 1965, conciliou esses diferentes achados mostrando que a presença de outros facilita o desempenho quando a tarefa a ser realizada é fácil ou a pessoa está bem treinada para executá-la; em tarefas complexas ou quando a pessoa não a domina bem, o trabalho a sós leva a desempenho melhor. Inicialmente, quando se pensava que a estimulação causada pela presença de outros melhorava o desempenho individual, esse fenômeno foi denominado de *facilitação social*. Sabe-se agora que o termo é melhor empregado quando se trata de estimulação causada pela presença de outros em tarefas bem aprendidas ou muito fáceis. Outro aspecto interessante do desempenho das pessoas em grupo é o fenômeno conhecido por *vadiagem social*. Consiste este fenômeno no fato de as pessoas de um grupo esforçarem-se menos quando em grupo do que quando a sós. Não é raro verificar-se em trabalhos realizados em grupo nas escolas o fato de alguns dos membros do grupo não trabalharem tanto quanto outros. Esse fenômeno é tão mais provável de acontecer quando menor for a possibilidade de detectar a produção individual. Uma das maneiras mais eficazes de evitar a vadiagem social num grupo é sempre haver no grupo um meio de avaliar não só a produção grupal, mas também a contribuição individual de cada membro para o produto final.

Justiça nas relações intragrupais

Embora a experiência de injustiça não se limite a situações intragrupais, acrescentaremos aqui algumas considerações acerca do fenômeno que é relevante não somente à dinâmica dos grupos, mas também a situações envolvendo pessoas que são alvo de injustiça.

Suponhamos que haja vinte candidatos a bolsas de estudos e a pessoa encarregada de alocar as bolsas aos alunos dispõe apenas de dez. Hipotetizemos ainda que haja dez mil pretendentes a casas populares e que o Estado possua apenas mil a serem distribuídas. Em situações desse tipo, onde os recursos são escassos e insuficientes para satisfazer igualmente a todos os que aspiram a deles se beneficiar, como devemos proceder de forma a que ninguém se sinta injustiçado, ou seja, que as expectativas e os resultados auferidos pelas pessoas sejam compatíveis?

O problema da alocação de recursos escassos é conhecido em psicologia social, e também em filosofia, como constituindo um problema de *justiça distributiva*. Filósofos, juristas e psicólogos sociais tem se ocupado desse tópico, o qual diz respeito a algo muito importante para todos nós: a sensação de termos sido tratados justa ou injustamente.

Aristóteles, na *Ética a Nicômano*, defende o princípio de que o justo é o proporcional; ou seja, devemos dar mais a quem vale mais e menos a quem vale menos. O mesmo princípio é defendido pelo eminente jurista brasileiro Ruy Barbosa que, em sua famosa *Oração aos moços*, diz: "a verdadeira igualdade não consiste senão em quinhoar desigualmente aos desiguais na medida em que se desigualam; tratar com desigualdade a iguais, ou a desiguais com igualdade, é desigualdade flagrante e não igualdade real".

Em psicologia social o assunto foi abordado inicialmente por George Homans e por Stacy Adams. Segundo Adams, nós experimentamos mal-estar quando participamos de situações sociais caracterizadas por iniquidade. Para ele, há iniquidade quando o que investimos na relação social e o que dela recebemos não é proporcional ao que outros investem e dela auferem. Assim, se dois empregados igualmente qualificados recebem salários distintos pelo mesmo trabalho, o que recebe menos se sentirá injustiçado, pois a situação viola a regra da equidade. No exemplo da bolsa de estudos, se o critério de alocação tivesse sido o de desempenho acadêmico e se dois estudantes, com o mesmo desempenho, tivessem recebido tratamento desigual na concessão do benefício, um deles se sentiria injustiçado.

Embora o princípio da equidade seja, sem dúvida, uma regra importante de justiça na alocação de recursos escassos, ele não é a única. Há quem julgue mais justa a regra da igualdade (distribuir os bens igualmente a todos e não segundo seus investimentos ou méritos), ou a regra da necessidade (dar mais aos mais necessitados). Seja como for, o tema é de singular relevância nas relações interpessoais e nas relações intragrupais. Um grupo em que seus membros se sintam injustamente tratados tenderá a desfazer-se rapidamente. A coesão do grupo é abalada quando existe entre seus membros a percepção de que o grupo não aplica adequadamente os princípios que governam a alocação de recursos nas relações sociais.

Notas suplementares ao assunto tratado neste capítulo

1 Como evitar uma terceira guerra mundial

No auge da Guerra Fria, Morton Deutsch, um psicólogo social que dedicou toda a sua carreira ao estudo dos conflitos sociais, apresentou na reunião anual da *American Psychological Association* de 1982 uma conferência sobre o iminente perigo de o conflito entre as grandes potências da época (Estados Unidos e ex-União Soviética) atingir tal malignidade que uma terceira guerra mundial se tornaria inevitável. Por incrível que pareça, 40 anos depois, o mundo se encontra em nova situação de guerra fria entre as grandes potências mundiais...

Para Deutsch, um conflito maligno caracteriza-se por vários aspectos, dos quais destacamos os principais: a) a situação social é anárquica e não racional; b) a orientação das partes é competitiva e não cooperativa: c) existem conflitos internos que as partes procuram minimizar através da ênfase no conflito maior – ou seja, a necessidade que têm de derrotar o oponente; d) há rigidez cognitiva das partes em conflito, o que lhes impede de considerar alternativas para a solução pacífica do conflito; e) há manutenção de profecias autorrealizadoras; isto é, a crença de que um conflito armado é a única solução faz com que as partes se comportem de forma tal que esta se torne, de fato, a única solução aparente; f) existência de uma espiral crescente na intensidade do conflito, a qual decorre de uma visão equivocada de que, não obstante os erros perpetrados, a vitória final será alcançada se for buscada com persistência.

Tais características se aplicam a todos os conflitos intensos e persistentes, quer sejam eles entre superpotências, quer sejam entre pessoas, facções políticas opostas, conflitos raciais, religiosos etc. A não ser que as partes se disponham a refletir e a procurar livrar o conflito dessas características destrutivas, o resultado final será prejudicial a todos.

A história nos mostra que a Guerra Fria das últimas décadas do século passado só terminou quando Reagan e Gorbachev decidiram reverter a espiral destrutiva do conflito maligno em que se encontravam. Os encontros entre os dois estadistas propiciaram um entendimento direto, uma compreensão melhor dos problemas e das intenções de cada um, o que levou a substituição da desconfiança mútua pela confiança recíproca no desejo de cooperar, e a substituição da crença em que a guerra seria a solução pela convicção de que somente o entendimento mútuo poderia livrar o mundo de uma catástrofe atômica.

Décadas se passaram e o mundo se encontra novamente frente a outros conflitos malignos (o conflito árabe-israelense, que se perpetua, e o conflito entre os terroristas islâmicos e o mundo ocidental e, mais recentemente, a nova guerra fria entre Rússia, China e os Estados Unidos). Será que seus protagonistas chegarão um dia à conclusão de que a única solução para tais conflitos é o entendimento, a negociação, e a disposição sincera de cooperar? A história nos dará a resposta.

2 Exemplo das consequências negativas quando um grupo é vítima de groupthinking

Atualmente, temos conhecimento de que um fracasso constrangedor dos Serviços de Inteligência precedeu a invasão do Iraque. Tanto a Inteligência americana quanto a inglesa levaram Bush, Blair, Cheney, Powell e outros, a fazerem o que acabou sendo nada mais que assertivas falsas sobre a existência de armas de destruição em massa no Iraque e a capacidade desse país de fazer uso delas. George Bush e Condolezza Rice falaram repetidamente sobre o perigo de que a reação a Saddam só ocorresse após uma nuvem atômica aparecer sobre o solo americano. Blair declarou que o Iraque poderia ter capacidade nuclear em questão de semanas. Powell mostrou fotos das Nações Unidas revelando o que se alegou serem caminhões nos quais armas químicas eram feitas e transportadas. Tudo isso, como sabemos hoje, era falso.

Sabemos agora que a principal fonte de informação da Inteligência provinha de exilados do Iraque interessados em destruir Saddam

Hussein, especialmente de Ahmad Chalabi, que tinha livre trânsito no Departamento de Defesa norte-americano e relações estreitas com a Casa Branca.

Sabemos também agora que a invasão do Iraque vinha sendo planejada desde a posse do governo de George W. Bush em janeiro de 2000 e tomou fôlego após o ataque terrorista a Nova York, em 11 de setembro. Tal como relatado por Bob Woodward em novembro de 2001, Bush chamou Rumsfeld, seu Ministro da Defesa, e perguntou-lhe sobre o plano de guerra que ele tinha para o Iraque. Rumsfeld retrucou que o plano existente não era mais apropriado, necessitando ser melhorado e atualizado.

Já havia, portanto, um plano de invasão do Iraque anteriormente aos ataques de 11 de setembro. A partir de então, a administração Bush passou a dedicar atenção crescente à melhoria do plano de invasão, tal como detalhado e documentado no livro de Woodward. Isso foi feito sem a aprovação do Congresso e, quando o plano ficou pronto, foi montado o mito das armas de destruição em massa a fim de que fosse obtida essa aprovação e assegurado o apoio da opinião pública.

Não resta dúvida de que o governo norte-americano, há muito tempo, decidira invadir o Iraque e promover a mudança de regime, retirando Saddam Hussein do poder. Para justificar o ato diante do povo americano e do mundo, fazia-se necessária uma razão aceitável. E essa razão foi a alegação da existência de armas de destruição em massa no Iraque e a disposição de Saddam Hussein em utilizá-las contra seus inimigos ou cedê-las a organizações terroristas, principalmente a Al-Qaeda.

O psicólogo social Irving Janis, após fazer uma revisão dos inúmeros fiascos na história, chegou à conclusão de que todos eles tinham características em comum e de que em todos podia ser detectada uma forte solidariedade grupal que tornava difícil divergências de opinião. A esses eventos desastrosos podemos acrescentar agora mais um, a saber, o fracasso surpreendente do Serviço de Inteligência dos Estados Unidos que precedeu a invasão do Iraque.

Tanto a administração americana quanto a inglesa estabeleceram que Saddam Hussein constituía uma ameaça para o mundo e deveria ser deposto. De igual modo, decidiram que um pretexto plausível e aceitável para a invasão do Iraque seria o argumento de que esse país possuía armas de destruição em massa e estava disposto a usá-las ou a vendê-las aos terroristas. Tal tipo de pensamento predominava entre as pessoas que se encarregavam da coleta de informações para o Serviço de Inteligência. Tudo que dava razão aos agentes da Inteligência para acreditar que o Iraque possuía armas químicas era aceito sem qualquer crítica, e tudo que poderia pôr em risco essa posição era descartado ou rejeitado.

O enviado especial das Nações Unidas, Hans Blix, afirmou que a administração de Bush era pouco receptiva a qualquer coisa que os inspetores nas Nações Unidas dissessem que pudesse ser interpretado como capaz de aumentar as dúvidas sobre a existência de armas químicas no Iraque. Bush e Blair criaram um ambiente em torno de seus agentes da Inteligência que os levou a se tornarem vítimas do pensamento grupal. A coesão, o sentimento de "nós contra os outros" que vigorava entre os membros dessas administrações, o número limitado de alternativas contempladas, a recusa em reavaliar o curso de ação escolhido, a rejeição de qualquer conselho contrário às suas crenças, a tendenciosidade seletiva na busca de evidências e a recusa em questionar a inércia dos membros na execução do curso de ação escolhido, tudo isso estava presente durante os meses que precederam a guerra no Iraque e representa um exemplo clássico de pensamento grupal, que levou ao embaraçoso fiasco da Inteligência evocado como justificativa para a guerra.

Se os membros do grupo de Inteligência tivessem conhecimentos de psicologia social, eles poderiam ter tomado as precauções sugeridas por Janis como capazes de evitar o fenômeno do *groupthink* que resultou no desastre que foi a invasão americana sob o pretexto de livrar o mundo das armas de destruição em massa supostamente possuídas pelo Iraque.

3 *Aplicando a regra da equidade no pagamento de uma conta de restaurante*

Um grupo de amigos se reúne para um almoço em certo restaurante. Suponhamos que as diferentes pessoas do grupo façam pedidos bastante distintos no que diz respeito ao custo da refeição. Uma, por exem-

257

plo, pede um prato de massa e uma Coca-Cola®; já uma outra pede uma entrada, a qual é seguida de lagosta, vinho branco e sobremesa; uma terceira pede apenas um prato, mas antes da refeição toma algumas doses de whisky estrangeiro; e assim seguem as demais pessoas componentes do grupo, cada uma pedindo o que quer, umas preocupadas com o custo e outras, não. A refeição chega ao fim e o garçom apresenta uma conta que, se dividida igualmente entre as pessoas do grupo, daria cerca de 200 reais para cada uma.

Numa situação como essa, é muito provável que quem se limitou a comer um prato de massa com uma Coca-Cola® se sinta injustiçada por ter que pagar pelo que os demais consumiram em seus pedidos; certamente, no caso de uma divisão por igual da conta, umas pessoas se sentiriam prejudicadas e outras, beneficiadas.

O mais justo, no caso considerado, seria aplicar a regra da equidade e dividir a conta proporcionalmente ao que foi consumido por cada uma das pessoas do grupo. Por outro lado, se a(s) pessoa(s) ou pessoa(s) que se sentisse(m) injustiçada(s) com a divisão conforme a regra da igualdade reclamassem da divisão não equitativa, tal comportamento poderia criar um certo mal-estar no grupo.

Muitas são as situações da vida quotidiana nas quais as pessoas discordam no que concerne a que regra de justiça distributiva deva ser aplicada. Certas pessoas podem favorecer a regra da equidade, enquanto outras consideram mais justa a regra da igualdade ou, ainda, a regra da necessidade (a cada um de acordo com suas necessidades). Numa situação, por exemplo, de um filho que necessita de cuidados médicos dispendiosos, os pais não hesitarão em gastar dinheiro para curá-lo, sem se preocuparem em dar aos irmãos quantia semelhante ao que foi gasto em virtude da necessidade de atender a um filho doente. A regra da necessidade é, nesse caso, a mais justa.

A fim de evitar a tensão e o mal-estar decorrentes da percepção de injustiça por parte dos integrantes de um grupo, é necessário que seus integrantes decidam de antemão qual regra de justiça distributiva será aplicada ao caso concreto. Em outras palavras, é necessário que se chegue a um consenso acerca do processo que será seguido na distribuição da parte que cabe a cada um.

4 Fatores capazes de eliminar ou diminuir significativamente a vadiagem social

O fenômeno da vadiagem social e as maneiras de evitá-lo tem sido extensamente estudado em psicologia social. Em culturas "coletivistas" – ou seja, aquelas em que o bem da coletividade é visto como de maior importância do que o bem individual – verifica-se menos vadiagem social que em culturas "individualistas". A preocupação com o bem-estar do grupo e o sucesso do grupo a que a pessoa pertence é tal, que o comodismo individualista ocorre com muito menos frequência. Outros estudos mostraram que quando a tarefa em grupo é desempenhada por amigos ou pessoas muito identificadas com o grupo a que pertencem, vadiagem social também ocorre menos frequentemente. Outro fator capaz de diminuir a vadiagem social ocorre quando a tarefa a ser desempenhada pelas pessoas em grupo é desafiante, motivadora e capaz de realmente interessar os membros do grupo. Se a probabilidade de os membros de um grupo encontrarem-se muitas vezes após a execução de uma tarefa é alta, é menos provável que seus membros exibam vadiagem social.

Todos esses achados de pesquisas conduzidas tendo a vadiagem social como alvo revelam que o fenômeno, embora comum em grupos, pode ser evitado quando os fatores mencionados estão presentes.

Ensinamentos a serem retidos

1) Os grupos sociais possuem características e dinâmica próprias, merecendo estudo específico. Eles não podem ser entendidos por meio do estudo individualizado das partes que os compõem.

2) A dinâmica dos grupos é o setor do saber que se dedica ao estudo dos grupos sociais.

3) Dentre os fenômenos grupais de interesse, focalizamos neste capítulo os seguintes: coesão grupal, formação de normas, liderança, *status*, cooperação, competição, conflito e pensamento grupal.

4) Grupos mais coesos funcionam melhor que grupos de baixa coesão.

5) Normas sociais são padrões ou expectativas de comportamento partilhados pelos membros do grupo.

6) Um líder é eficaz quando suas características pessoais são adequadas à condução de um grupo ao atingimento de seus objetivos.

7) A congruência entre *status* subjetivo e *status* social é fundamental para o bom funcionamento dos grupos sociais.

8) Interesses opostos levam pessoas e grupos a engajarem-se em conflitos. Quando não há disposição entre as partes de cooperar e de atingir uma solução negociada, os conflitos se tornam destrutivos e tendem a perpetuar-se até a destruição de uma parte pela outra.

9) As pessoas em grupo podem, estimuladas pela presença de outros, render mais ou menos em suas tarefas. Tarefas fáceis e bem aprendidas são mais bem desempenhadas na presença de outros, enquanto as mais difíceis e ainda não bem aprendidas são mais bem executadas a sós.

10) Quando não há meios de verificar a contribuição individual dos membros de um grupo para o produto final, nota-se com frequência o fenômeno de "vadiagem social", no qual alguns membros do grupo se esforçam menos que os demais.

11) Quando recursos escassos devem ser alocados a pessoas de um grupo, equidade, igualdade e necessidade são as principais bases valorativas capazes de levar a uma alocação considerada justa pelos membros do grupo.

Teste seu conhecimento do assunto
tratado neste capítulo

A) Indique a alternativa que melhor responde à pergunta

1) Em psicologia social diz-se que há um grupo social quando:

    a) existem mais de cinco pessoas juntas;

    b) existem pelo menos dez pessoas juntas com objetivos comuns;

c) duas ou mais pessoas interagem frequentemente, possuem objetivos comuns, têm consciência de formarem um grupo, e possuem valores semelhantes;

d) cinco ou mais pessoas interagem frequentemente e possuem objetivos comuns;

e) as letras c) e d) são as alternativas corretas.

2) Qual das seguintes alternativas de resposta é a mais correta:

a) quanto maior a coesão do grupo, maior a satisfação experimentada por seus membros;

b) quanto maior a coesão do grupo, maior a quantidade de comunicação entre os membros;

c) quanto maior a coesão do grupo, maior a quantidade de influência exercida pelo grupo em seus membros;

d) quanto maior a coesão do grupo, maior a sua produtividade;

e) todas essas afirmações estão corretas.

3) A existência de normas num grupo:

a) facilita as atividades do grupo;

b) dificulta as atividades do grupo;

c) não influi nas atividades do grupo;

d) leva ao "pensamento grupal";

e) todas as alternativas anteriores.

4) Em matéria de justiça distributiva, os valores mais frequentemente utilizados são:

a) equidade e igualdade;

b) necessidade, igualdade e equidade;

c) necessidade e igualdade;

d) igualdade e retribuição;

e) equidade e necessidade.

5) A presença de outras pessoas melhora o desempenho individual quando:

    a) a tarefa é difícil;

    b) tarefa é fácil;

    c) tarefa não está ainda bem aprendida;

    d) tarefa está bem aprendida;

    e) letras b) e d).

B) Indique se afirmação é falsa ou verdadeira

6) Um grupo se define pela soma das características dos membros que o compõe: (F) (V).

7) Quem tem características de liderança é capaz de ser um líder eficiente em qualquer tipo de grupo: (F) (V).

8) Para diminuir a ocorrência de vadiagem social, é preciso que se possa verificar a responsabilidade de cada membro do grupo pelo trabalho realizado: (F) (V).

9) Um comportamento cooperativo tende a interromper o curso de uma espiral de violência: (F) (V).

10) O trabalho em grupo é sempre mais eficiente, seja qual for o tipo de tarefa a ser realizada.

Respostas no Apêndice, ao fim do livro.

PARTE II

Aplicando os conhecimentos de psicologia social

11

Os conhecimentos acumulados pela psicologia social podem ser aplicados?

Não, mil vezes não! Não existe a categoria de ciência chamada ciência aplicada. Existe ciência e aplicações da ciência unidas como o fruto e a árvore que o produz!

Louis Pasteur

Fernando (o estudante que vimos no capítulo 1 reclamar do Curso Psicologia Social I em que se matriculara) alegava outra razão para abandonar o curso. Para ele, o curso era muito teórico e carecia de aplicações concretas à realidade social. Experimentos eram descritos em detalhe e, ao fim, o que se aprendia era que uma certa variável produzia um determinado efeito, sob certas circunstâncias, num ambiente artificial de laboratório, num grupo de vinte ou trinta estudantes universitários. Isso, para Fernando, era insuficiente. O que ele desejava é que o curso mostrasse como o conhecimento adquirido através de experimentos com pequenos grupos de estudantes poderia ser aplicado à vida real e a qualquer tipo de pessoa. Como isso raramente acontecia, Fernando viu aí mais uma razão para desistir do curso. Em outras palavras, Fernando procurou conhecer a psicologia social a fim de aplicar o conhecimento adquirido na solução de problemas sociais e frustrou-se (prematuramente) pela ênfase dada por seu professor na descoberta das variáveis que explicam os comportamentos das pessoas enquanto são parte de uma interação social.

A maioria dos cursos introdutórios em psicologia social científica são principalmente teóricos, com farta apresentação de pesquisas relativas ao fenômeno psicossocial estudado. Poucas vezes os professores incluem em seus cursos introdutórios aplicações concretas dos ensinamentos assim adquiridos. Antes de mostrarmos ao leitor exemplos de aplicações da psicologia social a situações da vida real, o que será feito nos capítulos 12 e 13, convém esclarecer o que é por muitos chamado *psicologia social "básica"* e *psicologia social "aplicada"*.

Como vimos na epígrafe que inicia este capítulo, Pasteur não gostava da distinção entre ciência básica e ciência aplicada. Concordamos com a posição do grande cientista francês. De fato, cabe à ciência (sem qualificativos) descobrir as leis que regem os fenômenos que constituem objeto de seu estudo. Uma vez atingido esse conhecimento, o passo seguinte consiste em aplicar tal conhecimento a situações da vida real. Podemos seguir o mesmo modelo em psicologia social. Primeiramente devemos procurar entender os fenômenos estudados pela psicologia social. Isso deve ser feito, sempre que possível, por meio de experimentos controlados que, como vimos no capítulo 1, constituem a melhor forma de chegarmos a afirmações de causa e efeito. Após essa primeira etapa, é desejável que o psicólogo social (ou qualquer outro profissional que lide com seres humanos, tais como médicos, professores, líderes comunitários, sacerdotes, psicoterapeutas, assistentes sociais, políticos, administradores etc.) aplique as descobertas científicas a situações específicas de sua atividade. Sendo assim, torna-se desnecessária a distinção entre psicologia social básica e psicologia social aplicada. Nas ciências mais antigas e tradicionais, tais como física, química, biologia etc., os cientistas fazem descobertas que permitem aos tecnólogos aplicá-las de forma a criarem algo que seja de utilidade prática. Jacobo Varela (mencionado anteriormente e proponente da *tecnologia social*) dedicou os últimos quarenta anos de sua vida a resolver problemas práticos. Para ele, a tecnologia social "é a atividade que conduz ao planejamento de soluções de problemas sociais por meio de combinações de achados derivados de diferentes áreas das ciências sociais". A diferença entre ciência e tecnologia fica clara na seguinte afirmação de Varela:

> Frequentemente, achados científicos foram feitos por alguém que não tinha a menor ideia de que eles iriam ser utilizados para algo útil ou de uma determinada

maneira. A progressão do telégrafo para o telefone e para o rádio é um exemplo. Mas Morse e Bell eram inventores. Os cientistas atrás deles foram Faraday, Henry, Maxwell, Hertz e outros. Sem as descobertas puramente científicas, as invenções que se seguiram não teriam sido possíveis. Mas o cientista sozinho não poderia nos ter legado as comunicações modernas. Não era essa a sua preocupação. Maxwell e os demais não estavam interessados em saber como suas descobertas seriam usadas. Sua ocupação era bem distinta daquela de Bell ou de Marconi.

> Existem ciência e aplicações da ciência. A psicologia social estuda os comportamentos envolvidos na interação humana, assim como os pensamentos e sentimentos por eles suscitados. O conhecimento adquirido por meio destes estudos fornece o material necessário a ser aplicado por profissionais específicos no entendimento e na solução dos problemas com que lidam em sua vida diária.

O professor de Fernando deveria ter avisado a seus alunos que o Curso Psicologia Social I era dedicado apenas à parte científica da psicologia social. As aplicações da psicologia social seriam apresentadas no Curso Psicologia Social II. O conhecimento tem que preceder as aplicações. Tentar resolver problemas sem um conhecimento científico da realidade é como caminhar no escuro, onde o desconhecimento do terreno nos impede de nele encontrarmos nossos caminhos.

Nos capítulos da Parte I foram apresentados os principais tópicos estudados num curso introdutório de psicologia social. Outros temas mais específicos e mais complexos não foram tratados em virtude da natureza deste livro. Como o próprio título indica, este livro tem por finalidade tornar os conhecimentos básicos de psicologia social aos que se iniciam em sua busca de conhecimentos sobre psicologia social. Ele não é suficiente para pessoas que pretendem tornar-se especialistas na profissão de psicólogo social. Seu objetivo, já explicitado anteriormente e repetido agora, é o de atender ao apelo de George Miller no sentido de difundir entre as pessoas conhecimentos básicos de psicologia que possam vir a serem úteis em sua vida quotidiana, da mesma forma em que, por exemplo, conhecimentos de primeiros socorros e de outros procedimentos elementares de medicina nos servem quando nos deparamos com pequenos problemas de saúde.

Os capítulos da Parte I salientaram mais o aspecto *científico* da psicologia social do que as *aplicações* que resultam do conhecimento por ela acumulado até o momento (o qual, certamente, continuará em evolução). Sendo assim, pode ter parecido ao leitor que tal conhecimento é interessante do ponto de vista teórico, mas que sua aplicação à vida diária permanece desconhecida. O capítulo 12 apresentará exemplos de aplicações da psicologia a diferentes áreas (escola, saúde, direito, meio ambiente, trânsito) e o capítulo 13 terá por finalidade mostrar ao leitor as aplicações em sua vida quotidiana do que foi estudado na Parte I.

Um esclarecimento sobre o que o autor entende por *aplicações da psicologia social* se faz necessário antes de passarmos aos exemplos de aplicações a outras áreas e situações da vida real.

Psicologia social científica, aplicações da psicologia social e tecnologia social

Como assinalam Rodrigues, Assmar e Jablonski (*Psicologia social,* Ed. Vozes, 2023), os tipos de investigações conduzidas na psicologia social científica e os tipos de aplicações comumente encontrados podem ser vistos no Quadro 1.3, p. 51.

Psicologia social científica
Pesquisa teórica
Pesquisa centrada num problema
Pesquisa metodológica
Pesquisa de avaliação
Pesquisa de réplica
Aplicações da psicologia social
Aplicações simples
Aplicações complexas (tecnologia social)

Quadro 1.3 Tipos de pesquisa e de aplicações em psicologia social

Como mostra este quadro, os psicólogos sociais dedicam-se a pesquisas destinadas a *promover avanços teóricos* (p. ex., teste de hipóteses derivadas de teorias; aperfeiçoamento do poder preditivo de teorias), ou a lançar luz sobre *um problema específico* (p. ex., verificar se a densidade populacional influi no comportamento de ajuda nas cidades; verificar se uma liderança democrática é mais ou menos eficaz que uma autocrática), ou a promover *um refinamento metodológico* (p. ex., verificar se universitários se comportam de forma diferente de sujeitos não universitários; detectar tendenciosidades na coleta de dados), ou a *avaliar a eficácia de uma intervenção*

(p. ex., verificar se uma tentativa de mudança de atitude teve êxito ou não; avaliar a eficácia de um programa destinado a diminuir o preconceito racial num determinado grupo social), ou, finalmente, apenas a verificar *a estabilidade e a generalidade de achados anteriores através da condução de réplicas* (p. ex.: verificar se achados psicossociais são transistóricos e/ou transculturais). Todos estes tipos de pesquisa integram a psicologia social científica e fornecem subsídios para sua aplicação a problemas psicossociais concretos.

Quando se lança mão de *um achado específico* para a solução de um problema determinado (p. ex., eliminar o sentimento de frustração de um grupo com o objetivo de diminuir sua agressividade; utilizar um determinado tipo de poder social para lograr uma mudança comportamental), estamos tratando de *aplicações simples*; se, todavia, combinamos achados existentes para utilizá-los na solução de um problema social, estamos utilizando *aplicações complexas*, o que Jacobo Varela denomina *tecnologia social*. Como o termo cunhado por Varela é novo, os parágrafos seguintes procurarão a explicitá-lo em mais detalhes.

Reyes e Varela salientam que os cientistas sociais, no afã de atenderem à pressão social que clama pela relevância de suas pesquisas, criam "programas aplicados". Acontece, porém, que pesquisa aplicada continua sendo pesquisa; isto é, a preocupação é a de descobrir a realidade em ambientes naturais e continuar pesquisando até que se obtenha um conhecimento satisfatório e fidedigno desta realidade. O tecnólogo social não se preocupa em descobrir a realidade; ele deixa isto para os cientistas e, baseado nas descobertas destes últimos, procura resolver problemas concretos.

Para concluir este capítulo sobre a distinção entre psicologia social científica, aplicações da psicologia social e tecnologia social, julgo oportuno reproduzir aqui o que foi dito pelo Professor Fabio Iglesias, da Universidade de Brasília, no capítulo sobre aplicações da psicologia que, a pedido dos autores, ele escreveu para o livro *Psicologia social*, de Aroldo Rodrigues, Eveline Assmar e Bernardo Jablonski mencionado ao iniciar o capítulo 15. Diz ele:

> Como ficou evidente ao longo dos capítulos deste livro, a psicologia social investiga um repertório de fenômenos sociais que se manifesta nos mais diferentes setores da atividade humana. Dessa forma, uma visão dicotômica, que separe compreensão dos fenômenos sociais e utilidade prática, não faz sentido na área, uma vez que ao mesmo tempo que a social busca responder a perguntas científicas, ela também gera conhecimentos benéficos à sociedade. Mas, a despeito dessa constatação, a área tem um caráter de ciência básica que costuma ser mais dominante, destacando menor atenção a problemas aplicados em seus livros-texto e em seus periódicos científicos.

Concluindo, convém salientar um ponto frequentemente negligenciado quando o tema do presente capítulo é abordado. *O simples fato de conhecermos melhor os fenômenos psicossociais estudados nos capítulos da Parte I deste livro nos ajudam a entendê-los melhor; esse conhecimento, por sua vez, permite que o apliquemos para obter determinados objetivos.* Por exemplo, se, como aprendemos no capítulo 4, é contraproducente tentar obter modificação duradoura e internalizada do comportamento de uma pessoa usando o poder de recompensa, de coerção ou de legitimidade, tal conhecimento fará com que não os utilizemos para atingir nosso objetivo de promover a mudança duradoura de um comportamento de uma pessoa. O estudo das bases do poder social nos ensina também que a maneira mais adequada para atingir o objetivo mencionado é empregar o poder de conhecimento, de informação ou de referência. Fica demonstrado assim que, o simples fato de entendermos melhor um determinado fenômeno social, nos capacita a aplicá-lo de forma a obter a mudança comportamental que queremos produzir.

Notas suplementares ao assunto tratado neste capítulo

1 Exemplo de uma aplicação simples

Um tópico bastante estudado em psicologia social é o que diz respeito aos comportamentos de cooperação e competição entre as pessoas. Entre outros estudos, uma análise de 122 pesquisas sobre cooperação e competição mostrou que, em várias áreas do conhecimento (linguagem, artes, leitura, matemática, ciência, estudos sociais, psicologia e educação física), cooperação entre os estudantes conduz a um melhor desempenho e a maior produtividade que competição.

Outros estudos confirmaram esse achado e demonstraram ainda que, em grupos onde predomina uma atitude de cooperação entre seus membros, existe maior disposição dos membros em ajudarem-se mutuamente; prestar apoio a quem precisa seus integrantes antecipam interações gratificantes entre eles no futuro.

Elliot Aronson, baseado nesses achados das pesquisas, aplicou o conhecimento adquirido em relação à existência de uma atitude mais amistosa, mais saudável e mais livre de preconceitos nos ambientes cooperativos que nos competitivos.

Quando as escolas públicas nos Estados Unidos foram obrigadas por lei a serem integradas – isto é, forçadas a aceitar alunos de qualquer camada social e de qualquer etnia –, um ambiente de hostilidade contra as minorias dominava as salas de aula e isso começou a preocupar seriamente os responsáveis pela educação dos alunos das escolas públicas. Aronson era, na ocasião, professor da Universidade do Texas e foi solicitado pelo superintendente de uma escola a tentar resolver esse problema.

Com base no resultado das pesquisas sobre funcionamento de grupos cooperativos e competitivos, ele e seus alunos desenvolveram uma técnica destinada a promover uma situação de interdependência entre os alunos a qual, por sua vez, geraria uma atmosfera de cooperação entre eles.

A técnica de ensino idealizada foi denominada *técnica do quebra-cabeça*, por lembrar a junção das várias peças de um quebra-cabeça necessária para formar o quadro final. Aronson imaginou um modo de os alunos estudarem cada tópico a ser ensinado da seguinte maneira: o professor dividia o conteúdo do assunto a ser estudado em diferentes partes, cabendo a cada aluno de um grupo de seis estudar a parte que lhe foi atribuída e, na aula seguinte, explicar para os outros cinco o conteúdo estudado. Como o entendimento do assunto em sua totalidade dependia da compreensão de cada parte em que ele foi dividido, cada aluno se esforçava para dominar bem a parte que lhe foi atribuída e transmitir seu conhecimento aos demais da forma mais eficiente possível. Em outras palavras: a compreensão do tópico estudado dependia então de uma *atitude cooperativa* entre os alunos, onde cada um se esforçava para melhor explicar aos demais a parte que lhe coube estudar. Se um aluno estava tendo dificuldade em dominar a parte que lhe coube, os outros procuravam ajudá-lo, ao invés de hostilizá-lo, pois a situação de interdependência fazia com que isso fosse necessária para que todos se beneficiassem. A soma dos esforços individuais (cooperação) resultaria em benefício de todos que, entendendo o tópico estudado, aumentavam suas possibilidades de obterem melhores notas nos exames.

Ao fim do período em que esse método de ensinar foi adotado, aconteceu o que era esperado: uma atmosfera mais amistosa se formou entre os alunos e, com isso, as atitudes indicativas de preconceito racial deixaram de existir. Diferentemente do que ocorria nas salas de aula tradicionais onde os estudantes competem entre si, naquelas em que era usada a técnica do quebra-cabeça os estudantes eram dependentes entre si. Comparados com os estudantes onde não foi aplicada a técnica promotora de cooperação, aqueles que aprenderam usando essa técnica mostraram uma diminuição do preconceito racial e aumentaram os laços da amizade, independentemente do grupo étnico a que pertenciam.

2 Exemplo de uma aplicação complexa (tecnologia social)

Jacobo Varela nos relata o êxito alcançado por uma de suas alunas nos Estados Unidos. Trata-se de uma intervenção num caso de uma moça de 19 anos, bonita, de boa família, cujos pais eram muito rígidos, muito religiosos e convencionais. Pertencendo à nova geração, Rosa usava calças jeans rotas e desbotadas e frequentava uma turma de amigos que nada agradavam a seus pais. Rosa se dedicava a trabalhos artísticos, o que também desagradava a seus pais, que esperavam vê-la engajada em "coisas mais respeitáveis". Durante aproximadamente cinco meses, Rosa passou a beber muito e a fumar maconha, o que coincidiu com a rejeição de sua matrícula numa escola de arte. Cinco conceitos derivados das ciências sociais foram combinados para produzir um produto tecnológico que se mostrou eficaz. Tais conceitos foram: 1) conflito aproximação/afastamento de Lewin; 2) a Escala de Latitude de Rejeição de Hovland e Sherif; 3) escalas de tipo de Likert; 4) Teoria da Dissonância Cognitiva de Festinger; e 5) Teoria da Reatância Psicológica de Brehm. Varela se refere à tecnóloga social que conduziu a intervenção utilizando o pseudônimo de Beatriz.

Segue a narração que ele faz do caso: "Beatriz facilmente diagnosticou o abuso alcoólico e de drogas em que incorreu Rosa como coincidindo com a rejeição de sua admissão à escola de arte. O choque da rejeição foi interpretado por Rosa como uma rejeição de seus valores e habilidades artísticas. Um conflito aproximação/afastamento se deveu ao forte desejo de seguir a carreira artística oposto a um medo ainda mais forte de uma outra rejeição. Se este diagnóstico for correto, as drogas e o álcool devem ser mecanismos de defesa que deverão desaparecer uma vez que ela readquira confiança em suas capacidades. Foi então decidido que um esforço seria dirigido no sentido de fazer com que Rosa retornasse à atividade artística ao invés de dirigi-lo para a mudança dos hábitos de beber e fumar drogas. Uma Escala de Atitude do tipo proposto por Hovland e Sherif foi construída representando a provável situação de Rosa naquele momento. Isto foi feito a partir da alocação de valores tipo Escala de Likert às afirmações que variavam desde a altamente aceita até a altamente rejeitada. Isto constitui então a Escala de Latitude de Rejeição para a circunstância".

A escala *ad hoc* construída e os valores tipo Escala de Likert atribuídos às várias afirmações constam no quadro a seguir. Note-se que quanto maior o valor negativo associado à afirmação, mais ela é rejeitada inicialmente por Rosa. O persuasor tentará fazer com que esses valores passem de negativos para positivos; ou seja, de repudiados a atraentes.

Valor atribuído	Afirmação
+8	Eu sempre gostei de arte.
-1	Eu agi certo não seguindo o conselho de minha mãe quando ela se mostrou contrária a eu pintar.
-2	Sempre há obstáculos na vida dos artistas.
-3	Os artistas não devem necessariamente seguir os conselhos dos críticos.
-4	Os diretores das escolas de arte não têm tempo nem são infalíveis no julgamento dos pedidos de matrícula.
-5	A opinião negativa da Escola de Arte do Leste é apenas mais uma opinião negativa que os artistas têm de enfrentar.
-6	Eu acho que eu vou tentar a matrícula novamente no próximo período.
-7	Eu vou mandar para eles algumas peças da minha nova atividade artística.
-8	Vou pegar meu material. Vou começar a pintar agora.

A estratégia usada pela tecnologia social foi a de induzir Rosa a estados de dissonância a partir da provocação de reatância psicológica. Esta é produzida pela tentativa de impor certas atitudes ou crenças sobre as pessoas. Tentando impor o oposto do que se quer obter, canalizam-se as forças de reatância psicológica na direção desejada. Ao tentar recuperar a liberdade ameaçada por meio da adoção de uma posição contrária à imposta pela tecnologia, Rosa entra num estado de dissonância. Ela resolve esta dissonância mudando sua maneira de pensar acerca da posição em questão: isto é, se ela era contra o conteúdo da asserção, uma vez que lhe é imposto e ela reage por reatância, ela passa a ser favorável a tal conteúdo. Manejando, portanto, reatância e dissonância no sentido de obter as posições desejadas, o tecnólogo social chega a seu objetivo que, no caso, era fazer com que a afirmação que Rosa mais rejeitava "Vou pegar meu material; vou começar a pintar agora" passasse a ser por ela desejada e realizada. A intervenção foi bem-sucedida. Rosa voltou a pintar, iniciou sua preparação para tentar a matrícula na escola de arte e deixou de ser uma dependente de drogas e de álcool.

Ensinamentos a serem retidos

1) A psicologia social é uma ciência. Como tal, ela produz conhecimentos que podem ser aplicados no entendimento e na solução de problemas interpessoais e sociais concretos.

2) Como ciência, a psicologia utiliza vários tipos de pesquisa no estudo de seu objeto material.

3) Ao aplicar os conhecimentos acumulados pela psicologia social, podemos lançar mão de aplicações simples (utilização de um conhecimento específico) ou complexas (combinando-se vários conhecimentos).

4) Tal como nas ciências naturais, é preciso que os cientistas sociais descubram as leis gerais que regem os fenômenos estudados a fim de que outros cientistas e, principalmente, tecnólogos interessados, possam utilizar o conhecimento existente na produção de algo útil à sociedade como um todo e aos indivíduos em particular.

Teste seu conhecimento do assunto
tratado neste capítulo

A) Indique a alternativa que contém a afirmação mais correta

1) A psicologia social científica no estudo do comportamento interpessoal utiliza:

a) pesquisa teórica;

b) pesquisa de avaliação;

c) pesquisa metodológica;

d) pesquisa de réplica;

e) todos esses tipos de pesquisa.

2) Quando aplicamos os conhecimentos acumulados pela psicologia social devemos utilizar:

a) todo o conhecimento obtido através de qualquer método científico empregado adequadamente;

b) somente os conhecimentos derivados das pesquisas teóricas;

c) somente os conhecimentos derivados das pesquisas centradas num problema;

d) somente os conhecimentos derivados das pesquisas de avaliação;

e) somente os conhecimentos derivados de pesquisas que utilizam o método experimental.

3) Os conhecimentos de psicologia social podem ser aplicados, por exemplo:

   a) para que possamos entender um fenômeno psicossocial;

   b) para mudar atitudes;

   c) para diminuir uma atitude de preconceito;

   d) todas as afirmações acima estão corretas;

   e) nenhuma das afirmações acima está correta;

4) O introdutor do conceito de tecnologia social em psicologia social foi:

   a) Leon Festinger;

   b) Irving Janis;

   c) Jacobo Varela;

   e) John French e Bertram Raven;

   f) Elliott Aronson.

5) Na *Nota suplementar n. 2* acima, a tecnologia social empregada para mudar o comportamento de Rosa utilizou conhecimentos derivados de estudos sobre:

   a) escala de Likert;

   b) dissonância cognitiva;

   c) bases do poder social;

   d) reatância psicológica;

   e) somente as alternativas a), b) e d) são corretas.

B) Indique se a afirmação é falsa ou verdadeira

6) Existem dois tipos de ciência: básica e aplicada: (F) (V).

7) Toda aplicação em psicologia social se baseia em conhecimentos previamente descobertos através de pesquisas: (F) (V).

8) O objetivo da pesquisa de réplica em psicologia social é verificar a transculturalidade e/ou a transistoricidade de um fenômeno psicossocial: (F) (V).

9) Pasteur propôs a dicotomia "ciência básica" e "ciência aplicada": (F) (V).

10) Quanto mais conhecimentos de psicologia social possuímos, mas capacitados estaremos para aplicá-los a situações da vida diária: (F) (V).

* *

Respostas no Apêndice, ao fim do livro.

12

Quais as áreas de aplicação da psicologia social?

O tímido produto da ciência teórica é a compreensão.
Lincoln Barnett

A epígrafe acima assinala um aspecto da ciência frequentemente negligenciado. Mesmo que uma descoberta científica pareça não ter uma aplicação imediata, o simples conhecimento produzido permite uma compreensão do fenômeno estudado que, por si só, poderá ter aplicações futuras. Assim é com o conhecimento revelado na primeira parte deste livro. A compreensão de um fenômeno psicossocial específico, suas características e as causas que lhe dão origem, constitui a base sobre a qual aplicações à realidade se seguirão.

Veremos a seguir alguns exemplos de aplicações de conhecimentos adquiridos cientificamente em psicologia social. Focalizaremos as contribuições da psicologia social à educação, à saúde, ao direito, ao meio ambiente e ao trânsito. Dada a natureza introdutória deste livro, as aplicações de psicologia social não serão tratadas de forma exaustiva. Apresentaremos apenas alguns exemplos dentro das áreas mencionadas acima. Acreditamos que esses exemplos serão suficientes para convencer o leitor de que, de fato, é possível aplicar a situações concretas os conhecimentos gerados pela psicologia social científica. Para tanto, além de conhecimentos de psicologia social, requer-se também engenhosidade e criatividade por parte de quem os aplica. Não há receitas prontas a serem seguidas na aplicação dos conhecimentos adquiridos. Cada situação tem suas idiossincrasias e o aplicador deve levar isso em conta e ser criativo acerca de que conhecimento (ou conjunto de conhecimentos) deverá ser aplicado e como fazê-lo. Além disso, afim de atingir-se um objetivo de natureza prática na vida real, os conhecimentos derivados apenas da psicologia social podem não ser suficientes. Conhecimentos oriundos de outros setores do conhecimento devem ser utilizados também. É o caso, para mencionar apenas um exemplo, do problema da violência. Os conhecimentos de psicologia social podem ajudar no enfrentamento desse fenômeno social, mas as contribuições da sociologia, da psicologia clínica e da personalidade, do direito, da psiquiatria e até mesmo de religião poderão prestar contribuições valiosas para o atingimento do objetivo de evitar a violência ou, pelo menos, de diminuir suas consequências nefastas.

Aplicações à área escolar

Marlene tem um filho, Pedro, que cursa o oitavo ano. Ultimamente ela tem notado que seu filho anda triste, calado e alegando tudo o que pode para não ter que ir ao colégio. Depois de muito insistir, ela consegue que Pedro fale sobre o problema que o aflige no momento. A razão pela qual Pedro anda triste e sem disposição para ir ao colégio é que vários de seus colegas não fazem outra coisa senão debochar dele, salientar suas deficiências nos esportes, criticar sua maneira de vestir e ameaçá-lo fisicamente quando ele tenta reagir a tudo isso. Ele não aguenta mais ser alvo dessa sórdida campanha contra ele, principalmente devido ao fato de que ele nada fez para provocar esse comportamento por parte de seus colegas. Marlene tenta consolá-lo e promete que irá ao colégio falar com a pessoa responsável pela disciplina. Pedro lhe pede que não o faça, pois isso irá irritar seus colegas que, em troca, poderão agredi-lo fora do colégio. Marlene decide procurar o orientador educacional do colégio e pedir sua ajuda.

Infelizmente, muitos alunos e alunas de nossos estabelecimentos de ensino passam por situações humilhantes como a descrita por Pedro. Elliot Aronson, um psicólogo social da Universidade da Califórnia em Santa Cruz, atribui grande parte da responsabilidade pelo trágico episódio ocorrido na escola Columbine, nos Estados Unidos em 1999, ao fato de alguns estudantes serem singularizados por seus colegas para serem humilhados, inferiorizados e alvos de deboche e agressão. Dois estudantes daquele colégio assassinaram um professor e vários colegas ao dispararem seus revólveres indiscriminadamente contra eles. Esses dois estudantes eram alvo daquilo que Pedro apontou como causa de sua depressão e de sua vontade de não ir ao colégio; ou seja, eram alvo de abusos por parte de seus colegas. O ponto de vista de Aronson é o de que esse comportamento de colegas contras colegas pode concorrer para que jovens instáveis e portadores de problemas de personalidade sérios não resistam a essas contínuas humilhações, debomches e agressões e recorram a ações desastradas como a dos dois estudantes de *Columbine*. Esse, obviamente, não foi o único fator responsável pela tragédia e muito menos a justifica, mas sem dúvida concorreu para sua ocorrência.

Há muito tempo pesquisas em psicologia social têm demonstrado que o espírito de cooperação entre estudantes traz mais benefícios ao relacionamento entre eles do que o espírito de competição. O próprio Aronson, mencionado antes, foi certa vez solicitado por autoridades escolares do Estado do Texas a ajudar a resolver o problema da hostilidade reinante no ambiente escolar. Baseado em descobertas anteriores da psicologia social na área de cooperação e competição, Aronson propôs a técnica conhecida como *técnica do quebra-cabeça* (cf. Nota suplementar n. 2, ao fim do capítulo 11). De acordo com essa técnica, os estudantes são divididos em grupos e cada membro do grupo é responsável por explicar aos demais uma determinada seção do assunto estudado. Eles são devidamente instruídos pelo professor e, em seguida, transmitem a seus colegas o conhecimento adquirido sobre aquele ponto específico. Quando todos os integrantes do grupo terminam suas exposições, o assunto estudado é transmitido em sua totalidade. Como o aprendizado do assunto depende do esforço de cada membro do grupo em transmiti-lo, os membros do grupo passam a ser interdependentes, e o aspecto competitivo desaparece. Essa técnica é atualmente utilizada em centenas de escolas nos Estados Unidos e sua principal consequência é o aumento de atitudes positivas entre os alunos, diminuição de atitudes e comportamentos preconceituosos, menor agressividade e maior empatia. Uma vez criado um ambiente com essas características, a possibilidade de ataques, como os de que Pedro foi alvo em sua escola, tornam-se menos prováveis. A psicologia social nos ensina que a força do ambiente social constitui fator motivacional muito importante. Um ambiente social caracterizado pelo espírito de cooperação mútua desencoraja atitudes e comportamentos negativos. Os responsáveis por estabelecimentos de ensino têm o dever de esforçar-se por criar um ambiente de cooperação entre os alunos e de forma alguma tolerarem situações como a de que se queixou Pedro.

> Helena é uma aluna com dificuldades na escola. Já repetiu o ano uma vez e suas notas continuam baixas. Depois de mais um mês com notas baixas, Helena diz a seus pais que não quer mais continuar a estudar. Alega que não dá para os estudos e que vai se dedicar em tempo integral a atividades esportivas. Seus pais se mostram muito preocupados e procuram, de todas as maneiras, convencê-la de continuar seus estudos.

A psicologia social pode ajudar os pais de Helena a lidar com esse problema. A razão pela qual ela se dispõe a abandonar os estudos é, muito provavelmente, porque ele atribui seu fracasso na escola a uma causa interna, estável, incontrolável e global. Sendo assim, Helena não vê como ela poderá reverter esse estado de coisas, pois ela se considera pouco inteligente e não está sob seu controle mudar essa característica. Isso, segundo sua percepção, é responsável por seu baixo rendimento acadêmico e daí ela querer largar os estudos e dedicar-se a algo em que, para ela, a inteligência não seja tão importante.

A teoria de Bernard Weiner nos fornece o conhecimento necessário para ajudar Helena nessa situação. Embora a essência da teoria tenha sido explicitada no capítulo 3, segue-se uma breve recapitulação da mesma.

Segundo Weiner, no processo de atribuição de causalidade, as características de internalidade/externalidade, estabilidade/instabilidade e controlabilidade/incontrolabilidade da causa de um determinado comportamento desempenham papel muito importante. A teoria se fundamenta na sequência *cognição* (atribuição causal) → *afeto* → *comportamento*.

Atribuições a causas interna/externas, estáveis/instáveis e controláveis/incontroláveis geram diferentes afetos que, por sua vez, induzem a determinados comportamentos.

Quando observamos um resultado de uma ocorrência (positivo ou negativo), experimentamos emoções compatíveis; isto é, se o resultado é positivo nos sentimos alegres, e, se negativo, tristes. Essas emoções independem de atribuição causal. Se, entretanto, o resultado é inesperado, negativo ou importante, procuramos sua possível causa. Nesse momento entra em jogo o processo atribuicional de alocação de uma causa ao evento, e a causa poderá ser *interna ou externa* (decorrente de intenção da pessoa que levou ao resultado ou de algo externo a ela), *estável ou instável* (permanente ou passível de mudança) e *controlável ou incontrolável* (pela pessoa ou por outrem). Essa atribuição causal, por sua vez, suscitará emoções, expectativas e comportamentos em função das dimensões das causas indicadas acima (internalidade/externalidade, estabilidade/instabilidade e controlabilidade/ incontrolabilidade). Por exemplo, se fracassamos por falta de esforço (uma causa interna, instável e controlável), sentiremos remorso, culpa e vergonha e procuraremos nos esforçar mais no futuro; se fracassamos por falta de aptidão (uma causa interna, estável e incontrolável), sentiremos tristeza ou decepção, mas não remorso ou culpa e, provavelmente, seremos pessimistas quanto à possibilidade de não fracassar no futuro. Quando fazemos atribuições ao comportamento de outras pessoas, se alguém nos agride, por exemplo, e percebemos esse ato como sendo decorrente de sua própria vontade (causa interna) e que estava sob seu controle realizá-lo ou não (causa controlável), provavelmente retaliaremos; se, entretanto, nós percebemos sua agressividade como decorrente de algo incontrolável pela pessoa (p. ex., uma doença mental), provavelmente não retribuiremos a agressão. Para que um julgamento de responsabilidade por um ato seja atribuído a uma pessoa, é necessário que quem o faz considera o ato perpetrado como sendo controlável pela pessoa e que não haja circunstâncias atenuantes (a pessoa estava passando por um período de grande atribulação, p. ex.).

Os pais de Helena, em seus esforços para convencê-la a continuar seus estudos, deveriam discutir com ela a pertinência da causa a que atribui seu fracasso escolar. Poderiam mostrar situações no passado em que ele obteve êxito em atividades acadêmicas; poderiam também argumentar que talvez os hábitos de estudo de Helena eram inadequados e que, muito provavelmente, ela não estava se esforçando o suficiente em seus estudos; poderiam ainda salientar que, em certas disciplinas, ela se sai bem, suas dificuldades limitando-se à área das ciências e da matemática.

Fazendo assim, os pais de Helena estariam pondo em prática os ensinamentos derivados dos estudos de Weiner e outros cientistas sociais que têm se dedicado à pesquisa do fenômeno de atribuição de causalidade. Questionando a atribuição feita por Helena de que seu fracasso escolar decorria de uma causa interna, estável, incontrolável e global, eles tornariam indefensável sua decisão de abandonar os estudos. Ela poderia se sair melhor se: a) mudasse seus hábitos de estudo; b) se esforçasse mais, principalmente nas matérias em que tem mais dificuldade; c) verificasse que sua dificuldade não se generaliza a todas as disciplinas, mas apenas a um conjunto específico (não global) delas. Uma vez que a causa das dificuldades de Helena passa a ser vista como instável – ou seja, suscetível de mudança –, como controlável por ela, e como específica a um subconjunto de disciplinas, é muito provável que ela reavalie sua decisão e sinta-se motivada e continuar seus estudos e melhorar de rendimento. Cabe não só aos pais, mas também aos professores, evitar que estudantes atribuam, sem razão suficiente, suas dificuldades a causas internas, estáveis, incontroláveis e globais.

Os exemplos anteriores mostram como os achados da psicologia social nas áreas de cooperação e competição e de atribuição de causalidade podem ser aplicados a situações concretas da atividade escolar. Esses exemplos constituem apenas uma amostra do potencial da psicologia social em ajudar a resolver problemas que ocorrem na escola.

Aplicações à área da saúde

> *Há dois tipos de doenças: físicas e mentais. Cada uma deriva da outra e nenhuma delas existe sem a outra.*
> Mahabharata (pensador oriental, 4.000 a.C.)

Não obstante a antiguidade da afirmação acima, por muito tempo a medicina ignorou a influência da mente nas doenças físicas. Felizmente a medicina moderna deixou de considerar a parte física do ser humano como totalmente dissociada de sua parte mental ou psicológica. Daí a crescente importância da psicologia na área da saúde.

Nos capítulos 4 e 5 desta obra vimos que a psicologia social científica tem feito bastante progresso no entendimento dos fenômenos de influência social e mudança de atitude, bem como no desenvolvimento de técnicas que conduzem a mudanças de comportamentos e de atitudes. Tais ensinamentos são de singular importância quando, na área da saúde, lidamos com doenças para as quais ainda não se dispõe de cura, em que são conhecidas as medidas profiláticas capazes de evitar o aparecimento da doença incurável. Exemplo típico do que acabamos de dizer é a Síndrome da Imunodeficiência Adquirida (aids). Como é difícil a cura para a doença, o melhor recurso profilático à disposição dos profissionais de saúde para enfrentarem o problema é o de recorrer aos ensinamentos da psicologia social e tentar mudar os comportamentos de forma a evitar que a doença seja adquirida e transmitida. O psicólogo social Martin Fishbein, quando integrante do Centro de Controle e Prevenção de Doenças dos Estados Unidos aplicou, com êxito, conhecimentos de psicologia em campanhas de modificação de comportamentos visando prevenir a aquisição do vírus HIV.

Bertram Raven obteve êxito em conseguir que médicos e seus auxiliares lavassem as mãos com mais frequência num ambiente hospitalar. Isso foi conseguido através do planejamento de um trabalho de persuasão inspirado pelo *poder de informação* estudado no capítulo 4. A lavagem frequente das mãos dos profissionais de saúde em hospitais diminui significativamente os casos de infecção hospitalar dos pacientes.

Grossart-Maticek, um psicólogo iugoslavo, mostrou que pacientes com câncer e portadores de doenças cardíacas que receberam assistência psicológica, juntamente com tratamento médico, tiveram sobrevivência significativamente maior do que os que receberam apenas tratamento médico. A assistência psicológica fornecida era baseada em ensinamentos de psicologia social, tais como os relativos às consequências positivas do apoio social (demonstração de empatia, consideração e preocupação com o outro), desenvolvimento da motivação à internalidade (desenvolvimento da capacidade de controle por parte das pessoas), e manejo de situações estressantes.

Portanto, não somente no setor de modificação de condutas inadequadas e prejudiciais à saúde, mas também como auxiliar do próprio tratamento médico, os ensinamentos da psicologia social podem ser de grande utilidade.

O ser humano é integrado por um componente físico e um componente mental que se acham intimamente interligados.

O tratamento de doenças deve levar em conta essa realidade e lançar mão tanto dos conhecimentos da medicina moderna quanto das descobertas relevantes da psicologia.

Shelley Taylor, professora de Psicologia Social na Universidade da Califórnia em Los Angeles (Ucla), estudou a relação existente entre o que ela chamou de *ilusões positivas* e saúde física e mental.

O ponto central da posição defendida por Taylor é que nossos pensamentos e nossas percepções são mais frequentemente caracterizadas por ilusões positivas acerca de nós mesmos, de nossa capacidade de controle e de nosso futuro, do que por avaliações precisas da realidade. Existe uma tendência natural no sentido de possuirmos uma boa autoimagem, de achar que somos capazes de exercer controle sobre o ambiente em que vive e de sermos otimistas em relação ao futuro. Quando as pessoas se engajam em ilusões desta natureza, as consequências daí decorrentes são mais benéficas do que maléficas.

Ilusões positivas não se confundem com mecanismos de repressão e negação da realidade. Enquanto tais mecanismos conduzem a uma clara distorção da realidade ou uma recusa em aceitá-la, as ilusões positivas apenas refletem uma tendência a nos perceber a nós mesmos e ao mundo em que vivemos de forma mais positiva. Quando nos avaliamos de uma forma exageradamente positiva, ou percebemos que temos controle sobre eventos objetivamente incontroláveis e esperamos alcançar objetivos totalmente irrealistas, nós não estamos tendo *ilusões* ligeiramente positivas, mas estamos simplesmente incorrendo em *delírios* e *fantasias*. Isso, ao contrário, nos prejudica ao invés de ajudar-nos.

Segundo Taylor, embora as pessoas entretenham ilusões positivas, elas não distorcem a realidade de forma exagerada. Embora há casos em que pessoas buscam objetivos inatingíveis em decorrência de suas ilusões positivas (tentar controlar eventos incontroláveis ou a negligenciar a tomada de medidas preventivas devido a seu otimismo irrealista), ilusões positivas constituem a energia propulsora de criatividade e da busca de objetivos audaciosos.

Os otimistas são mais propensos a entreter ilusões moderadamente positivas do que os pessimistas. Como o papel favorável de ilusões positivas moderadas tem sido constatado no que tange a enfrentamento de situações estressantes, utilização de medidas preventivas de doenças e maior bem-estar psicológico, elas podem ser consideradas como uma das possíveis explicações da pequena, porém positiva, correlação entre otimismo e melhor saúde física e mental.

Aplicações à área jurídica

> *Testemunhas provavelmente deveriam fazer um juramento mais realista: "Jura dizer a verdade, toda a verdade", ou seja lá o que for que pensa se lembrar.*
> Elizabeth E. Loftus

Embora não muito utilizados no Brasil, os ensinamentos de psicologia social são frequentemente invocados em julgamentos que envolvem prova testemunhal em várias partes do mundo. Os estudos acerca do fenômeno de percepção social são muito úteis aos advogados quando testemunhas oculares são apresentadas em juízo. Vimos no capítulo 3 que as pessoas tendem a distorcer a realidade devido a seus preconceitos, tendenciosidades no processo atribuicional, estereótipos etc. Os estudos sobre percepção social mostram convincentemente que esses erros de percepção ocorrem com acentuada frequência. Gordon Allport, professor da Universidade de Harvard, conduziu estudos em que os participantes eram solicitados a observar atentamente uma cena contida num dispositivo e projetada numa tela. Em seguida, cada participante era solicitado a contar a outro o que a cena continha. Este outro, por sua vez, deveria transmitir o conteúdo da mesma a um terceiro participante. E assim por diante. Como vimos no capítulo 3, Allport constatou que, ao cabo de umas poucas transmissões da narrativa, o conteúdo da mesma tinha pouco a ver com a cena original. Os preconceitos, os vieses atribuicionais, os desejos, os interesses das pessoas que descreviam a cena, tudo isso intervinha no sentido de distorcer a narrativa para que a cena fosse coerente com essas disposições pessoais. O mesmo ocorre quando uma testemunha observa um crime. Em geral, o criminoso age rapidamente, num ambiente de visibilidade deficiente, e em meio à presença de vários estímulos ambientais. A testemunha, ao reportar o que viu, muitas vezes se deixa levar por suas tendenciosidades e preconceitos ao dar estrutura ao que viu rapidamente e sob forte impacto emocional. Conforme os aspectos peculiares ao caso (raça, classe social, profissão, orientação política etc. do acusado ou da testemunha), o advogado pode utilizar os ensinamentos da psicologia social no sentido de acautelar o júri acerca das prováveis distorções no depoimento da testemunha ocular.

Outros aspectos que devem ser considerados pelos profissionais do sistema judiciário à luz dos ensinamentos de psicologia social são: réus com melhor aparência física recebem sentenças mais brandas do que os de aparência menos atraente? Punições severas são menos aceitas pelos jurados do que punições mais brandas? Quando a vítima é fisicamente atraente ou sofreu danos graves é o acusado julgado de forma mais severa? Pesquisas sobre tais assuntos respondem afirmativamente a essas perguntas e os conhecimentos de psicologia social sobre formação de impressão de pessoas (capítulo 3), sobre formação de atitudes (capítulo 5) e sobre justiça (capítulo 10) revelam conhecimentos passíveis de serem utilizados pelos advogados para melhor atingirem seus objetivos em julgamentos de natureza cível e penal.

Aplicações à área do meio ambiente

Nesta seção e na seguinte, invocarei uma vez mais a contribuição do Professor Fabio Iglesias ao capítulo sobre aplicações da psicologia social por ele escrito para o livro *Psicologia social*, de Rodrigues, Assmar e Jablonski anteriormente citado. No que concerne a aplicações da psicologia social ao meio ambiente, diz o referido professor:

> *Trate bem do meio ambiente. Ele lhe foi dado por seus pais. Ele lhe foi emprestado por seus filhos.*
> Provérbio queniano

O termo meio ambiente tem dois sentidos mais usuais em psicologia social aplicada, referindo-se, por um lado, a ambientes naturais e à natureza como um todo, e, por outro, a ambientes construídos, com especial destaque para contextos urbanos. Outra distinção importante é que os estudos ora se referem aos efeitos do comportamento humano no ambiente, ora aos efeitos do próprio ambiente no homem. Embora a psicologia ambiental defenda a visão de uma relação recíproca entre ambiente e comportamento, o estudo dos efeitos do comportamento humano no ambiente é a parte mais conhecida e valorizada da área. A dimensão urgente dos problemas ambientais, expressa por preocupações internacionais com o aquecimento global, a poluição e a superpopulação, dá à psicologia social aplicada um papel fundamental de compreender e modificar comportamentos inadequados na base desses fenômenos.

Uma análise macro dos problemas ambientais revela que eles estão muito associados a desenvolvimentos tecnológicos (que podem ser tanto causa quanto cura), a ações no nível industrial e a fenômenos naturais não controlados. No entanto, o que ocorre, principalmente nos níveis individual, interpessoal e intergrupal de análise, é da esfera de atuação do psicólogo social. Para ilustrar a aplicação da psicologia social a esses fenômenos, selecionamos alguns estudos voltados para a promoção de comportamentos pró-ambientais.

Um grande problema ambiental é a produção de lixo e seu descarte inadequado, algo diretamente relacionado a processos de influência social normativa. Ao investigar o efeito de normas sociais no comportamento, Cialdini, Reno e Kallgren (1990) propuseram uma distinção conceitual necessária entre normas descritivas (que descrevem o que os outros estão fazendo em uma determinada situação) e injuntivas (o que deveria ser feito em uma determinada situação). Dessa maneira, verificaram que um comportamento pode ser influenciado pela ênfase manipulada do tipo específico de norma, e não pela simples existência de uma norma. Um ambiente sujo tende a sinalizar para os transeuntes que é aceitável jogar lixo no chão e que ninguém será censurado se fizer o que os outros já fazem (norma descritiva), mesmo quando se sabe que não é certo jogar lixo no chão (norma injuntiva). Os autores mostraram a eficácia de intervenções simples para diminuir o comportamento desse descarte inadequado, como fazer montinhos de lixo em um ambiente sujo ou expor o transeunte a um confederado que serve de modelo, recolhendo um lixo do chão e simulando desaprovação. Eles também mostraram que uma única peça de lixo no chão (como uma casca de melancia) pode estimular surpreendentemente menos descarte do que algumas poucas peças de lixo juntas, porque a peça única cria um grande contraste e salienta justamente a norma injuntiva de que não se deveria sujar o chão.

São frequentes os estudos envolvendo conservação de recursos, desenvolvidos na psicologia social aplicada ao meio ambiente, se coadunarem com aqueles desenvolvidos na psicologia social aplicada ao consumidor. As pesquisas de Cialdini e colegas inspiraram, por exemplo, a tentativa de promover comportamentos de conservação de água e energia entre hóspedes de hotéis, considerando-se os diversos benefícios ambientais e financeiros envolvidos. Neste caso, Goldstein, Cialdini e Griskevicius (2008) encontraram evidências da influência exercida pela norma descritiva de conservação, controlando apenas o conteúdo de avisos nos banheiros de suas suítes. Os hóspedes se comportaram mais da forma esperada quando os avisos faziam menção ao que outros hóspedes pensam ("A maioria dos nossos hóspedes apoia esta iniciativa") do que menção ao impacto do desperdício no planeta e nas futuras gerações ("Ajude a preservar os recursos naturais do nosso país/dos nossos descendentes") ou do que a menção a normas de reciprocidade ("Estamos fazendo a nossa parte, podemos contar com você para reutilizar sua toalha?"). Este tipo de estratégia tem sido tratada como um *marketing* de normas sociais ou como *marketing* social baseado em comunidades (McKenzie-Mohr, 2000), que envolve baixos custos e intervenções relativamente simples frente a mudanças estruturais que seriam mais caras, demoradas e difíceis de implementar.

Enquanto finalizávamos a redação deste capítulo, a mídia noticiava a ocorrência de um forte terremoto na costa leste do Japão, seguido de tsunamis que devastaram regiões costeiras, matando e desabrigando milhares de pessoas, prejudicando a economia e gerando sérios riscos de acidente nuclear. Os efeitos desses desastres são terríveis e certamente se prolongarão por meses ou anos, mas também se avalia que eles são relativamente menores, nesse país, quando comparados a desastres que ocorreram em países que são bem menos preparados. Além de elementos de geografia e de construção humana que respondem pelas medidas de prevenção e reação, é um fenômeno que também ilustra o papel importante da psicologia social aplicada em compreender e intervir nos comportamentos associados. Considere-se a maneira como a população japonesa reagiu seriamente a alertas, adotou planos de evacuação que são frequentemente aprimorados e treinados, além de estabelecer mutirões de resgate e reconstrução, baseados em sentimentos intra e intergrupais. Isto sem que se mencione a própria história do país, que já se recuperou de maneira exemplar de outros conhecidos problemas, como a Segunda Guerra Mundial, que o devastou. Hoje já existe uma área formalmente estabelecida como psicologia dos desastres e das emergências (Reyes; Jacobs, 2006), que agrega conhecimentos úteis da psicologia clínica (p. ex.: tratamento de eventos traumáticos), da psicologia organizacional (p. ex.: formação de equipes) e da psicologia comunitária (p. ex.: programas de assistência), entre muitos outros.

Como vimos nos estudos sobre dissonância cognitiva, alertas de perigo de tsunami, enchentes, erupções vulcânicas ou qualquer outro desastre natural podem gerar reações de negação e justificação que impedem a adoção de comportamentos seguros, em especial quando envolvem abandonar a própria casa e procurar abrigo. Isso é especialmente desafiador no caso de regiões mais pobres e densamente povoadas, visto que não adotam boas políticas públicas, não dispõem de estrutura de segurança adequada e costumam ter que se preocupar com outras prioridades associadas ao desemprego, à falta de moradia e à violência. O grande terremoto do Haiti, ocorrido em janeiro de 2010, ilustra bem o despreparo no contexto de um país com problemas sociais e econômicos extremos, tendo matado mais de trezentas mil pessoas e deixado mais de um milhão de flagelados. Por outro lado, os mesmos conhecimentos sobre dissonância cognitiva, que mostram por que as pessoas são reativas a alertas, também podem promover maior arrecadação de fundos em campanhas para essas calamidades. Zagefka *et al.* (2010) mostraram, por exemplo, que as pessoas fazem mais doações ao perceberem que as vítimas fazem esforços para se recuperar sozinhas e não são culpadas pelo ocorrido, algo facilmente administrável via divulgação das notícias na mídia, com possibilidades de aplicação nas campanhas de ajuda humanitária.

Aplicações à área do trânsito

Tal como na seção anterior, darei a palavra ao Professor Fabio Iglesias, reproduzindo o que escreveu em sua contribuição ao livro *Psicologia social* já referido anteriormente. Diz o Professor Iglesias:

> *Dirija defensivamente: compre um tanque.*
> Anônimo

"Embora tenha sido inicialmente caracterizado por exames psicotécnicos e estudos sobre acidentes, o trânsito é hoje entendido de maneira ampla em psicologia como "o conjunto de deslocamento de pessoas e veículos nas vias públicas, dentro de um sistema de normas, que tem como objetivo assegurar a integridade de seus participantes" (Rozenstraten, 1988: 4). Desta feita, a dimensão social do comportamento humano se configura como um quarto elemento, que perpassa os chamados três "Es" do trânsito (educação, engenharia e esforço legal), compreendendo elementos de interação social que são tipicamente investigados em psicologia social. O trânsito é, portanto, um grande laboratório natural de psicologia.

Dada a importância cada vez mais evidente nas grandes cidades de se minimizar o uso individual de automóveis, em razão de seus efeitos de congestionamento, de ruído e de poluição atmosférica, a promoção do uso de transporte coletivo tem sido um dos focos específicos da psicologia social aplicada ao trânsito. Aarts, Verplanken e Van Knippenberg (1998) mostraram que a mudança de hábitos arraigados, como deixar o conforto diário do próprio carro, é um desafio tal para a psicologia social, que os modelos de intervenção devem incorporar construtos relacionados à automaticidade de certas escolhas. Ao invés de compreendê-las como processos cognitivos racionais, algumas intervenções para mudar a escolha pelo meio de transporte têm trabalhado as representações mentais que motoristas fazem de certos trajetos, e não somente suas intenções comportamentais. Para a psicologia social, isso mostra a possibilidade de se modificar comportamentos de forma duradoura, mesmo não se focando necessariamente na mudança de atitudes, um dos maiores desafios clássicos da área.

A sinalização de trânsito é outro terreno fértil para aplicação de conhecimentos da psicologia social. Considerando o previsto pela teoria da reatância, como examinado no capítulo sobre mudança de atitude e persuasão, o aspecto mandatório de uma placa de trânsito que cobra uma diminuição da velocidade pode até gerar efeitos reversos. Avisos que incluem pró-sociabilidade e gentileza são geralmente mais eficazes, assim como na autoridade exercida cordialmente por agentes de trânsito e nos pedidos de passagem feitos por outros motoristas. Nessa mesma orientação, Geller *et al.* (1989) introduziram com sucesso elementos de compromisso e pequenos incentivos em uma intervenção, mostrando que eles geram sistematicamente um maior uso de cinto de segurança por motoristas do que os típicos elementos mandatórios.

Outras áreas de aplicação

A rigor, os ensinamentos da psicologia social podem ser aplicados a qualquer situação que envolva interação entre pessoas. Sendo assim, não só o professor, o profissional de saúde, o advogado, o promotor da preservação do ambiente e o responsável pela segurança do trânsito podem deles se beneficiar no exercício de suas profissões; mas também o psicoterapeuta, o político, o assistente social, o executivo, o líder religioso, o administrador, o militar etc. E, sem dúvida, os ensinamentos da psicologia social são incorporados a outras áreas do saber e passam a ser por elas utilizados em suas respectivas atividades. Isso foi assinalado por Robert B. Zajonc quando, ao responder à crítica de que os experimentos em psicologia social são, em sua maioria, triviais e não levam a resultados práticos significativos, afirmou:

> Em parte isso é verdadeiro; mas eu acho que isso é verdadeiro em todas as áreas. Consideremos, por exemplo, a literatura: quantos livros são produzidos anualmente e quantos se tornam parte de nossa literatura? Consideremos a área de composições musicais: quantas peças de música são compostas a cada ano, e quantas permanecem como contribuições de valor a essa arte? Ou consideremos os laboratórios farmacêuticos, que conduzem milhares e milhares de experiências sem qualquer resultado prático, mas que de vez em quando descobrem algo como o Prozac®, que lhes rende bilhões de dólares. Portanto, talvez valha a pena os psicólogos sociais pensarem dessa maneira e acreditarem que, dentre todos os experimentos que são conduzidos, algum valor é obtido através de muitos deles. Infelizmente, nem sempre lhes é dado crédito por suas descobertas. *Se olharmos para os setores de governo, de negócios, de* marketing, *de propaganda, de atividade militar, de educação, de saúde, vemos que uma variedade de áreas se apropriaram de descobertas da psicologia social que, simplesmente, se tornaram parte do conhecimento geral, sem que lhe fosse dado o crédito que lhe é devido* (Ênfase feita pelo autor).

Notas suplementares ao assunto tratado neste capítulo

1 Quão precisas são as aplicações das descobertas da psicologia social?

A tese central deste capítulo é a seguinte: o cientista descobre a realidade e o profissional aplica esse conhecimento no entendimento e na solução de problemas em sua área de especialização. Coerente com essa tese central, há necessidade de realizarmos pesquisas científicas em psicologia social a fim de descobrir o que causa os diferentes fenômenos verificados nas relações interpessoais. Uma vez atingido tal conhecimento, a etapa seguinte consiste em aplicar esse conhecimento nas áreas em que ele pode vir a ser útil.

Neste capítulo vimos alguns exemplos de como as descobertas científicas da psicologia social podem ser aplicadas no entendimento e na solução de problemas interpessoais na área escolar, no setor de saúde, na prática do direito, na preservação do meio ambiente e na melhoria do trânsito. Muitos outros exemplos poderiam ter sido apresentados na área das organizações, no setor militar, na área de propaganda, no que tange à proteção do ambiente, na atividade política, no que se refere ao comportamento do consumidor, na solução de problemas familiares e até na solução de problemas internacionais.

Existe, entretanto, uma diferença importante entre o trabalho do cientista e do tecnólogo social e aquele do cientista e do tecnólogo no setor das ciências naturais. O trabalho dos que se dedicam às ciências naturais não é influenciado pela cultura e por fatores de personalidade, tal como ocorre no trabalho dos cientistas e tecnólogos sociais. Consequentemente, o trabalho destes últimos é menos preciso e previsível do que aquele realizado pelos primeiros. Milhares e milhares de aviões decolam e aterrissam diariamente sem quaisquer problemas. A ciência e a tecnologia do setor atingiram um tal estado de desenvolvimento que a segurança dos voos é extraordinária e, quando ocorrem acidentes, a maioria deles decorre de falha humana, equipamento defeituoso ou circunstâncias atmosféricas inusitadas e raras. No setor das ciências sociais, devido aos fatores anteriormente aludidos, a precisão das aplicações é menor, mas nem por isso deve ser considerada igual ou inferior ao resultado decorrente de simples tentativa e erro. Ao contrário, os resultados das aplicações dos achados das ciências sociais são muito superiores ao que seria esperado pela mera chance, o que os torna úteis e recomendáveis, embora não sejam infalíveis.

2 Psicologia social em ação

Suponhamos que uma comunidade queira aumentar o número de pessoas que recicla garrafas, latas e papel. Que ensinamentos da psicologia social poderiam ser invocados e postos em prática para atingir tal objetivo? Ocorrem-nos os seguintes: métodos de mudança de atitude; busca de coerência entre atitudes e comportamentos; diminuição ou eliminação de barreiras como facilitador de comportamento.

Como vimos no capítulo 5, os psicólogos sociais descobriram que as pessoas tendem a manter coerência entre suas atitudes e seus comportamentos. Vimos também que eles descobriram vários métodos eficazes de promover mudança de atitude e de como fazer com que essa mudança seja estável e não temporária; um dos pioneiros da psicologia social científica, Kurt Lewin, mostrou-nos que a existência de barreiras ou obstáculos para a realização de um comportamento resulta na diminuição da emissão de tal comportamento.

Se juntarmos todos esses conhecimentos, seremos capazes de: 1) promover uma campanha junto aos moradores da comunidade interessada em aumentar a quantidade de reciclagem de lixo no sentido de mudar sua atitude em relação à importância de reciclar o lixo, por meio de técnicas adequadas de persuasão em massa e propaganda; 2) utilizar as técnicas conhecidas a fim de fazer com que a persuasão seja duradoura (procurar promover situações em que a pessoa reduza a dissonância entre sua atitude e seu comportamento através de sua própria iniciativa, sem imposição por parte do agente promotor da mudança); 3) eliminar as barreiras existentes que dificultam o comportamento de reciclar (p. ex., fornecer latas de lixo exclusivas para o material a ser reciclado; não exigir separação de latas, vidros e papéis).

Um trabalho dessa natureza aumentará o número de pessoas que reciclam naquela comunidade. Entretanto, é igualmente certo que nem todas as pessoas da comunidade se darão ao trabalho de reciclar. A razão é a que nos referimos no comentário anterior – ou seja, contrariamente ao que ocorre nas ciências da natureza –, existem diferenças e idiossincrasias individuais que influem no comportamento humano.

Não obstante, a aplicação do conhecimento científico existente terá um efeito significativamente superior, no sentido de obter-se o comportamento desejado, do que tentar-se obter esse resultado sem lançar mão desse conhecimento.

3 Os perigos do testemunho ocular

O psicólogo social David Meyer relata em seu livro *Psicologia social* um fato que mostra como as testemunhas oculares podem equivocar-se na identificação de um criminoso. O fato narrado por Meyer é o seguinte: Em 1984, uma excelente estudante de 22 anos, com um promissor futuro pela frente, teve seu apartamento arrombado por um homem que colocou uma faca em seu pescoço e a estuprou. Durante os terríveis momentos por que passou, a estudante procurou reter todas as características físicas de seu assaltante a fim de poder identificá-lo mais tarde, caso fosse preso pela polícia. Determinada a punir seu assaltante, essa moça trabalhou juntamente com a polícia na identificação de suspeitos de crime dessa natureza. Finalmente, uma das fotografias foi identificada por ela como sendo a do seu assaltante. Ela estava absolutamente segura e eufórica por poder entregar à justiça o homem que tanto mal lhe havia causado. O caso foi a julgamento e a estudante participou como testemunha da acusação e, perante o júri, e após jurar dizer a verdade, só a verdade e nada mais que a verdade, ela identificou o acusado como sendo a pessoa que lhe havia estuprado.

O caso foi trazido a julgamento uma vez mais três anos depois, quando a defesa apresentou um outro preso, Bobby Pole, que havia confessado tê-la estuprado. Perguntada se jamais havia visto tal homem, a estudante negou peremptoriamente. Ronald Cotton, o acusado pela estudante no primeiro julgamento, foi então condenado à prisão perpétua, sem possibilidade de clemência. Onze anos depois do estupro, a estudante foi procurada a fim de fornecer uma amostra para teste de DNA em conexão ainda com o estupro de 1984. Certa de que Ronald Cotton era seu estuprador, ela consentiu em submeter uma amostra de seu sangue para exame de DNA. A estudante nunca mais esqueceu o dia em que foi notificada do resultado dos exames. Seu verdadeiro estuprador havia sido Bobby Pole e não, como ela testemunhou, Ronald Cotton. Este foi então posto em liberdade.

Esse exemplo dramático ilustra bem como podemos nos enganar ao fazermos afirmações baseadas em nossas percepções. No capítulo 3 vimos que nós não registramos os fatos como máquinas fotográficas, mas sim de forma por vezes tendenciosa e, quase sempre, influenciados por emoções e distorções perceptivas. Por causa disso, cada vez mais nas cortes judiciais o depoimento de psicólogos sociais, no sentido de alertar o júri acerca dos perigos da acuidade de testemunhos oculares, tem sido solicitado pela defesa.

Ensinamentos importantes a serem retidos

1) A psicologia social é uma ciência. Como tal, ela produz conhecimentos que podem ser aplicados no entendimento e na solução de problemas concretos.

2) A tecnologia social combina achados das ciências sociais para a solução de problemas sociais.

3) Vários são os setores em que podem ser aplicados os conhecimentos produzidos pelas pesquisas em psicologia social. Foram apresentados exemplos de aplicações à escola, à saúde, ao direito, ao meio ambiente e ao trânsito; mas todas as situações que envolvem interação entre pessoas podem se beneficiar dos achados da psicologia social.

4) Vários setores da atividade humana incorporam descobertas da psicologia social e as aplicam constantemente; a origem de tais conhecimentos é, frequentemente, esquecida, o que não faz justiça ao papel desempenhado pela psicologia social nas aplicações de diferentes setores da atividade humana.

Teste seu conhecimento do assunto tratado neste capítulo

A) Indique a alternativa que melhor responde à pergunta

1) Para Louis Pasteur existe:

    a) ciência básica;

    b) ciência aplicada;

    c) ciência e aplicações da ciência;

d) ciência aplicada e tecnologia;

e) apenas tecnologia.

2) Os achados da psicologia social podem ser aplicados aos seguintes setores:

a) educacional;

b) organizacional;

c) jurídico;

d) ambiental;

e) todos esses setores.

3) A fim de estimular o bom relacionamento entre alunos numa escola, os professores devem:

a) promover competição moderada entre eles;

b) promover competição acirrada entre eles;

c) promover uma atmosfera de cooperação entre eles;

d) promover uma atmosfera que favoreça o individualismo;

e) estimular a luta para ser o melhor entre todos.

4) Os professores devem evitar que estudantes atribuam seus fracassos a causas:

a) internas, controláveis e instáveis;

b) externas, incontroláveis e instáveis;

c) internas, estáveis e controláveis;

d) internas, estáveis e incontroláveis;

e) externas, estáveis e controláveis.

5) Estados depressivos são oriundos de atribuições de fracasso a causas:

a) internas, globais e instáveis;

b) externas, específicas e instáveis;

c) internas, estáveis e específicas;

d) externas, instáveis e específicas;

e) internas, estáveis e globais.

B) Indique se a afirmação é falsa ou verdadeira

6) A psicologia social é uma ciência cujos achados podem ser aplicados a situações sociais da vida real: (F) (V).

7) A competição nas escolas faz com que os alunos estudem mais e promove um ambiente escolar favorável: (F) (V).

8) Testemunhas oculares de crimes se equivocam com frequência na identificação do verdadeiro criminoso: (F) (V).

9) A psicologia social pode ser de grande utilidade à medicina na área de modificação de comportamentos nocivos à saúde: (F) (V).

10) É possível haver nas ciências sociais uma tecnologia social, como ocorre com a tecnologia nas ciências da natureza: (F) (V).

· ·

Respostas no Apêndice, ao fim do livro.

13

Como utilizar os ensinamentos de psicologia social aprendidos?

Não consigo imaginar nada que possamos fazer que seja mais relevante para o bem-estar humano do que descobrir como disseminar os conhecimentos da psicologia.

George A. Miller

Este livro, como salientado na Introdução, pretendeu seguir o recomendado por George Miller em seu Discurso Presidencial por ocasião da reunião anual da *American Psychological Association* em 1969. A epígrafe do capítulo reproduz a essência do que foi nele recomendado.

Procurarei, a seguir, mostrar ao leitor como os conhecimentos de psicologia social transmitidos na primeira parte deste livro são importantes em sua vida diária. Em assim fazendo, espero estar atendendo ao recomendado naquele discurso, ainda que se restringindo apenas aos conhecimentos acumulados por uma das várias áreas da psicologia; ou seja, os da psicologia social.

Ao escrever esse capítulo final, faço minhas as palavras de David G. Meyers, expressas no primeiro capítulo de seu excelente e consagrado livro: *Psicologia social*. Disse ele:

> Se o leitor terminar este livro com uma melhor compreensão de como nós vemos e influenciamos uns aos outros e por que às vezes gostamos, amamos e ajudamos uns aos outros e às vezes não gostamos, odiamos e ferimos uns aos outros, então eu serei um autor satisfeito e você, eu acredito, um leitor recompensado.

Seu livro é muito mais profundo, mais abrangente e mais informativo que o presente volume. Eles foram escritos tendo em vista diferentes tipos de leitores. O de Meyers é destinado a estudantes de psicologia que, futuramente, poderão tornar-se profissionais nessa área; o meu, ao leigo interessado em conhecer o que seja psicologia social, na expectativa de que tal conhecimento lhe possa ser útil em sua vida quotidiana. Se bem que apresente de forma acessível aos leitores conhecimentos importantes acumulados pela psicologia social, ele o faz de forma simplificada, não exaustiva e sem pretender esgotar o cabedal de conhecimentos existente nessa área da psicologia. Embora os dois livros sejam bem diferentes, um objetivo comum os une: o de revelar conhecimentos de psicologia social a seus respectivos públicos-alvo, que serão capazes de ajudar seus leitores a entenderem melhor a dinâmica, as possíveis causas e as consequências do fenômeno social de interação entre pessoas.

Alguns capítulos da Parte I são essencialmente teóricos. É o caso do capítulo 1, que objetivou familiarizar o leitor com o que é psicologia social e do capítulo 7, que apresentou as principais teorias e processos relativos à intimidade interpessoal. O capítulo 12 apresenta aplicações específicas a determinadas áreas, não sendo necessário repeti-las aqui. O conhecimento transmitido nos demais capítulos tem aplicações a nossa vida diária, como será mostrado no decorrer do capítulo.

As aplicações apresentadas são exemplificativas e não exaustivas. O leitor deverá usar sua criatividade para encontrar outras aplicações que possam ser derivadas dos conhecimentos transmitidos. Como salientado no capítulo 11, o simples fato de conhecermos melhor um fenômeno psicossocial constitui, por si só, uma aplicação de utilidade prática, pois poderá nos ajudar quando vivenciamos a situação interpessoal a que ele se refere.

Exemplos de aplicações do conhecimento aprendido

1 Autoconceito

O capítulo 2 mostrou os meios que podemos utilizar para formar uma ideia de quem somos e mostrou também que nosso autoconceito influi em nosso comportamento perante outras pessoas e é influenciado por elas. Ressaltou ainda a importância de nossa autoestima e de ilusões positivas na formação de nosso autoconceito. Eis algumas consequências práticas dele derivadas:

• Na falta de critérios objetivos, devemos avaliar nossas *habilidades* e nossas *opiniões* comparando-as com as de outros *semelhantes a nós.*

• O processo de comparação social nos serve de estímulo para melhorarmos nossas habilidades quando nos comparamos com pessoas de habilidade superior.

• Se nosso objetivo é aumentar ou proteger nossa autoestima, nos comparamos com pessoas inferiores a nós.

• Nossa autoestima é *fortalecida* quando nosso eu real e nosso eu ideal são semelhantes e quando atribuímos nossos sucessos a causas internas e nossos fracassos a causas externas e/ou fora de nosso controle.

• Julgar que eventos negativos ocorrem mais frequentemente com os outros do que conosco (*otimismo irrealista*) nos leva a uma ilusão de invulnerabilidade que nos é prejudicial devendo, portanto, ser evitada.

• A ilusão de invulnerabilidade, todavia, não deve se confundir com ilusões positivas. Podemos ter ilusões positivas *moderadas* ao formarmos nosso autoconceito. Mesmo que não correspondam exatamente à realidade do que nós somos, elas nos ajudam a sermos mais otimistas, mais dispostos a perseverar na obtenção de nossos objetivos e mais felizes.

• Se desejamos mudar o comportamento de uma pessoa, uma forma eficaz de fazê-lo é criar condições para que ela se sinta incoerente e hipócrita caso não se comporte da maneira que desejamos; o sentir-se incoerente ou hipócrita afeta negativamente seu autoconceito, o que provocará a mudança de seu comportamento na direção que desejamos.

2 Percepção de pessoas

No capítulo 3 foi estudado o processo de percepção de pessoas; ou seja, quais os fatores que influem na maneira como percebemos as pessoas com quem interagimos. Foram mencionados vários fatores capazes de nos induzir a fazer uma imagem equivocada do que sejam as pessoas com quem interagimos. Desse conhecimento podemos tirar várias consequências que nos ajudarão a entender os outros de forma menos destorcida; ou seja, de como eles são e não como nós os vemos. Seguem-se alguns exemplos:

• Devido ao fato de não percebermos as pessoas nem sempre como elas são, mas como nós somos, temos que estar atentos a uma variedade de fatores (nossa teoria implícita sobre o que seja a outra pessoa, estereótipos, preconceitos, viéses cognitivos, esquemas sociais, heurísticas, atribuição de causalidade a eventos interpessoais, desejo de diminuir nossa carga cognitiva etc.), pois isto poderá levar-nos a erro na percepção das pessoas com quem interagimos. Nossas primeiras impressões podem não corresponder à realidade. A consequência prática daí derivada é que devemos ser cautelosos em nossas inferências acerca de como as pessoas são. Embora a realidade percebida seja a responsável por nossos comportamentos, a conscientização de que existem muitos fatores que nos induzem a perceber o que queremos e não, necessariamente, o que objetivamente é, deve servir de alerta para que não nos deixemos levar tão facilmente por esses possíveis fatores capazes de nos induzir a um a percepção errônea da outra pessoa.

• Outra consequência prática importante é relacionada à aplicação da teoria atribuicional de motivação e emoção proposta por Bernard Weiner a eventos da vida quotidiana. Ao postular a sequência cognição → afeto → comportamento, enfatizando atribuição de causalidade no que diz respeito ao fator *cognição* e classificando as causas a que atribuímos um evento em interna ou externa, estável ou instável e controlável ou incontrolável, a teoria permite que entendamos e, eventualmente, mudemos, comportamentos, como os exemplificados a seguir:

> Um estudante obtém uma nota baixa num exame no qual esperava sair-se bem. O evento inesperado o leva a procurar saber por que ele fracassou no exame. Suponhamos que o estudante atribua seu fracasso ao fato de não ter estudado para o exame (uma causa interna, instável e controlável). A teoria da atribuição prediz a seguinte sequência:
>
> > Evento negativo → atribuição a uma causa interna, instável e controlável → emoções negativas (decepção, culpa) → *decisão de estudar mais para o próximo exame.*
>
> Outro estudante também fracassa mas atribui sua nota baixa à sua falta de aptidão para atividades acadêmicas (uma causa interna, estável e incontrolável). A seguinte sequência de cognições, afetos e comportamentos é esperada:
>
> > Evento negativo → atribuição a uma causa interna, estável e incontrolável → emoções negativas (decepção, desesperança, frustração) → *decisão de abandonar o curso.*

Uma adolescente decide aprender a jogar tênis e desiste após algumas aulas por achar que não tem aptidão para esse esporte (uma causa interna, estável e incontrolável). Tal situação é assim representada:

Evento negativo → atribuição a causa interna, estável e incontrolável → frustração, desânimo → *abandono do esporte.*

Uma adolescente decide aprender a jogar tênis e encontra muita dificuldade em aprender esse esporte. Entretanto ela persiste, pois acha que não tem se esforçado o suficiente nas aulas; isto é, uma causa interna, porém instável e controlável). Tal situação obedece à sequência temporal que se segue:

Evento negativo → atribuição a causa interna, instável e controlável → culpa, remorso → *decisão de continuar indo às aulas.*

• A teoria da atribuição prevê também como as atribuições que fazemos a atos perpetrados por outrem influem na maneira pela qual reagimos a estes atos. A mesma sequência *atribuição → afeto → comportamento* se aplica a este caso, tal como se pode ver nos exemplos que se seguem.

Um aluno tira uma nota baixa e o professor atribui seu mau desempenho ao fato de ele não ter estudado para o exame (causa interna, instável e controlável). A teoria da atribuição de Weiner representa o ocorrido da seguinte maneira:

Fracasso do aluno → atribuição a causa interna e controlável → indignação → *repreensão ou punição.*

Um aluno obtém uma nota baixa e o professor atribui seu fraco desempenho às limitações intelectuais do aluno (causa interna, estável e incontrolável). Isso leva à sequência que se vê abaixo:

> Fracasso do aluno → atribuição a causa interna e incontrolável → pena, compaixão → *ajuda*.

Um motorista está esperando o sinal abrir e outro motorista bate na traseira de seu carro. Ele atribui o acidente à falta de atenção do outro motorista (causa interna e controlável). Ele sai de seu carro com raiva e mostra sua indignação pelo ocorrido ao motorista culpado, como representado na sequência abaixo:

> Evento negativo causado por outrem → atribuição a causa interna e controlável→ raiva, indignação → *repreensão, agressão*.

Um motorista está esperando o sinal abrir e outro motorista bate na traseira de seu carro. Ele atribui o acidente à falta de atenção do outro motorista (causa interna e controlável). Ele sai do carro para mostrar sua indignação e verifica que o motorista do outro carro está tendo uma crise cardíaca. Isso faz com que ele modifique a causa do acidente para uma causa interna, porém incontrolável. Por ter sido o acidente causado por algo incontrolável (doença do motorista), ao invés de o motorista do carro atingido sentir raiva e ofender o motorista que bateu em seu carro, ele sente pena e telefona para solicitar uma ambulância. A atribuição a uma causa interna, porém incontrolável, é expressa na seguinte sequência:

> Evento negativo causado por outrem → atribuição a causa interna e incontrolável → pena, compaixão → *ajuda*.

Um juiz tem que decidir sobre conceder ou negar liberdade condicional a um réu. Se ele julga que o crime cometido foi decorrente de uma causa interna e estável, negará a concessão do pedido; caso o atribua a uma causa instável ou externa, concederá a liberdade condicional. A sequência cognição → afeto → comportamento que representa a decisão tomada é a seguinte:

> Crime cometido pelo réu → atribuição a causa interna e controlável → indignação, expectativa de repetição →*negação da liberdade condicional*.

Ou

> Crime cometido pelo réu → atribuição a causa instável → expectativa de não reincidência →*concessão da liberdade condicional*.

• A teoria de Weiner nos permite entender o que ocorre em várias situações de realização acadêmica, atlética ou profissional e em situações de relacionamento interpessoal. A importância desse conhecimento e que "podemos mudar situações negativas para positivas através da mudança das dimensões causais a que o evento foi atribuído". É o caso, por exemplo, do educador que evita que um aluno perca o interesse pelos estudos depois de repetidos fracassos atribuídos a uma causa interna, estável e incontrolável (p. ex., falta de inteligência), para uma causa interna, porém instável e controlável (p. ex., falta de esforço, utilização de métodos inadequados de estudo) ou para uma causa externa e controlável (deficiência da escola e mudança para outra). E assim nos demais exemplos relativos a comportamentos passíveis de mudança ou decorrente de situações concretas que foram exemplificados acima, e também em qualquer situação em que as características da causa geradora de um comportamento é determinante da reação a esse comportamento.

• Nem sempre a realidade objetiva permite a alteração das dimensões causais, mas muitas vezes isso é possível e deve ser posto em prática. Por exemplo, o responsável pela educação do estudante que está prestes a desistir de estudar ou pelo atleta que abandona a prática de um esporte por ambos acharem que a causa de seus fracassos é algo interno, estável e incontrolável, tem o dever de, quando possível, procurar fazer com que a pessoa sob sua orientação consiga mudar a natureza da causa a que atribui seu insucesso.

• Em várias outras situações da vida real (no exercício profissional, nas relações amorosas, na maneira de lidar com comportamentos de adição a drogas, na aplicação de recompensas e castigos etc.) podemos utilizar os ensinamentos da teoria de Weiner, em benefício pessoal ou de outrem, através da mudança da percepção das características das causas geradoras dos comportamentos exibidos.

3 Influência social

O capítulo 4 tratou do fenômeno de influência social; ou seja, como uma pessoa (a influenciadora) é capaz de fazer com que outra (a influenciada) mude seu comportamento e se conforme com o que a influenciadora deseja. Vimos que os vários tipos de poder dos quais deriva a capacidade de o influenciador produzir mudança no comportamento do influenciado são: poder de recompensa, poder de punição, poder legítimo, poder de referência, poder de conhecimento e poder de informação. Outras estratégias para lograr influência social foram também nele tratadas (contraste, reciprocidade, pressão social, influência de minorias). Tais conhecimentos podem ser úteis em situações nas quais queremos influenciar outra pessoa, como se vê a seguir:

• Quando queremos produzir uma mudança no comportamento de outra pessoa que independa de nossa supervisão para que ela assim se comporte, devemos recorrer a influência derivada dos poderes de referência, legitimidade, conhecimento ou informação.

• Quando queremos produzir uma mudança no comportamento de outrem e esse comportamento é algo que a pessoa acha que não deve fazer (por razões de ordem ética, religiosa, profissional, cultural ou de outra qualquer dessa natureza), para fazer com que ela se sinta responsável por emitir o comportamento a que foi induzida, deveremos utilizar o poder de recompensa, de referência ou de informação. Se usarmos poder de coerção, legitimidade ou conhecimento, ela facilmente nos responsabilizará por seu ato, eximindo-se assim de responsabilidade pelo que fez.

• Podemos também influenciar outra pessoa recorrendo a técnicas específicas de persuasão, tais como: 1) *contraste*:

quando queremos nos desculpar por algo que fizemos e levamos a pessoa que queremos influenciar a acreditar que fizemos coisas muito piores do que o que de fato ocorreu. O alívio experimentado pela pessoa alvo da influência devido ao forte contraste entre o que poderia ter acontecido e o que de fato aconteceu (o comportamento para o qual o influenciador desejava ser desculpado) faz com que ela se torne mais inclinada a desculpar o influenciador; 2) *reciprocidade:* quando pedimos uma coisa a alguém que se recusa a fazê-lo e lhe lembramos que havíamos prestado a ela favor semelhante no passado. A regra da reciprocidade funciona também quando desejamos influenciar uma pessoa a nos dar o que queremos e, inicialmente, pedimos algo muito superior ao que de fato queremos, esperando que a pessoa se negue a fazê-lo. Aceitando sua recusa, e assim mostrando compreensão por ela rejeitar nosso pedido, e pedindo algo muito inferior (que era o que realmente queríamos inicialmente), fará com a pessoa se sinta impelida a concedê-lo devido à necessidade de reciprocar a compreensão manifestada quando ela recusou o pedido exagerado que lhe foi feito anteriormente; 3) *pressão social,* quando mostramos que a maioria das pessoas se comportam da maneira que desejamos que o influenciado se comporte.

• Na Nota suplementar n. 2, ao fim do capítulo, mostramos uma das formas de vendedores nos levar a comprar o que não queremos. A consulta aos livros ali sugeridos e na maioria dos textos sobre psicologia social científica mostrará ao leitor esta e outras maneiras de perceber as táticas utilizadas por vendedores. Esse conhecimento poderá evitar que sejamos persuadidos por um vendedor para nos induzir a comprar o que não queremos.

• Em certas situações como, por exemplo, a obediência às leis do trânsito, devemos procurar saber o porquê de nossa obediência. Se ela for por admissão de que as autoridades reguladoras do trânsito exercem sobre nós uma influência decorrente da percepção de sua legitimidade, nós as obedeceremos sem necessidade da presença de um policial ou de um radar; todavia, se obedecemos às regras de trânsito para evitar multa, então só as respeitaremos quando percebemos que poderemos ser multados ou obrigados pelo policial a parar o carro. Tal reflexão poderá mudar nossos hábitos de dirigir.

4 Mudança de atitude

A parte do capítulo 5 que antecede a seção sobre mudança de atitude é puramente teórico. Várias consequências práticas, todavia, decorrem da seção sobre mudança de atitude, como exemplificado à continuação:

• Se nosso objetivo é provocar uma mudança de atitude, não necessariamente duradoura, e nosso alvo consiste em um grande número de pessoas (propaganda de um novo produto no mercado consumidor, p. ex.), os ensinamentos do Grupo de Yale são importantes (invocando a opinião de pessoas de alta credibilidade que endossam o produto, p. ex.). Mesmo que a mudança de atitude não seja necessariamente duradoura, a persuasão de 5 ou 10% dos que são alvo da propaganda trará lucros vantajosos para o fabricante do produto.

• Quando conhecemos a natureza do público-alvo de nossa tentativa de persuasão e sabemos que ele possui baixo nível intelectual e educacional, os achados do Grupo de Yale sugerem que a tentativa de persuasão será mais eficaz se apresentarmos apenas argumentos a favor do que pretendemos, recorrermos a argumentos de forte conteúdo emocional e apresentarmos a conclusão de que, com base no que foi dito, a mudança de atitude se impõe.

• Se, todavia, o alvo da tentativa de persuasão é uma audiência mais bem dotada intelectual e educacionalmente, o oposto do que vimos acima deve ser feito. Deveremos ressaltar os argumentos pró, mas mencionar também argumentos contra de fácil contestação, deixar que a audiência chegue por si própria à conclusão que pretendemos e usar argumentos racionais e não emocionais.

• Quando pretendemos mudar uma atitude de forma duradoura e independente da forma da comunicação persuasiva, é fundamental que utilizemos meios de suscitar que a pessoa-alvo da tentativa de persuasão mude de atitude por autopersuasão. Em outras palavras: temos que utilizar uma forma de persuasão em que o alvo da persuasão se veja em dissonância cognitiva (discrepância entre a atitude a ser mudada e o que a pessoa faz ou pensa), de forma que a própria pessoa-alvo da persuasão resolva a discrepância incômoda mudando sua atitude original.

• Outra recomendação importante, para que uma tentativa de mudança de atitude logre êxito, consiste em evitar que o alvo dessa tentativa julgue que o persuasor esteja procurando cercear sua liberdade. A percepção de cerceamento da liberdade desperta o desejo de mantê-la, o que se manifesta pela resistência do alvo da tentativa de persuasão em aceitar a mudança pretendida.

5 Atração interpessoal

A maior parte do capítulo 6 se refere a esclarecimentos sobre como se formam, se mantêm e se desfazem a amizade entre as pessoas. Eles nos podem ser úteis quando vivenciamos essas possíveis fases do processo de atração interpessoal. No momento atual que vivemos, onde a radicalização das atitudes tem provocado o término de antigas amizades e até mesmo o rompimento de relações familiares, o conhecimento teórico transmitido no capítulo pode nos ajudar a entender um pouco melhor essa nova realidade.

(Em outra publicação (Da inutilidade das Discussões – Uma análise psicológica da polarização no mundo atual) tive oportunidade de analisar o problema atual do rompimento de laços de amizade devido a discussões acaloradas e inúteis de forma mais pormenorizada. Nele mostrei que vários fatores de natureza psicológica nos fazem achar que estamos sempre certos e salientei as nefastas consequências das *fake news*, do desprezo pela realidade dos fatos, da proliferação das mentiras e do ataque à verdade objetiva desencadeado pelos pós-modernistas e disseminado através das redes sociais suscitando a polarização extremada do mundo atual. Esta polarização exacerbada é conducente à destruição de antigas amizades e até de laços familiares. O abandono de valores que até pouco tempo eram partilhados pela maioria das pessoas – tais como: lealdade, honestidade, cortesia, respeito à opinião alheia, repulsa pela mentira etc. – também é responsável pela tendência das pessoas a verem o mundo divido entre as que estão do seu lado e das que estão contra elas.)

Algumas aplicações práticas, podem ser derivadas do conhecimento adquirido no capítulo 6. Seguem-se alguns exemplos:

- O princípio do equilíbrio de Heider pode ser utilizado quando queremos modificar uma atitude. Poderemos diminuir ou eliminar o preconceito de alguém em relação a pessoas da raça negra, por exemplo, mostrando-lhe pessoas dessa raça que lograram sucesso nos esportes, na política, nas artes, na literatura etc. que são por ela admirados e respeitados. Seria inconfortável para essa pessoa ser preconceituosa em relação a pessoas que ela admira e respeita. A motivação a um estado de equilíbrio a levaria, muito provavelmente, a modificar sua atitude preconceituosa restaurando, assim, o equilíbrio da relação interpessoal.

- Ainda de acordo com este princípio teórico, amizades podem ser preservadas quando pessoas amigas evitam que o desequilíbrio ocorra em suas interações. Isto é obtido quando pessoas amigas procuram excluir os pontos de discórdia do relacionamento entre elas. Como me referi brevemente acima, discussões acaloradas sobre valores, preferências políticas e religiosas e opiniões profundamente sedimentadas são improdutivas e, frequentemente, conducentes ao rompimento das amizades.

- O princípio do equilíbrio pode também ser aplicado a situações outras que a de formação, manutenção ou rompimento de atração interpessoal, como explicitado na Nota suplementar n. 3, ao fim do capítulo, que descreve uma aplicação do princípio do equilíbrio à confecção de material de propaganda na TV, nos *outdoors* e em outros meios de propaganda.

• Para manter-se uma relação de amizade e, principalmente quando se trata de uma relação amorosa, é importante que se observe a regra da equidade; ou seja, que cada membro da relação contribua para que ambos se sintam igualmente gratificados e contribuam igualmente para o sucesso da relação. A percepção por um deles de que *está dando mais do que recebe* contribui para a diminuição da intensidade do elo afetivo entre as partes e, muito provavelmente, para o término da relação.

6 Comportamento agressivo

O capítulo 8 definiu o que se entende por ato agressivo em psicologia social e indicou várias possíveis causas do comportamento agressivo. O conhecimento dessas causas permite aplicações como as que se seguem:

• As possíveis causas do comportamento agressivo nos sugerem uma aplicação imediata. Refiro-me a que revela que o comportamento inadequado dos pais ao tentar coibir atos de violência praticado por seus filhos pode torná-los ainda mais agressivos. Atos violentos devem ser reprovados pelos pais e educadores, porém, ao fazê-lo, seu comportamento não pode ser igualmente agressivo e violento. Ao contrário, ele deverá ser firme, mas não violento. A repreensão violenta servirá de modelagem para a continuação do comportamento que se quer coibir.

• Uma forma de evitar que atos violentos entre pessoas ou grupos se transformem numa espiral crescente de violência é criar-se uma atmosfera conducente à cooperação e repudiar a que leva à competição. A *técnica do quebra-cabeça* idealizada por Aronson para a transmissão de um conhecimento na escola (como descrita na Nota suplementar n. 1, ao fim do capítulo 11), mostra que isso é possível e que, de fato, reduz a agressividade entre os estudantes.

• Não obstante algumas opiniões divergentes, devemos evitar que crianças e adolescentes se habituem a ver filmes com muitas cenas de violência e a entreter-se com jogos de vídeo que estimulam comportamentos agressivos.

• Controlar o acesso a armas de fogo, bem como evitar que as pessoas (principalmente crianças e adolescentes) tenham familiaridade com objetos contundentes utilizados para causar dano a outrem, são medidas favoráveis à diminuição do comportamento agressivo.

• Para prevenir o comportamento violento, tanto em relação a si mesmo como em relação a outras pessoas, o leitor deverá considerar com atenção os fatores que predizem comportamento agressivo descobertos em pesquisas conduzidas em laboratório e na vida real. São eles: estar sob a influência de álcool e drogas, expor-se frequentemente a cenas de violência, ser vítima de provocação, estar na presença de armas e outros objetos contundentes, possuir características de personalidade conducentes a manifestações de raiva. O conhecimento desses fatores nos ajudará a prevenir nossos próprios atos de agressão e a evitar sermos vítimas de violência.

Nota: Como ressaltado no capítulo 8, a violência é um fenômeno complexo, e os esforços para sua prevenção ou resolução não serão suficientes recorrendo-se apenas aos conhecimentos de psicologia. Só um esforço multidisciplinar de psicólogos, sociólogos, psiquiatras, educadores, religiosos e outros especialistas em áreas em que o problema é porventura estudado, respaldado por políticos capazes de implementar as medidas por eles propostas, poderá de fato contribuir para a redução da agressividade na sociedade em que vivemos.

7 Comportamento de ajuda

As principais consequências práticas decorrentes dos conhecimentos transmitidos neste capítulo dizem respeito ao melhor entendimento que passamos a ter relativo a:

a) o que fazer diante de uma situação em que vemos uma pessoa necessitando de ajuda?

b) que fatores situacionais são importantes em nossa decisão de ajudar a uma pessoa que está em uma situação difícil?

Considerando-se essas perguntas, algumas consequências práticas derivam do que foi estudado no capítulo 9, como exemplificadas a seguir:

• Em relação ao item a), sabemos agora que quanto mais pessoas estão presentes na situação em que alguém precisa de ajuda, menos necessidade sentimos de prestar-lhe ajuda. Isso porque nós achamos que outros presentes poderão fazê-lo. Esse conhecimento deverá fazer com que não esperemos muito a prestar ajuda em tais situações, resistindo à tentação de deixar para outras pessoas a responsabilidade de fazê-lo.

• Em relação ao item b), é natural que hesitemos em nossa decisão de ajudar (ou mesmo nos recusemos a fazê-lo), quando percebemos que a pessoa que necessita ajuda poderia ter evitado estar em tal situação. Em outras palavras, estava sob o controle da pessoa evitar o problema que ela criou para si. A tendência nesse caso é responsabilizar a vítima por sua displicência e falta de cuidado.

• A divulgação do conhecimento dos fatores conducentes ao ato de ajuda (empatia, altruísmo, atitude cooperativa, prevenção contra a difusão de responsabilidade, atribuição de causalidade externa e/ou incontrolável ao necessitado) resultará no aumento da disposição das pessoas em prestar ajuda a outrem.

• Podemos facilitar um comportamento de ajuda através de oferta de recompensa suficiente para motivar uma pessoa relutante a prestar ajuda. É importante, entretanto, que essa recompensa seja apenas suficiente para incentivá-la, mas não grande demais. Isso fará com que ela internalize o comportamento de ajuda procurando por si mesma justificativas para seu comportamento. Uma recompensa muito grande impedirá a internalização desse comportamento, pois a pessoa não procurará por si mesma outras razões que o justifiquem.

8 Grupos sociais

O capítulo 10 mostrou o que se entende por grupo em psicologia social e destacou importantes fenômenos relativos ao funcionamento dos grupos sociais (coesão, formação de normas, liderança, conflito). Eles serão úteis aos leitores quando fizerem parte de um grupo social. Seguem-se algumas consequências práticas do conhecimento adquirido:

• Para evitar a *vadiagem social* – ou seja, a tendência a trabalhar menos do que os demais membros na obtenção dos objetivos buscados pelo grupo – é importante que seja possível responsabilizar cada membro do grupo pelo trabalho produzido, e que o líder do grupo motive seus integrantes através do estabelecimento de objetivos desafiadores, interessantes e relevantes.

• Os membros de um grupo social devem estar atentos ao que Janis denominou *pensamento grupal* (*groupthinking*), e que ocorre em grupos altamente coesos onde o desejo de manter a coesão se sobrepõe à consideração realista de alternativas. Isso faz com que o grupo rejeite qualquer opinião divergente da expressa pela maioria, o que poderá levá-lo a decisões que lhe serão prejudiciais. A existência de um *advogado do diabo* – ou seja, alguém que não se deixa intimidar pela pressão da maioria e apresenta cursos de ação alternativos – é importante para que o grupo tome decisões mais favoráveis a seus objetivos.

• Quando grupos adversários entram em choque, a atmosfera dominante de resolver o conflito deve ser uma de cooperação e não de competição. Cabe às partes envolvidas procurarem resolver o conflito comportando-se de maneira cooperativa. Caso isto não ocorra, a agressividade entre as partes produzirá uma espiral de violência que terminará por tomada de medidas prejudiciais a ambas as partes em conflito, sejam elas nações, grupos com interesses opostos ou mesmo pessoas (como marido e mulher, chefe e subordinado, motoristas no trânsito e outras situações em que interesses e pontos de vista distintos iniciem um conflito entre as partes).

Conclusão

Este capítulo nos mostrou como conhecimentos de psicologia social podem ser úteis quando interagimos com outras pessoas em nossa vida quotidiana. Em o fazendo, ele atende apenas parcialmente à recomendação de George Miller aos psicólogos, pois somente ensinamentos de *psicologia social* foram transmitidos ao público interessado. Todos os esforços, a que não me furtei na preparação dessa nova edição, serão plenamente recompensados, se ela servir de estímulo a especialistas em outras áreas da psicologia a disseminarem os conhecimentos acumulados em seus setores de especialização, tornando-os ao alcance das pessoas interessadas, independentemente de sua formação acadêmica e de sua atividade profissional.

Assim como conhecimentos elementares dos diversos setores de atividade humana não dispensam a necessidade dos especialistas, *os conhecimentos transmitidos neste livro não substituem, de forma alguma, a importância do psicólogo social e a necessidade de aprofundamento no estudo da disciplina para os que pretendem exercer a profissão de psicólogo.* Eles permitem, entretanto, que pessoas interessadas entendam melhor a dinâmica da interação humana e, quando for o caso, os utilize em situações interpessoais simples e comuns de sua vida diária. Não foi outro meu objetivo ao escrever esta nova edição. Espero tê-lo alcançado pois, estando já com 90 anos (2023), não terei outra oportunidade de tentar atingi-lo.

Apêndice

Respostas às perguntas de cada capítulo

Capítulo 1: 1d; 2b; 3b; 4b; 5e; 6F; 7F; 8V; 9V; 10F

Capítulo 2: 1e; 2b; 3e; 4d; 5b; 6V; 7V; 8V; 9F; 10V

Capítulo 3: 1b; 2b; 3d; 4a; 5c; 6V; 7V; 8F; 9F; 10V

Capítulo 4: 1d; 2c; 3e; 4d; 5a; 6V; 7F; 8V; 9F; 10V

Capítulo 5: 1d; 2e; 3b; 4d; 5a; 6F; 7V; 8V; 9V; 10V

Capítulo 6: 1e; 2e; 3a; 4e; 5b; 6V; 7V; 8F; 9V; 10F

Capítulo 7: 1e; 2e; 3d; 4c; 5d; 6F; 7V; 8F; 9V; 10F

Capítulo 8: 1c; 2e; 3d; 4a; 5b; 6F; 7V; 8V; 9V; 10V

Capítulo 9: 1e; 2a; 3b; 4e; 5d; 6F; 7V; 8V; 9V; 10F

Capítulo 10: 1c; 2e; 3a; 4b; 5e; 6F; 7F; 8V; 9V; 10F

Capítulo 11: 1e; 2a; 3d: 4c: 5e: 6F; 7V; 8V; 9F; 10V

Capítulo 12: 1c; 2e; 3c; 4d; 5e; 6V; 7F; 8V; 9V; 10V

Conecte-se conosco:

f facebook.com/editoravozes

⊙ @editoravozes

𝕏 @editora_vozes

▶ youtube.com/editoravozes

⊙ +55 24 2233-9033

www.vozes.com.br

Conheça nossas lojas:

www.livrariavozes.com.br

Belo Horizonte – Brasília – Campinas – Cuiabá – Curitiba
Fortaleza – Juiz de Fora – Petrópolis – Recife – São Paulo

  Vozes de Bolso

EDITORA VOZES LTDA.
Rua Frei Luís, 100 – Centro – Cep 25689-900 – Petrópolis, RJ
Tel.: (24) 2233-9000 – E-mail: vendas@vozes.com.br